Nicole Lischewski

EIN BLOCKHAUS IN DER EINSAMKEIT

Kanadas Wildnis als Lebensweg

IMPRESSUM
EIN BLOCKHAUS IN DER EINSAMKEIT
Kanadas Wildnis als Lebensweg
Nicole Lischewski

Bibliografische Information der Deutschen Bibliothek
Die Deutsche Bibliothek verzeichnet diese Publikation in der deutschen Nationalbibliografie.
Detaillierte bibliografische Daten sind im Internet über http://dnb.ddb.de abrufbar

© 2015 360° medien gbr mettmann I Nachtigallenweg 1 I 40822 Mettmann
www.360grad-medien.de

Das Werk ist in allen seinen Teilen urheberrechtlich geschützt. Jede Verwertung außerhalb
der engen Grenzen des Urheberrechtsgesetzes ist ohne Zustimmung des Verlags unzulässig.
Dies gilt insbesondere für Vervielfältigungen, Übersetzungen, Mikroverfilmungen und die
Einspeicherung sowie Verarbeitung in elektronischen Systemen.

Der Inhalt des Werkes wurde sorgfältig recherchiert, ist jedoch teilweise der Subjektivität
unterworfen und bleibt ohne Gewähr für Richtigkeit, Vollständigkeit und Aktualität.

Redaktion und Lektorat: Andreas Walter

Satz und Layout: Serpil Sevim

Gedruckt und gebunden:
Westmünsterland Druck GmbH & Co. KG I van-Delden-Str. 6-8 I 48683 Ahaus
www.lensing-druck.de

Bildnachweis:
Alle Fotos stammen von Nicole Lischewski und Chris Below

ISBN: 978-3-944921-14-3
Hergestellt in Deutschland

www.360grad-medien.de

Nicole Lischewski

EIN BLOCKHAUS IN DER EINSAMKEIT

Kanadas Wildnis als Lebensweg

Für die Wildnis

Inhalt

Teil 1: Aufbruch in die Wildnis 9

Lebensfragen 10
Die Suche nach dem Paradies 16
Ab in die Wildnis 26
Hausbau auf Wildnisart 36
Wettkampf gegen den Winter 46

Teil 2: Leben in der Einsamkeit 59

Allein 60
Der Unglücksrabe 70
Meine Nabelschnur zur Welt 80
Im eisigen Griff der Kältewelle 96
Bin ich noch normal? 110
Der erste Zweibeiner 122
Der dem Wolf pfeift 136
Die 92-Prozent-Rate 150
Der Sommer lässt grüßen 160
Der Grizzlykampf durchs Eis 170
Bären auf Elchjagd 180
Pilgerfahrt 194
Unter Menschen 212
Wie ein Stück Treibholz 226
Eine Freundin zu Besuch 242
Jagdzeit 254
Eine Sorge kommt selten allein 268
Ungeplantes Wiedersehen 280
Wieder allein 296

Danksagung 302

Teil 1:
Aufbruch in die Wildnis

Lebensfragen

In den Bergen außerhalb von Atlin

Lebensfragen

Außerhalb von Atlin, an einem Nachmittag im Herbst 2003.

„Warum ziehen wir nicht raus in die Wildnis?", fragte Chris.

In die Wildnis? Mir fielen sofort lauter Gründe dagegen ein. Ausweichend schaute ich aus dem Fenster auf das herbstbunte Bergtal und den Wildbach. Schon lange war der Nordwesten British Columbias unser Zuhause, ein Landstrich der Größe Österreichs, der von keinen fünfhundert Seelen besiedelt war – und diese drängten sich in einem einzigen Dorf zusammen, als wollten sie sich in der Weite von Bergen, Flüssen und Seen nicht verlieren.
„Aber ich hab doch die Wildnis schon vor der Haustür!", protestierte ich. „Den Bären, der mir jeden Herbst den Zaun vom Hühnerauslauf niedertrampelt. Und im Winter manchmal Karibus gleich beim Haus – außerdem die Biberburg unten am Bach." Selbst Chris, der nicht so weit außerhalb von Atlin wohnte wie ich, hatte öfter Elch- und Bärenverkehr auf seinem Grundstück.

Chris träumt vom Leben in der Wildnis

„Na ja – aber du lebst hier immer noch an einer Straße", sagte er triumphierend. Fast hätte er sich auf meiner Kommode, die als Sitzbank diente, ins Leere zurückgelehnt – doch kein Sturz nach hinten beendete das Thema. Erwartungsvoll sah Chris mich an.

Was gab es eigentlich groß zu diskutieren? In der Schublade unter ihm lagen meine Formulare für eine Weidenpacht, denn zusätzlich zu den Hühnern, die im Herbst vom Bären besucht wurden, wollte ich mir endlich Milchziegen und ein Pferd anschaffen. Außerdem hatte ich vor, eine kleine Jugendherberge aufzumachen und Gemüse für die Selbstversorgung anzubauen. Es steckte so viel harte Arbeit in diesem Grundstück, das ich noch keine zwei Jahre lang besaß. Lauter langgehegte Träume waren gerade dabei, Wirklichkeit zu werden. Das sollte ich einfach alles aufgeben? Und für was – für Chris und noch mehr Bären?
„Klar geht die Schotterstraße das Tal hoch." Fieberhaft überlegte ich, wie ich ihm dieses Hirngespinst am besten ausreden konnte. Wir verbrachten beide gerne Zeit im Busch, gingen wandern und paddeln. Chris wusste natürlich auch, dass ich mich danach erkundigt hatte, einmal einen Winter in einer abgelegenen Blockhütte im Wald zu verbringen. Aber das hieß noch lange

Lebensfragen

nicht, dass ich jetzt mein gesamtes Leben ändern wollte. „Ich habe doch auch keinen Strom, Telefon oder fließend Wasser! Und immer wieder Tiere in der Gegend."

Chris runzelte die Stirn. „Aber das lässt sich doch gar nicht vergleichen – in der Wildnis wären wir ganz abgeschnitten, keine Straße, keine Nachbarn bis auf Bären, Karibus und Wölfe. Da wären wir völlig auf uns gestellt! Nur wir zwei, ganz allein ..."

Ich sah ihn zweifelnd an. Wir waren noch keine zwei Jahre zusammen und Chris war ein extrovertierter, sozialer Mensch; kein Eigenbrötler wie ich. Erst in Atlin hatten wir uns kennengelernt, obwohl wir fast zeitgleich ausgewandert waren: Ich drei Tage, nachdem ich meinen Diplomabschluss als Sozialpädagogin gemacht hatte, und Chris, als er mit Ende Zwanzig eine Kanadierin geheiratet hatte. Uns gefiel die unbevölkerte Weite dieser Gegend, die legere und unkomplizierte Art der Menschen. Träumer und Idealisten, Ureinwohner, Exzentriker und gescheiterte Existenzen – aus ihnen setzt sich die Bevölkerung des Yukon und nördlichen British Columbia zum Großteil zusammen.

Chris und ich waren grundverschieden und hatten auch noch nie zusammen gewohnt. Wie sollte das gutgehen irgendwo im Wald, wo man ständig beisammen war und keinen andern Menschen zum Reden hatte? Dann fiel mir ein schlagendes Argument ein: Wir konnten uns einen Umzug in die Wildnis gar nicht leisten. Ich hatte nicht einmal genügend Geld, um mein eigenhän-

Nicoles selbstgebautes Haus

Lebensfragen

dig gebautes Häuschen innen fertigzustellen, geschweige denn, mir mit Chris ein neues Grundstück zu kaufen.

„Und wie willst du das alles finanzieren?", spielte ich meine Trumpfkarte aus. „Sollen wir etwa jedes Mal ein Buschflugzeug chartern, wenn wir irgendwohin wollen, oder uns ein Boot und Schneemobil kaufen? Außerdem müssten wir in der Wildnis ja auch von irgendwas leben. Wie sollen wir da denn Geld verdienen?" Als Wildfeuerwacht für die Forstbehörde würde er wohl kaum weiter arbeiten können. Und ich wäre gezwungen, mit meiner Arbeit für eine lokale Umweltschutzgruppe aufzuhören, obwohl sie mir wichtig war und Spaß machte. Das kam gar nicht in Frage.

Chris war von meinen Einwänden nicht weiter beeindruckt. Er wedelte mit der Hand, als ließen sich die Argumente leicht verscheuchen. „Ja, ach, das würden wir eben sehen müssen! Irgendwie geht das bestimmt, da bin ich mir hundertprozentig sicher."

Mein Blick schweifte wieder zum Fenster. Er war doch so gern unter Menschen – noch ein gutes Argument. „Und unsere Freunde? Die würden wir dann nur noch alle Jubeljahre sehen."

„Stephen würde uns sicher besuchen kommen und Heidi bestimmt auch. Würdest du nicht jemanden in der Wildnis besuchen wollen? An irgendeinem entlegenen Fluss oder See in den Bergen?"

Ja, schon. Ich sah ihn an und seufzte. Grundsätzlich war ich einem Leben im Busch nicht abgeneigt, aber es würde bedeuten, so vieles aufzugeben. Hätte er mir diese Frage nicht ein paar Jahre früher stellen können?

Den ganzen Herbst und Winter hindurch brachte ich in strategischen Momenten immer wieder meine Argumente gegen ein Leben in der Einsamkeit vor. Fast gegen meinen Willen regte sich in mir allerdings zunehmendes Interesse für Chris' Idee, je mehr wir darüber redeten. Etwas in mir verlangte seit Jahren nach einer engeren Beziehung zur Natur, in der ich eine aktiv Beteiligte sein konnte und nicht nur Zuschauerin blieb; nach Wildnis, die man täglich statt nur am Wochenende am eigenen Leib erfuhr. Wo der nächste Nachbar nicht ein Mensch war. Selbst nach acht Jahren in Kanada und hier im entlegenen Atlin fehlte mir etwas an meinen Begegnungen mit Wildtieren – ich hatte keinen wahren Bezug zu ihnen. Ich fand sie zwar beeindruckend und schön, aber ich kannte ihr alltägliches Leben, ihre Umwelt nicht von innen heraus, sondern hauptsächlich aus Büchern, Dokumentarfilmen und Statistiken sowie kurzen, zufälligen Begegnungen.

Wonach ich suchte, war ein ganzheitlicheres Naturverständnis, das sich nicht in den Details der Photosynthese verlor. In den Mythen der Taku River Tlingit, der Ureinwohner dieser wilden Gegend, lagen andere, Jahrtausende alte Weisheiten verborgen: Der Rabe, der die Sonne brachte; der Bär, dessen Seele der des Menschen am ähnlichsten ist; Gletscher, die lebendig waren.

Lebensfragen

Der Atlin Mountain liegt dem Dorf gegenüber

Aber konnte man heutzutage überhaupt noch erahnen, was es damit auf sich hatte und wie man als Mensch mit der Umwelt verwoben ist?

Wie wäre es, überlegte ich mit zunehmender Begeisterung, wenn man sich dem zyklischen Rhythmus der Jahreszeiten überließ? Könnten wir über die Jahre hinweg mit der Wildnis verwachsen, nachdem das Blockhaus gebaut und uns die Umgebung vertraut geworden war, sodass wir nicht mehr nur an der Oberfläche unserer menschenleeren Nachbarschaft kratzten? Denn es war kein Kurzzeitabenteuer, das Chris im Sinn hatte. Sondern die Wildnis als Lebensweg.
Mein Herz raste, als ich meinen Entschluss schließlich in Worte fasste. „Okay. Lass uns nach einem Stück Land suchen."

Die Suche nach dem Paradies

Hier wollen wir leben

Die Suche nach dem Paradies

Tagish Lake, im Sommer 2004.

Ein Regenschauer tüpfelte die graublaue Wasseroberfläche und löschte die Berge am Südende des Tagish Lake aus, als wären die spitz gezackten Gipfel nur eine Illusion gewesen. Eng schmiegt sich der See, der zu den Quellgewässern des Yukon River gehört, an die Ausläufer des Küstengebirges: Keine sechzig Kilometer hinter den Bergen liegt schon das Salzwasser des Nordpazifiks. In dunklen Schleiern löste sich der Regen aus den Wolken und wehte auf uns zu. Selbst das Motorengebrumm der *Rubber Ducky*, unseres antiquierten Schlauchboots, klang jetzt gedämpft. Meine drei Hunde hatten sich philosophisch auf unserer Campingausrüstung zusammengerollt, mit der das kleine Boot randvoll bepackt war – sie fanden die Suche nach einer neuen Heimat nur in den Momenten interessant, wo es an Land ging.

„Können wir nicht näher ans Ufer da hinten ran?", fragte ich und zerrte die Ärmel meiner Regenjacke über die Hände hinunter. Die Inseln, zwischen denen Chris das Zodiac-Schlauchboot hindurchsteuerte, waren definitiv zu winzig für ein permanentes Zuhause. Ein Robinson-Dasein wäre zwar romantisch, aber wenn man für jeden Spaziergang erst das Boot ins Wasser lassen müsste? Mein Blick tastete die Steilfelsen des Seeufers ab – auch nicht ideal, irgendwo

Suche nach dem Paradies am Tagish Lake

Die Suche nach dem Paradies

da oben zu bauen. Dann müsste man jedes Mal bergsteigen, wenn man Wasser vom See hochholte. Ich schaute wieder auf die Landkarte, deren Plastikschutzhülle mit Regentropfen gesprenkelt war, und seufzte.

Neben einer geschützten Bucht wollten wir außerdem einen Platz, der eine schöne Aussicht und auch im Winter genügend Sonnenschein bot, und der in einem leicht zu durchwandernden Mischwald gelegen war, denn Pfade oder Straßen gab es hier nirgendwo. Erstaunlich, wie selten ein Ort, der uns gefiel, diese vier Kriterien erfüllte: Vom Yukon Territory aus waren wir nun fast 80 Kilometer weit den See hinuntergefahren und hatten bisher bloß zwei Plätze gefunden, die wir als potenzielle Grundstücke in Betracht zogen. Wir wussten nicht, ob es uns gelingen würde, ein Stück Land vom Staat zu pachten oder kaufen – die Erfolgsaussichten waren gering. Aber einen Antrag auf öffentliches Land zu stellen war unsere einzige Chance, denn von Privatleuten zu kaufende Wildnisgrundstücke waren unerschwinglich.

„Wir brauchen eine gute Bucht fürs Boot", rief Chris über den Motorlärm. „An einem flachen Ufer könnten wir's bei Sturm auch mit der Seilwinde an Land ziehen, aber bei Steilfelsen geht gar nichts."

„Laut Karte kommen gleich ein paar Buchten." Das Problem war nicht nur das Anlanden mit der uralten *Rubber Ducky*, deren Schlauchkammern ständig Luft verloren und sich bereits wieder flau anfühlten. Falls wir hier irgendwo Land bekommen konnten, würden wir permanent auf ein Boot angewiesen sein – hoffentlich etwas Seetüchtigeres als das vierzig Jahre alte Zodiac, das Chris und ein paar Freunden gehörte.

Eine von wilden Himbeersträuchern und Zitterpappelwald gesäumte Bucht öffnete sich zu meiner Rechten. Nach den unnahbaren Steilfelsen machte sie einen heimeligen, freundlichen Eindruck. „Lass uns doch hier mal gucken!"

„Aber da ist eine Biberburg! Das Wasser könnte man gar nicht trinken."

„Ist die denn noch bewohnt?" Der Bau aus Schlamm und Baumstümpfen war halb zerfallen und keine frisch angenagten, belaubten Äste trieben im Wasser. „Komm, wir schauen einfach mal – und wir müssen sowieso dringend die *Rubber Ducky* neu aufpumpen."

Kaum, dass der Kiel über Sand schrappte, sprangen Blizzard, Koyah und Silas an Land.

„So, dann mal los." Chris vertäute das Boot und zwinkerte mir zu. Hinter den im Unterholz stöbernden Hunden stapften wir den Hang in Richtung Süden hoch, die dutzendste potenzielle Grundstücksbegehung mit den enthusiastisch wedelnden Vierbeinern als Maklerteam. Hagebuttensträucher leuchteten beerenrot, und plötzlich öffnete sich der Wald auf eine Wildblumenwiese. Ein dunkles Band Fichten säumte das Ende der Wiese ein, über der ein herber Geruch von feuchter Erde hing. Durch die Bäume glitzerte das Wasser.

„Wow, ist das schön hier!" Hand in Hand schlenderten wir über die Wiese und suchten uns einen Weg den Hang hinunter, bis wir am steinigen Seeufer

Die Suche nach dem Paradies

Blumenwiese mit Indian Paintbrush

standen. Es hingen keine Regenschleier mehr über dem Wasser: Vereinzelte Sonnenstrahlen, die durch die Wolken fielen, tasteten sich über die Gletscher, Berggipfel, den See und kleine Inseln. Atlin und die nächste Straße schienen unerreichbar fern, lagen hinter zwei großen Gletscherseen, Bergen und einem reißenden Wildwasserfluss verborgen.

Meine Kehle war wie zugeschnürt vor so viel wilder Schönheit. Im Gegensatz zu den beiden anderen Plätzen, die mir auch nicht schlecht gefallen hatten, wusste ich sofort: Das hier war, wonach wir suchten! Alles fühlte sich richtig an: Die Mischung aus bunten Wildblumen, offenen Wiesen und Wald, und selbst der raue See wirkte durch die gekrümmte Uferlinie und Inseln kleiner und einladender. Ich räusperte mich: „Also, eine bessere Aussicht finden wir nirgendwo! Und Wintersonne hätten wir hier auch, da ist ja Richtung Süden kein einziger großer Berg im Weg. Dazu noch die kleine Bucht ..."

„Ich weiß nicht ..." Chris drehte sich um und musterte den Wald. „Zum Spazierengehen ist der Pappelwald ja eine feine Sache, aber mit dem Holz können wir doch kein Haus bauen!"

Immer dachte er so gottverdammt praktisch! Holz für den Hausbau könnten wir doch von überall her holen. Ich konnte meine Augen kaum von den scharfen Bergzacken und dem schön geschwungenen Hochtal im Südosten losreißen. „Wenigstens müssten wir nicht erst roden, hier gibt es so viele freie Flächen. Und da hinten wachsen doch lauter Fichten."

„Die paar? Das reicht nicht, oder wenn, müssten wir sie alle abholzen und dann wären sie weg."

„Vielleicht sind ja weiter oben im Wald noch mehr. Oder wir holen das Bauholz vom andern Ufer." Das war dicht mit Nadelwald bewachsen.

„Ob wir für die andere Seite eine Holzschlaglizenz kriegen würden, weiß ich aber nicht."

Da war sie wieder, die Realität, die sich mit der romantischen Vorstellung von unberührter kanadischer Wildnis biss. Nicht nur, dass man für alles vom Plumpsklo bis zum Feuerholz eine Genehmigung braucht: Was auf der Landkarte wie Natur im Urzustand aussieht, da keine Straßen und Orte eingezeichnet sind, ist in Wirklichkeit mit einem komplizierten Netz von industriellen Pachtverträgen, Trapperkonzessionen, Landrechten der Ureinwohner, Naturschutzgebieten und Jagdarealen für Trophäenjäger bedeckt.

Während große Flächen öffentlichen Landes, die theoretisch dem kanadischen Volk gehören, für Öl- und Erdgasbohrungen, Bergwerke und Kahlschläge freigegeben werden, ist es fast ein Ding der Unmöglichkeit, ein kleines Stückchen Land vom Staat zu kaufen oder auch nur zu pachten, um dort ein bescheidenes Leben zu führen. Sicher ein Grund dafür, dass es heute nur noch wenige Menschen gibt, die ein Blockhüttenleben abseits der Zivilisation führen – die Regierung hat es so gut wie unmöglich gemacht. Selbst Trapper dürfen in den meisten Gegenden nicht ganzjährig auf ihrer Konzession leben.

„Wir können ja das Zelt hier aufschlagen und ein paar Tage hierbleiben", unterbrach Chris meine Gedanken. „So toll finde ich den Platz jetzt nicht, aber wir können uns ja mal genauer umgucken."

Der Swanson Galcier am Südende des Tagish Lake

Die Suche nach dem Paradies

Ich gab ihm einen Kuss und grinste. Dich, mein Freund, werde ich schon noch rumkriegen!
Und so war es auch.

„Aber ich hab doch keine Ahnung, wie viel Chilisoße du im Jahr verdrückst!" Ich warf den Kuli auf den Tisch meines Atliner Häuschens. „Da musst du halt selbst drauf achten."
„Was ist der Sinn von zwei separaten Essenslisten? Kochen und essen wir dann jeder für sich?", empörte sich Chris.
„Quatsch. Aber du isst immer nur Fleisch, Kartoffeln und Karotten."
„Und du nur Spaghetti!"
„Eben. Also müssen wir doch beide genügend von dem einkaufen, was wir am liebsten essen, damit wir abwechslungsreich kochen können – so, dass es beiden von uns schmeckt!" Unser Wildnisvorhaben trieb immer seltsamere Blüten: Neben dem Papierkrieg mit der kanadischen Bürokratie auf unseren Landantrag hin waren wir nun damit beschäftigt, nicht nur die Vor- und Nachteile von den Schneemobilmodellen in unserer Preisklasse (derer zwei) abzuwägen, sondern auch, Toilettenpapier, Salz und Käse abzuzählen. Denn häufige Einkäufe würden bald der Vergangenheit angehören. Daher galt es, Antworten auf Fragen zu finden, mit denen man sich im normalen Leben noch nie auseinandergesetzt hat: Wie viel Seife, Mehl und Kaffee verbraucht man eigentlich im Jahr?

Einkäufen für 9 Monate

„Mir ist das zu doof, alles abzumessen." Chris starrte auf meinen Zettel. „Ich mach das Pi mal Daumen, das klappt schon."
„Na gut, also du kaufst Pi mal Daumen ein." Ich liebte Listen. Sie vermittelten ein Gefühl von Kontrolle und sahen nach Taten aus, ohne dass man eigentlich viel machte. „Ich hab bei mir jetzt einfach überall zehn Prozent mehr draufgeschlagen, weil wir beim Bauen bestimmt essen wie verrückt." Außer einige Monate lang meine Kassenzettel vom Supermarkt zu sammeln, hatte ich drei Wochen lang darüber Buch geführt, was ich in welcher Menge aß. Es waren tatsächlich erschreckend viele Spaghetti.

Die Suche nach dem Paradies

„Ich muss bestimmt viel hin und her fahren, um das ganze Werkzeug und Baumaterial rüberzuschaffen. Wenn dann irgendwas fehlt, kann ich es ja noch besorgen."

„Ja schon, aber für den Winter müssen wir auf jeden Fall genug Essen und Hundefutter dahaben. Von November bis … März? Dann können wir auf jeden Fall mit dem Schneemobil übers Eis, oder?"

„Schon im Februar. Aber um auf Nummer sicher zu gehen, planen wir am besten von allem so viel ein, dass es uns von Oktober bis Juni reicht, wenn die Seen wieder offen sind – es kann ja auch sein, dass das Eis schlecht ist. Dann wären wir von Oktober bis zum Sommer abgeschnitten."

Ich starrte Chris an und dann auf meine Liste. Ein achtmonatiger Spaghettivorrat? „Können wir denn so viele Vorräte überhaupt lagern?"

„Es wird halt eng werden", grinste er. „Aber wenn wir alles stapeln, passt das schon in unsere Cabin."

Unsere Cabin … immer gesetzt den Fall, dass wir den Behördenkrieg gewannen und tatsächlich auf das wunderschöne Stück Land am Tagish Lake umsiedeln konnten. Im Dorf kursierten bereits wilde Gerüchte: unser Landantrag sei illegal; wir würden von einer Umweltschutzorganisation finanziert; wir seien Grundstücksspekulanten oder hätten vor, von Sozialhilfe zu leben und den Staat auszunehmen. Die schnöde Realität war wesentlich weniger spannend.

Während die Mühlen der Bürokratie im Schneckentempo mahlten, vertrieben wir uns damit die Zeit, auf dem Papier das erste Blockhaus unserer Wildnisjugendherberge zu entwerfen: Den Gemeinschaftsraum mit Küche und Schlafraum im Loft. In den Folgejahren wollten wir noch ein Schlafhaus bauen und schließlich unsere eigene Blockhütte. Meinen ursprünglichen Plan, in Atlin eine Jugendherberge aufzumachen, hatten wir nun an den Tagish Lake verpflanzt und erhofften uns daraus eine Einnahmequelle. Mein Leben bestand inzwischen fast nur noch aus Hoffnung, hatte ich das Gefühl.

„Aber die Hunde schlafen ja auch alle mit im Haus", wandte ich ein. „Dann sind wir zwei Leute, drei große Hunde und Vorräte für etwa acht Monate, inklusive Hundefutter, in einer gut fünf mal vier Meter großen Blockhütte!"

„Mit Loft."

„Na ja, wenigstens haben wir keine Möbel." Auch ein Vorteil: Ich hatte es nie geschafft, mehr Mobiliar als eine Kommode und einen Futon anzusammeln, und Chris besaß hauptsächlich Gummistiefel. Viel wichtiger war sowieso, dass wir bereits über den Großteil der benötigten Werkzeuge verfügten, beide mit der Kettensäge umgehen konnten und Erfahrung im Hausbau hatten.

„Das geht schon alles." Chris' Mantra, das ich mittlerweile auch ständig vor mir hinsagte. „Und das mit dem Boot kriegen wir auch hin. Sobald Atlin Lake zugefroren ist, werde ich den Fluss ablaufen und mir eine Karte machen. Bei Niedrigwasser im Winter sehe ich ja, wo das Fahrtwasser ist und wo die größten Steine liegen."

Die Suche nach dem Paradies

„Und dann weißt du im Sommer, wenn die Steine alle überspült sind, trotzdem noch, wo du lang musst?"

„Das seh ich doch am Wasser, und ich merke mir ja auch Orientierungspunkte am Ufer. Es würde uns einfach so viel Strecke sparen, wenn wir vom Tagish Lake über den Atlin River ins Dorf gelangen können, statt jedes Mal ganz ins Yukon Territory hoch- und dann auf der Straße die 130 Kilometer wieder nach Atlin runterfahren zu müssen."

Der Fluss ist sehr flach, reißend schnell und mit gefährlich großen Findlingen bestückt. Nur wenige Bootsfahrer trauen sich daher den Atlin River hinunter, aber Chris hatte in seiner Zeit als Guide Wildwassererfahrung gesammelt.

„Dann brauchen wir also bloß ein richtiges Boot."

Der Altlin River verbindet die zwei Seen

Die Suche nach dem Paradies

Und Geld. Chris besaß immerhin eine eiserne Reserve, aber ich konnte mich einfach nicht entscheiden, ob ich mein Atliner Grundstück verkaufen sollte. Ich hing mit ganzem Herzen daran und hatte hier meine ersten eigenhändig gebauten Häuschen errichtet. Doch was würde ich noch davon haben, wenn ich gar nicht mehr hier lebte? Die Vorstellung, das Stück Land zu verkaufen, drehte mir den Magen um, aber es schien kein Weg daran vorbei zu führen. Wenn ich es nur vermieten würde, wäre es nicht genügend Geld. Sollte ich meine alten Träume für den neuen Wildnistraum verkaufen?

„Vor allem brauchen wir endlich die Bewilligung, dass wir das Land überhaupt haben können!"

Ab in die Wildnis

Unser Zeltlager aus dem Winter dient uns während des Bauens als Unterkunft

Ab in die Wildnis

Atlin, Mitte Juni 2005.

„Das hat eine Heizung?", fragte ich noch einmal nach.

Der hagere Rentner, dessen Jetboot wir probefuhren, nickte und zeigte auf die Lüftungen in der Armatur. Seine faltige Hand hob und senkte sich mit den leichten Wellen, über die das Boot hinwegflog. Kleine Flecken Sonnenlicht funkelte durch die Scheiben hinein und irrlichterten durch den Innenraum. „Hier. Man kann sie so einstellen, dass es die Scheibe anbläst oder auch nach hinten geht."

„Damit ist für Nicole alles entschieden", sagte Chris trocken.

„Heizung! Das ist doch genial – da müssten wir im Boot nie mehr mitten im Sommer Klamotten wie bei minus 30 Grad tragen!"

„Na komm, fahr mal." Chris trat breitbeinig vom Steuerrad weg, um die Balance zu halten. Die noch mit Schnee bedeckten Berge am Ufer wippten auf und nieder. „Das hier ist der Gashebel – wenn du den nach vorne drückst, gibst du mehr Gas. Und das Boot ist sehr wendig; die Dinger sind extra dafür gebaut, schwierige Flüsse zu befahren. Durch den Düsenantrieb hat es kaum Tiefgang."

„Alles klar." Ich klappte die Heizungslüftung so, dass mich ein angenehmer Wärmestrahl umfächelte, griff nach dem Steuerrad und gab kräftig Gas. Wie von der Tarantel gestochen schoss das Boot voran, den Bug hoch aus dem Wasser gehoben. Ich trat unwillkürlich einen Schritt zurück, dann krachte es hinter mir. Jemand ächzte. Erschreckt drehte ich mich um: Den dürren Rentner hatte es von den Füßen gerissen. Er lag mit ausgestreckten Armen auf dem Boden und starrte mich großäugig an.

„Oh je, sorry – haben Sie sich wehgetan, Chuck?" Peinlich berührt wollte ich

Aufstapeln der Baumstämme im vorigen Winter

ihm aufhelfen und riss dabei das Steuerrad nach rechts, sodass er an den Bordrand geschleudert wurde.

Kreidebleich klammerte sich Chuck an die Lehne des Beifahrerstuhls. „Ist schon alles okay", krächzte er.

„Sweetie!" Chris griff nach dem Steuer und richtete das Boot auf einen geraden Kurs, verbiss sich aber jeglichen frauenspezifischen Kommentar über meine

Ab in die Wildnis

Fahrweise. „Geh's mal ganz langsam und sachte an."
„Kein Problem", murmelte ich. Das war eine andere Welt als Autofahren oder die flaue *Rubber Ducky* zu steuern! Ungefähr 500 bis 600 Kilo Ladung konnte man mit diesem Boot transportieren, und es war ideal für den wilden Atlin River. Ich fuhr weiter auf den See hinaus und probierte, eine Kurve zu fahren. Diesmal ganz vorsichtig. Chuck blieb auf den Beinen: Meine Fahrkünste mussten sich bereits drastisch verbessert haben. „Du, das nehmen wir, oder?", fragte ich Chris leise auf Deutsch.
„Ja, das ist perfekt für uns", nickte er.
„Noch mehr Schwierigkeiten wird es wohl nicht geben." Nach einem Jahr

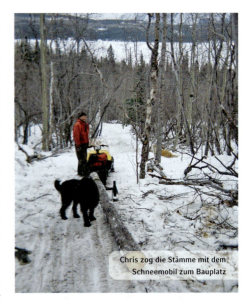

Chris zog die Stämme mit dem Schneemobil zum Bauplatz

voller Probleme mit den Behörden, die sich in einem fünfzehn Zentimeter dicken Stapel an Genehmigungen, Formularen und Korrespondenz mit der niedrigsten Schreibkraft bis hin zum Minister niederschlugen, Protesten gegen unser Vorhaben von Seiten eines Buschpiloten und Sitzungen mit diversen Bürokraten sowie Abgeordneten der Taku River Tlingit, war das Stück Land am Tagish Lake inzwischen vermessen und uns angeboten worden. Geld hatte die Konten gewechselt, und im Winter hatten wir bereits auf der uns bewilligten Bauholzkonzession Stämme zum Hausbau gefällt.
Was jetzt noch fehlte, war der Grundstücksbrief – und inzwischen hatte der kurze kanadische Sommer längst begonnen. Je später wir mit dem Bauen anfingen, desto schwieriger würde es werden, die Cabin noch vor dem Winter fertigzustellen. Nach den vielen Problemen wollten wir jedoch nichts am Grundstück verändern, bevor wir nicht alle Papiere in der Hand hielten.
„Okay, dann lass uns zurück zur Marina fahren und bezahlen", sagte Chris. „Falls doch noch was dazwischenkommt, können wir das Boot ja schlimmstenfalls wieder verkaufen."
„Und die beiden Schneemobile, Fenster, Ofen und Isolierwolle auch ..." Ich wäre dann heimatlos, denn ich hatte im Winter schweren Herzens mein Atliner Grundstück verkauft – für das Leben in der Wildnis alles aufs Spiel gesetzt und am Ende doch verloren?
Sehr viel länger dauerte der Zustand der Ungewissheit zum Glück nicht: Am Tag der Sommersonnenwende lag endlich die lang ersehnte Grundstücksurkunde im Postfach. Zum Feiern blieb uns allerdings kaum Zeit, denn wir hatten bereits wertvolle Wochen für das Bauen verloren und mussten nun sofort vom

Ab in die Wildnis

Kampf mit den Behörden auf den Kampf gegen den Winter umschalten. Immerhin hatten wir einen Bauhelfer zur Seite – Frank, ein Freund von Chris, reiste extra aus Deutschland an, um uns zu unterstützen.

„Du sägst auf der Seite eine Kerbe in den Stamm, in deren Richtung der Baum fallen soll. Also die Kettensäge hier unten ansetzen und dann auf etwa auf ein Drittel des Stammdurchmessers reinsägen." Chris trat zurück, während Frank am Anlasserseil der Säge zog. Der Motor heulte auf, verbreitete vertrauten Geruch nach Benzin und Öl in der moskitoschwangeren Sommerluft. Sägespäne sprühten an der Unterseite des Kettenschwerts heraus, und dann fiel ein kleiner

Unser Baumaterial

Keil aus hellem Fichtenholz aus dem Stamm. Unser Umzug in die Wildnis war bisher nur von Zerstörung geprägt – Minikrater für Fundamente und ein Plumpsklo graben, Sträucher herausreißen und Bäume fällen. Das hatte ich schon beim Bauen in Atlin nicht gemocht, und entschuldigte mich nun auf unserem Wildnisgrundstück andauernd bei der geschändeten Natur.
Frank wischte sich mit dem Arbeitshandschuh über die mückengesprenkelte Stirn, während die Säge in seiner Hand weiterratterte. „Geht gut!"
Chris zeigte auf die Rückseite des Baumstamms und brüllte über den Lärm: „Hier auf der anderen Seite setzt du den Fallschnitt an – einfach gerade in den Stamm reinsägen, immer auf die Kerbe zu. Je näher du kommst, desto mehr musst du auf den Baum achten. Wenn der Wipfel zu zittern beginnt, hält den Baum nur noch das schmale Stück Holz zwischen Kerbe und deinem Fallschnitt. Ab da ist alles Millimeterarbeit, und du musst die Säge sofort raus-

Ab in die Wildnis

ziehen und Platz machen, sobald der Baum sich neigt. Okay?"
„Alles klar." Frank beugte sich runter und setzte Chris' alte Stihl an.
Ich machte mich aus dem Staub, ehe der Baum zu fallen begann. Nun mussten wir doch einige von den Pappeln auf unserem Grundstück dem Bauvorhaben opfern – der Stapel Stämme, den Chris und ich im Februar gefällt hatten, reichte nicht aus. Das Eis auf Tagish Lake und Atlin Lake, das die Verbindung zwischen unserem neuen Wildnisdomizil und dem Dorf herstellte, war nur 18 Zentimeter dick gewesen und durch tagelanges Tauen und Regenwetter immer dünner statt dicker geworden – dank Temperaturen, die eigentlich erst im April zu erwarten waren. So hatten wir unser Zeltlager nach knapp zehn Tagen Arbeit in unserer Holzschlagkonzession abgebrochen und waren halb verrichteter Dinge mit dem Schneemobil über das mürbe Eis zurück nach Atlin gefahren. Immerhin: In der Zeit hatten wir es geschafft, neunzig Baumstammsegmente von zweieinhalb bis acht Meter Länge aus dem Wald an unseren Bauplatz zu ziehen.

Ich nahm wieder das Schäleisen in die Hand und begann, einem der aufgestapelten Bäume die Rinde abzuziehen. Die beiden Männer kamen mit Nachschub auf den Schultern: Der eben von Frank gefällte Baum war bereits in knapp zweieinhalb Meter lange Stücke zersägt.
„Und – abladen!"
Mit einem Rumms fiel das schwere Holz zu Boden.
„Die Dinger sind wenigstens leicht zu schälen", sagte ich. „Nicht wie die Fichten vom Winter!"
„Sind ja auch ganz frisch. Noch sechs Pappeln und wir haben genügend Holz für die Wände." Chris streckte seinen Rücken.
„Sonst organisieren wir einfach noch ein Fenster", schlug ich vor. „Das spart Holz, geht schnell und gibt schön viel Licht."
„Falls diese Baumethode doch nicht hinhaut, haben wir vielleicht nur Fenster."
Chris und Frank rollten den Pappelstamm zu unserer Baumkollektion.
„Das muss klappen. Wenn Chris Czajkowski auf diese Art mutterseelenallein ein ganzes Blockhaus bauen kann, werden wir drei das ja wohl auch noch schaffen!"
Die kanadische Autorin hatte sich innerhalb eines Sommers eine Wildniscabin fernab aller Straßen gebaut, indem sie zwischen zwei Meter lange, aufrecht stehende Stützpfeiler waagerechte Stämme in ähnlicher Kürze eingesetzt hatte. Eine andere Methode, mit handlich kurzen Stämmen zu arbeiten, ist, sie alle senkrecht aufzustellen. Aber rein optisch gefiel uns das nicht, sodass wir lieber in Chris Czajkowsiks Fußstapfen treten wollten – sie hatte ein Buch darüber geschrieben, das allerdings diverse Details der Bauart offen ließ.
„Morgen können wir anfangen, die untersten Stämme zu setzen. Die Fundamente müssen jetzt einfach genug ausgehärtet sein." Chris trat probehalber gegen einen der acht Zementsockel, die wir ins Erdreich eingelassen hatten.

Ab in die Wildnis

Unsere Wiese ist bunt mit Wildblumen

„Seid ihr für heute fertig mit Fällen? Dann fang ich an, Abendessen zu machen. Mich treibt der Hunger."
„Klingt gut, wir holen nur noch die restlichen drei Stammsegmente aus dem Wald!"
„Okay." Ich legte das harzverklebte Schälmesser unter die Leinwandplane, die nicht nur unser Werkzeug vor dem Wetter schützte, sondern auch das Baumaterial.
Koyah, mein Chinook, lag gemütlich auf einem Isolierballen zusammengerollt. Blizzard und Silas streckten sich und gähnten; ihnen war durch unsere ständige Beschäftigung mit den Baumstämmen der Sommer gründlich verdorben. Lange Spaziergänge gab es nicht, dafür fehlte ganz einfach die Zeit, wenn wir bis zum Oktober fertig werden wollten. Blütenduft hing über der Wildwiese, die mit unzähligen Heckenrosen sowie Arnika, Akelei und Indian Paintbrush übersät war. Sehnsüchtig blickte ich auf dem Weg ins Zeltlager in den Pappelwald. Unsere nähere Bekanntschaft mit der Wildnis und ihren Tieren, von denen sich bislang keins gezeigt hatte, ließ noch auf sich warten.

Flammen umzüngelten das Holz in der Lagerfeuerstelle vor dem alten Leinwandzelt, das uns als Schuppen, Küche und Aufenthaltsraum diente. Chris und ich schliefen mit den Hunden in einem anderen Zelt fünfzig Meter weiter, und Frank campierte am Seeufer. So musste sich niemand gezwungen fühlen, extra lange wach zu bleiben, weil das *Walltent* noch genutzt wurde, und jeder konnte auch einmal seine Ruhe haben. Um mit den Essenssachen keine Bären anzulocken, hatten wir einen Elektrozaun um das Lager gezogen.
Chris stellte den leeren Teller auf die Erde. „Danke, Sweetie! Das war gut."
Ich nickte. Wir wechselten uns mit dem Kochen und Abwaschen ebenso ab wie bei allen Schäl-, Säge- und Hämmerarbeiten am Bau. „Wie machen wir denn weiter, wenn wir die untersten Stämme gesetzt haben? Wollen wir dann mit den Wänden anfangen oder dem Fußboden?"
„Dem Fußboden, würde ich sagen. Sonst stehen wir ja beim Bauen wegen der Hanglage total tief."
Frank stieß mit dem Stiefel einen Holzklotz weiter ins Feuer. „Was mir bei der Baumethode aber nicht ganz klar ist … ihr wollt in die aufrechten Stämme zwei Fugen sägen, in die dann links und rechts die waagerechten Stämme per Nut an

Ab in die Wildnis

Mit der Alaskan Mill werden die Baumstämme zurechtgesägt

Nicole im Zeltlager

den Stammenden eingefügt werden?"
„Ja, wir sägen an den beiden Enden aller waagerechten Stämme so eine Art Zapfen heraus, der dann in die Rillen in den Stützpfeilern greift."
„Aber da müssen wir ja jeden waagerechten Stamm erst ganz nach oben hieven und ihn von oben zwischen die Stützpfeiler treiben!"
„Hm." Ich sah Chris an. So weit hatten wir noch gar nicht gedacht.
„Vielleicht können wir eine Art Kran konstruieren", schlug er vor.
„Bei der normalen Blockhausmethode werden die langen Stämme doch über eine Art Rampe hochgerollt", sagte ich.
„Das wird dann aber für das obere Stockwerk schon etwas haarig, meint ihr nicht?" Frank hob fragend die Thermoskanne und schenkte uns allen Tee ein.
„Die Chris Czajkowski hat das irgendwie anders gemacht", grübelte ich. „So detailliert hat sie das alles nicht beschrieben, aber ich glaube, sie hat die waagerechten Stämme mit irgendwelche Latten an den senkrechten festgehalten."
„Und das hält eine ganze Wand?", fragte Frank. „Habt ihr diese Baumethode denn nicht mal irgendwo angewandt gesehen?"
„Nein, aber da fällt uns schon noch was ein! So kompliziert ist der Hausbau nicht", sagte Chris. „Für mein Blockhaus in Atlin habe ich auch nur in ein altes Buch geguckt und mir ein paar Häuser im Ort als Muster angesehen."
„Solange die Wände im Lot bleiben … Viel kann man eigentlich nicht verkehrt machen", meinte ich und erhob mich, um die Essenssachen wegzuräumen.
Im Zelt stand auf dem zweiflammigen Campingkocher, der von einer Propan-

gasflasche gespeist wurde, noch der Topf mit dem Rest Soße. Ich räumte ihn mäusesicher in eine der Essenskisten, die entlang der Wände neben Kartons und Plastikkisten voller Kleidung, Bücher, Werkzeug, Lebensmittel und Hundefutter gestapelt waren. Bewegen konnte man sich nur in einem schmalen Gang in der Mitte, aber wir veranstalteten ja keine Tanzpartys. Ich streckte meine schmerzenden Arme, spürte die harte Arbeit der letzten Tage in meinen Rückenmuskeln. Anfang Juli war es bereits, und alles, das wir bisher gebaut hatten, waren acht Zementsockel! Ich suchte im Zelt nach dem Buch von Chris Czajkowski, um die Stellen über den Hausbau noch einmal nachzulesen. Schlimmstenfalls könnten wir auch noch in den Winter hinein im *Walltent* ausharren, falls der Hausbau länger als geplant dauerte; das Zelt war mit einem Holzofen bestückt, der Chris und mir bereits im Februar während des Bäumefällens gute Dienste geleistet hatte. Aber eine verlockende Aussicht war das nicht. Unruhig blätterte ich im Buch.

Unser Zeltlager

Hausbau auf Wildnisart

Bei der Arbeit mit der Kettensäge liegen oft die Nerven blank

Hausbau auf Wildnisart

Tagish Lake, Mitte August 2005.

Müde tappte ich aus dem Zelt in die Dämmerung hinaus, ganz leise, um Chris nicht zu wecken. Die Hunde, die an ihren Leinen schliefen, damit sie bei mitternächtlichen Geräuschen nicht aus dem Zelt rannten, kuschelten ihre Nasen tiefer unter die Ruten.

Ein kühler Lufthauch umstrich meine nackte Haut, als ich mich einige Meter entfernt zum Pinkeln hinhockte. Zum ersten Mal seit Monaten war es nachts dunkel genug, dass ich Sterne am Himmel funkeln sah. Meine halbgeschlossenen Augen wanderten vom Himmel zu den ersten gelben Weidenblättern – Herbst. Und hinter dem Weidenbusch ... ein unförmiger Schatten, der dort nicht hingehörte.

Plötzlich waren meine Augen riesengroß und ich hellwach. Keine zehn Meter von mir entfernt bewegte sich das dunkle Ding – ein Bär!

Erste Begegnung mit einem Bärennachbarn

„Oh, Mist", flüsterte ich, konnte aber nicht zu pinkeln aufhören. Wie hypnotisiert starrte ich den Schwarzbären an, der mich ebenso gebannt beobachtete. Mein Herzschlag klopfte in meiner Kehle.

„Ich bin ein Mensch", wisperte ich eindringlich. Das Tier hatte wohl noch nie einen nackten Zweibeiner gesehen, der wasserlassend vor ihm auf der Erde kauerte.

Plötzlich zuckte der Bär zusammen und sprang mit einem gewaltigen Satz in die Büsche, wo ihn sofort die Dämmerung verschluckte. Ich stand auf, froh, dass er das Weite gesucht hatte, aber ich hatte mich zu früh gefreut: Das Laub raschelte, und prompt war der Schwarzbär wieder da. Er richtete sich halb auf und witterte, konnte sich anscheinend keinen Reim auf mich machen. Mein Pulsschlag jagte noch immer in meinen Ohren, dabei waren es doch nur ein paar Meter bis zum Zelt, und das Tier war offensichtlich ganz verdattert. Bedrohlich verhielt sich der Bär nicht. Alles in Ordnung, beruhigte ich mich.

„Buh", sagte ich und wandte mich zurück zu den Hunden, Chris und dem millimeterdünnen Zeltstoff, der uns vom Geschehen im Gestrüpp trennte.

Es krachte, und ohne Rücksicht auf Verluste rannte der Bär durchs Gebüsch davon, fort von mir, unter Ästeknacken und -geprassel nichts wie den Hügel hinunter in Richtung See, auf der Flucht vor dem blasshäutigen Zweibeingespenst. Chris' verschlafene Stimme tönte aus dem Zelt und die Hunde schlugen an, wie sie es fast jede Nacht in der letzten Woche getan hatten. Nun wusste ich, warum.

„Alles okay", rief ich. Meine Haut prickelte vor Aufregung. Ich begann zu zittern, nicht nur vor Erleichterung. Es gab sie also doch, die Wildtiere! Wir hatten sie nicht alle verscheucht. Lebensfreude und Glück durchströmten mich; eine wilde Freude darüber, dass ich hier war, mit meinem Freund, unseren Hunden und einem halbfertigen Blockhaus mitten im herbstlichen Wald, wo man in der Dämmerung Zwiesprache mit einem Bären halten konnte.

„Verdammt noch mal!" Missmutig setzte ich die Kettensäge ab und betrachtete die Nut, die ich aus dem Stammende herausgesägt hatte. Wie üblich war sie schief geraten. Ich sah zu Frank hinüber, der konzentriert vor seinem Stamm kniete und langsam mit Bleistift anzeichnete, wo er die Säge ansetzen musste.

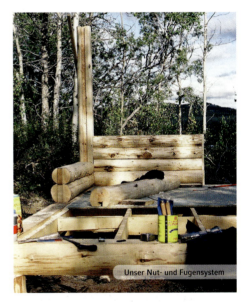
Unser Nut- und Fugensystem

„Bei mir wird das nie was", bekannte ich. Wenn ich wenigstens wüsste, was ich verkehrt machte. Es schien, als ob bei identischer Vorgehensweise Franks Stämme jedes Mal gelangen, während meine selbst mit Nachsägen nie so richtig passten. Chris hatte ebenfalls kein Händchen und keine Geduld für die akribische Nut-und-Fugen-Arbeit: Er sägte mit der *Alaskan Mill*, einem Aufsatz für die Kettensäge, den ganzen Tag lang die Stämme zurecht, sodass sie zwei flache Seiten zum Aufeinanderliegen hatten. In Akkordarbeit stellte er die Dutzende von Brettern her, die wir nicht nur für als Fußbodenbohlen, sondern auch für Fenster- und Türrahmen sowie Dachgebälk benötigten. Eine staubige, laute Arbeit, um die wir ihn nicht beneideten.

Frank zuckte die Achseln. „Schau dir doch das Werkzeug an, mit dem wir arbeiten! Das kann ja nur ungenau werden."

„Bei mir auf jeden Fall." Ich schleppte das bereits geschälte Stämmchen zum Bau, wo sich die Blockhauswände inzwischen in den Himmel reckten. Isolierendes Moos hing zwischen den Stämmen heraus, und an der Südseite gähnten die beiden großen Fensteröffnungen.

Ich schob den Stamm auf die halbfertige Ostwand. Mit einem Ende steckten die waagerechten Stämme bereits in der Fuge des Stützpfeilers, während der zweite Stützpfeiler noch nicht gesetzt war: Unsere Lösung des Problems mit den waagerechten Stämmen. Erst wenn die Wand ganz in die Höhe gezogen war, schoben wir den zweiten Stützpfeiler heran und nagelten ihn an den Fußbodenbohlen fest. So konnten wir die waagerechten Stämme einfach aufeinanderstapeln, statt sie von ganz oben zwischen die Pfeiler hineinhebeln zu müssen.

Ich richtete den zweiten Stützpfeiler auf und schob ihn probeweise gegen das Wandende um zu prüfen, dass auch alle Nuten in der Fuge verschwanden. Die von mir gesägte war zu lang geraten und sah nicht schön aus, aber zumindest passte es.

Chris warf einen weiteren zweiseitig zugesägten Stamm, der eine Nutbehandlung brauchte, vor der Baustelle auf den Boden und wischte sich mit dem Arm über die von Sägemehl gepuderte Stirn und Ohren. „Die *Blackflies* machen mich noch wahnsinnig!"

„Zeig mal." Tatsächlich, rote Punkte tüpfelten seine Haut, wo die blutsaugenden Fliegen zugebissen hatten. „Das Insektenmittel ist hinten beim Werkzeug. Soll ich mal sägen?" Keine verlockende Vorstellung, auch wenn es eine Abwechslung von der Nutsägerei wäre.

Die Bauarbeiten schreiten voran

Er beugte sich vor und gab mir einen staubigen Kuss, der nach Benzin schmeckte. „Ach, es geht schon. Bald können wir mit dem oberen Stockwerk anfangen!"

„Dann müssen wir uns zur Belohnung aber einen extra Tag freinehmen", schlug ich vor. „Das muss doch echt drin sein – wir schuften sechs Tage die Woche, und der freie Tag geht immer mit so Sachen wie Brot backen oder Wäsche waschen drauf!"

Hausbau auf Wildnisart

„Oder mit Trips nach Atlin." Von Nägeln über Fenster bis hin zu den OSB-Platten für den Fußboden und den Metalldachpaneelen kam dank Chris und seiner winterlichen Flussbegehung alles heil mit dem Jetboot bei uns an. „Ja, dann machen wir einen Tag frei. Aber jetzt weiter, damit wir die Hütte vorm Winter noch fertigkriegen!"
Seufzend kniete ich mich vor den nächsten Stamm, um wieder eine Nut zu sägen. Immerhin lockte der freie Tag in nicht allzu weiter Ferne.

Die Hunde rannten aufgeregt vor Chris und mir her, konnten ihr Glück kaum fassen: Ein Spaziergang! Keine kurze Runde ums Grundstück mit Abstecher in die Bootsbucht wie in den letzten Wochen, sondern eine echte Exkursion in den noch immer unbekannten Wald. Weg- und steglos, wie die Wildnis war, ging es in einer Art Hürdenlauf unter, über und mitten durch das Gesträuch.

Chris, gut eingehüllt gegen Mücken und *Blackflies*

Unser Urlaubstag fühlte sich an, als würden wir schwänzen – fast hatte ich ein schlechtes Gewissen, endlich einmal allein mit Chris und den Hunden unterwegs zu sein. Wo wir hingingen, war mir egal; ich wollte nur das Gefühl auskosten, mit Chris durch die Gegend zu streifen, die uns irgendwann ein Zuhause sein würde. Meine Gedanken drehten sich immer noch um die praktischen Fragen des Wildnislebens.

Ich tastete nach dem Bärenspray an meinem Gürtel, das ähnlich wie Pfefferspray wirkt, aber entsprechend stark für Bären dosiert ist. „Meinst du, wir müssen uns richtige Pfade durch den Wald anlegen?" Chris duckte sich unter einem umgestürzten Baum hindurch. „Keine Ahnung. Vielleicht finden wir mit der Zeit ja Wildwechsel, die wir nutzen können … wenn wir endlich Zeit haben! Ich würde auch so gerne noch einen Elch schießen, sonst haben wir nur die paar Gläser Einmachfleisch."

Silas kann sich für die Bauarbeiten nicht begeistern

Hausbau auf Wildnisart

Weideröschen

Ich rümpfte die Nase. „Die reichen schon bis zur nächsten Jagdsaison. So das Geschmackserlebnis ist das nicht ... riecht wie Hundefutter aus der Dose, wenn man ein Glas aufmacht."

„Vielleicht müssen wir es das nächste Mal schon gleich beim Einkochen würzen oder die Soße machen", schlug Chris vor. „Und wir können ja auch immer einen Teil Elchfleisch in Atlin in meiner Gefriertruhe bunkern."

„Aber wenn wir mit dem Bauen fertig sind, musst du ja nicht mehr so viel hin und her fahren, oder? Dann kämen wir an deine Gefriertruhe nicht so oft ran."

Eine winzige Wiese mit wilden Himbeerbüschen tauchte vor uns auf. Der See, an dem wir uns orientierten, glitzerte durch die grünen Bäume. Nur hie und da warnten ein paar Zweige mit frühem Herbstlaub davor, dass der Winter und das Ende der Bausaison nahten. Vom Wasser hallte der geisterhafte Ruf eines Eistauchers zu uns empor.

Chris pflückte ein paar Beeren und steckte mir eine in den Mund. Sie zerplatzte herrlich süß und fruchtig auf meiner Zunge. „Kommt drauf an, wie sich unsere Jugendherberge und Survivalkurse entwickeln."

Ich kniete mich neben ihn. Wilde Himbeeren! Koyah und Silas schnüffelten interessiert am Busch und begannen mit spitzen Lippen, die besten Beeren zu pflücken. „Nee, sucht euch woanders was", protestierte ich. Wenigstens betrieb Blizzard, mein blonder Wald- und Wiesenmischling, keinen Mundraub: Hechelnd hatte er sich in den Schatten gelegt. „Wir müssen uns auch bald entscheiden, wie die Leute bei uns überhaupt buchen können."

„Satellitentelefon oder Funktelefon", sagte Chris. „Oder Satelliteninternet."

„Tja, nur was davon?" Für diesen Sommer und Winter hatten wir nur ein Funkgerät. Telefonisch erreichen konnte uns niemand, und wenn wir ein Problem hatten, würden wir erst per Funk jemanden erreichen müssen, der für uns telefonierte. Auf die Dauer war das kein Zustand.

„Ich bin ja für Satelliteninternet", meinte Chris und legte sich auf den Rücken. Koyah nutzte sofort die Gelegenheit, ihm quer übers Gesicht zu lecken – er war ein begeisterter Küsser und hatte die schnellste Zunge des Nordens. „Bäh! Geh!"

„Mit Internet in der Wildnis ..." Ich seufzte.

Hausbau auf Wildnisart

„Ich weiß", grinste Chris und streichelte mir über den Arm. „Das passt irgendwie nicht und braucht Strom, aber das hier wird doch unser permanentes Zuhause. Funkgerät und Rauchzeichen sind nichts für immer."

„Dann müssten wir den Generator ja noch mehr laufen lassen", schmollte ich. Wie sehr hatten wir uns darüber gestritten, einen Stromgenerator anzuschaffen! Ohne Strom könnten wir nicht bauen, hatte Chris behauptet. Wie sonst sollten wir eine Kreissäge und einen Bohrer beim Blockhausbauen benutzen?

Geht auch alles mit der Kettensäge oder per Hand, hatte ich entgegnet. Die Menschheit hat es schließlich ohne Stromgeneratoren geschafft, den gesamten Planeten zu besiedeln. Auch in meinem Bergtal außerhalb von Atlin war es stromlos, still und friedlich gewesen, bis noch zwei Haushalte dazukamen und das elende Gebrumme ihrer Stromgeneratoren das Tal erfüllte. Ich verstand nicht, wie man so abgelegen wohnen wollte, sich aber nicht vom Stromkonsum abnabeln konnte.

Ich hatte dort ohne Elektrizitätsversorgung gebaut und mich auch zuvor in Atlin so arrangiert, dass ich zu Hause für nichts Strom brauchte. Öllampen gaben mir Licht, ich heizte mit Holz, Wasser holte ich mir in Eimern vom Bach, kochte auf Propanflammen und hatte ein Plumpsklo. Den größten Teil des Jahres hielten sich Lebensmittel draußen und sogar auch drinnen in einer kühlen Ecke des Hauses frisch. Im Sommer ging ich einfach öfter einkaufen und benutzte im Ort das Telefon, Internet und den Waschsalon. Einen Verzicht oder Entbehrungen spürte ich dabei nicht, nur ein großes Gefühl der Freiheit.

Ich hatte es für selbstverständlich gehalten, dass das Leben mit Chris in der Wildnis ebenso einfach sein würde, auf die elementarsten Dinge beschränkt. Falsch gedacht.

Blizzard, Silas, Koyah und Nicole

Hausbau auf Wildnisart

„Du bist da wirklich extrem", meinte Chris. „Und du kannst hier draußen mit mir zusammen nun mal nicht haargenau so leben wie allein in Atlin."

Ich stopfte mir noch eine Himbeere in den Mund. Nicht schon wieder streiten! Unser Baualltag war schon stressig genug.

„Du hast in Atlin ja deinen Strombedarf im Ort gedeckt", fuhr Chris unbeirrt fort. „Ganz darauf verzichtet hattest du doch nicht. Und hier können wir nicht mehr zum Telefonieren kurz mal ins Dorf fahren."

„Das weiß ich ja."

„Mit einer Solarzelle bräuchten wir den Generator zumindest im Sommer bestimmt nicht oft laufen lassen. Die Funktelefone sollen ja abgeschafft werden,

Der Herbst naht

und billiger und vielseitiger als ein Satellitentelefon ist Internet auf jeden Fall", sagte Chris. „Wenn wir Internet hätten, wären nicht nur die Reservierungen kein Problem, sondern die Leute könnten auch über PayPal bezahlen. Durch Skype hätten wir sogar eine Telefonverbindung."
„Hm."
„Und über E-Mail könnten wir leicht Kontakt zu unseren Freunden und Familien halten."
„Ach, ich weiß nicht ..." Seufzend befingerte ich die Schwielen an meinen Händen. Sah so das moderne Wildnisleben aus? Mit Satellitenschüssel und Generator im Wald? „Aber erst muss das Haus überhaupt mal fertig werden."

Wettkampf gegen den Winter

Herbstspaziergang

Wettkampf gegen den Winter

Tagish Lake, Anfang September 2005.

Jetzt sah unsere Cabin nicht mehr wie ein Holzkasten mit Moosbewuchs aus, sondern fast wie ein richtiges Blockhaus: Das untere Stockwerk war fertig. Fünf Rahmen warteten darauf, dass wir die gebraucht gekauften Fenster einsetzten, und die Öffnung für die Tür gähnte in der Wand. Aber erst hieß es, das Loft und Dach fertigzustellen.

„Okay, lass uns die Dinger hochschieben!" Chris hievte das Ende eines der über vier Meter langen Stämme in die Höhe, die als Bodenbalken für den Loftfußboden dienen sollten. Wir hatten sie bereits vor Wochen geschält, damit sie gut austrocknen konnten und sich mittels Muskelkraft und Seilwinde mühelos in die Höhe befördern lassen würden.

Aus den Stämmen wird ein Haus

Ich kletterte mit Frank auf die Hauswand, um den Stamm in Empfang zu nehmen. „Kannst du den denn allein hochschieben?", rief ich zu Chris hinunter.
„Ausprobieren. Seid ihr bereit?" Er umklammerte den dünnen Stamm, ging in die Hocke und begann zu stemmen. „Uuuuaaaah!"
„Okay, weiter!" Frank und ich griffen nach dem Holz und zogen.
„Wohin damit?", keuchte ich.
„Quer über die Ecke legen!"

Wettkampf gegen den Winter

„Okay!"
Wir zogen und rückten, Chris stemmte, und mit einem Schwung hatten wir das Biest oben. Vorsichtig bewegten wir den Stamm, bis er quer über der Hauswandecke lag.
„Super!" Chris' verschwitztes Gesicht tauchte unter mir auf der Leiter auf. „Ich geh schnell auf die andere Seite, und dann schieben wir ihn in Position."
„Und das klappt, hier oben die Nut zum Verfugen anzuzeichnen und zu sägen?" fragte ich. Kettensäge und Leiter waren mir als Kombination nicht so geheuer. Mangels Extrabretter und Zeit arbeiteten wir ohne Baugerüst.
„Klar, ist alles kein Problem." Chris war schon auf der gegenüberliegenden Wand und zerrte am Stamm.
Langsam bewegten wir ihn über die Wand in die Position, in der wir ihn in die Balken verfugen wollten, die nach oben hin die Wand abschlossen. Er schien haargenau zu passen, nur ein kleines Stück noch – plötzlich schrien wir alle durcheinander.
„Scheiße, pass auf!"
„Achtung, das wird knapp!"
„Der ist ja viel zu kurz!"
„Ich kann ihn nicht mehr halten!"
Der Stamm rutschte von den Wänden und knallte auf den Fußboden des unteren Stockwerks. Mit einem lauten Rumms schlug er gegen die Wand, auf der ich saß. Der ganze Bau erzitterte. Panisch klammerte ich mich fest. Der Stamm fiel ganz auf den Boden, die Wand vibrierte noch einen Moment, und dann war alles still.

Chris schraubt die Dachpaneele an

„Verdammte Scheiße!"
„Seid ihr okay?"
„Wenigstens haben wir stabil gebaut." Nervöses Gelächter. Wenn der Stamm vorher abgerutscht wäre, als Chris noch darunter stand ... Mit weichen Knien kletterte ich die Leiter hinunter und in die Cabin hinein. In der OSB-Fußbodenplatte, die der Stamm zuerst getroffen hatte, klaffte ein 20 Zentimeter langes Loch.
Chris legte mir den Arm um die Schultern. Ich schmiegte mich an ihn, konnte den Blick nicht von dem Loch in der OSB-Platte reißen. „Hat doch alles gehalten."
„Das Ding ist zu kurz", stellte Frank fest und griff nach dem Bandmaß. „Wie breit ist die Hütte?"
„14 Fuß", sagten Chris und ich wie aus einem Mund. Da in Kanada alles Baumaterial in Fuß und Inches statt metrisch bemessen ist, fährt man besser damit, auch in diesen Dimensionen zu bauen.

Wettkampf gegen den Winter

Frank hakte das Maßband ans Stammende und zog es lang. „Exakt 14 Fuß." Er grinste schief. „Kein Wunder, dass das Ding runtergeknallt ist. Da ist nichts mehr mit Nut raussägen und verfugen! Dafür müsste der mindestens dreißig Zentimeter länger sein."

Mir drehte sich der Magen um. Hatten wir sie etwa alle zu kurz gesägt? Wir sahen uns an und rannten zu dem Stapel präparierter Stämme, die als Fußbodenbohlen fürs Loft gedacht waren. Wortlos ging Frank mit dem Messband von Stamm zu Stamm und sagte schließlich: „Tja, die sind alle auf genau 14 Fuß zugesägt."

„So eine verdammte Scheiße", brüllte Chris los. „Die können wir alle wegschmeißen! Die ganze Arbeit umsonst!"

„Und wenn wir nochmals Bäume fällen?", fragte ich.

„Wo denn? Das muss Nadelholz sein, weil es tragende Balken sind, und darf weder zu schlank sein wegen der großen Spanne, noch zu dick, weil wir sie sonst nicht hochkriegen", protestierte Chris. „Selbst wenn wir passende Bäume auf dem Grundstück hätten – ohne erst auszutrocknen sind die viel zu schwer für uns! Und so lange können wir nicht warten!"

„Und wenn du stattdessen Bretter sägst?", schlug Frank vor.

„Woraus denn? Die paar langen, dicken Stämme, die wir noch haben, brauchen wir alle, um die Bretter für den Dachstuhl herzustellen."

Beklemmendes Schweigen.

„Und wenn wir auf das Loft verzichten, einfach jetzt das Dach draufsetzen?", fragte ich.

„Dann zieht im Winter beim Heizen die ganze warme Luft nach oben und unterm Dach sind's 30 Grad, während wir unten im Kalten sitzen", sagte Chris. „Da muss so oder so ein Boden eingezogen werden."

„Außerdem wollt ihr das oben doch als Schlafraum für die Jugendherberge nutzen, oder?" Frank setzte sich auf den Stapel Baumstämme. Koyah, der ein feines Gespür für Missstimmung hatte, kam angetrottet und stupste mich tröstend an.

Chris starrte auf unser Bauwerk. „Also, was machen wir? Hier rumsitzen bringt nichts! Los, Leute, wir müssen fertigwerden!"

Gelbes und oranges Herbstlaub leuchtete um uns herum wie Warnlichter. Auf den Bergen lag bereits der erste Neuschnee. Ich seufzte. „Schlimmstenfalls bleiben wir den Winter über im *Walltent*. Einen Ofen haben wir ja drin."

Unser Loft muss isoliert werden

Wettkampf gegen den Winter

„Ich verbringe doch keinen ganzen Winter im Zelt!" Chris kniete sich vor die Stämme und befingerte die Enden.
„Und ich geh nicht wieder nach Atlin zurück", schnappte ich. „Ich will nicht den Winter über in deiner Cabin im Ort sitzen! Das hier ist jetzt mein Zuhause. Meins in Atlin hab ich verkauft."
Plötzlich sprang Chris auf und lief zu unserem Werkzeugdepot neben der Baustelle. Mit einer Faust voller 40 Zentimeter langer Nägel kam er wieder. „Hier", rief er triumphierend. „Wir nageln die Stämme in die Wand."
„Nageln? Aber dann hängen die nur an den Nägeln! Die müssen ja nicht nur die OSB-Platten, sondern unsere ganzen Versorgungsmittel und das Bett inklusive uns tragen!" Ich starrte die Nägel an. „Das wird doch nie im Leben halten!"
„Könnt ihr nicht Stützbalken daruntersetzen?", fragte Frank.
„Irgendwie so was können wir noch machen", sagte Chris. „Ist doch egal, Hauptsache, die Dinger halten erst mal und wir können mit dem oberen Stockwerk weitermachen. Wenn das Haus gedeckt ist und der Ofen drin ist, haben wir Zeit, uns was zu überlegen. Aber jetzt nicht!"
„Also gut. Nageln wir sie fest."

Die Nägel hielten tatsächlich. Angetrieben vom bunt leuchtenden Herbstlaub und dem Neuschnee auf den Bergen, der sich stetig in die Baumgrenze hinunterarbeitete, bauten wir das Loft in Rekordzeit. Natürlich waren die Wände nur halbhoch, aber inzwischen ging uns die Arbeit auch leichter und schneller von der Hand. In den letzten Wochen waren wir nicht nur zu Muskelpaketen gewor-

Unser Blockhaus ist noch vor dem Winter fertig geworden

Wettkampf gegen den Winter

den, sondern hatten auch die Tücken jedes einzelnen Vorgangs in- und auswendig gelernt. Sobald es kompliziert wurde, riefen Chris und ich nach Frank, der mit einer Engelsgeduld und viel Konzentration auch der schwierigsten Aufgaben Herr wurde.

Ende September, kurz bevor Frank nach Deutschland zurückfliegen musste, war das Dach fertig gedeckt und der Ofen installiert. Nicht nur das Haus war fertig, sondern wir auch: Je näher der Winter rückte, desto mehr hatte Chris uns bei der Arbeit vorangetrieben. Ich war das Wildnisleben zu dritt herzlich leid, bei dem es durch unseren selbstgemachten Stress und die Isolation des Waldes immer wieder zu Spannungen kam.

Es war eine Ausnahmesituation für uns alle gewesen. Chris hatte sich nicht nur dafür verantwortlich gefühlt, dass wir die Cabin innerhalb von drei Monaten fertigstellten. Ihm war auch wichtig, dass Frank trotz der vielen Arbeit eine Art Urlaub bei uns hatte – und Frank war in der unbekannten Wildnis mit ihren Bären und weglosen Wäldern nur ungern allein.

Innen ist noch alles ein Provisorium

Auf dem Bau arbeitete ich wesentlich lieber mit ihm als dem ständig aufbrausenden Chris zusammen, aber gerade darum fehlten mir in den drei stressvollen Monaten umso mehr entspannte Momente der Zweisamkeit mit meinem Freund. Wir waren alle erleichtert, als nicht nur das Bauen an der Cabin endlich ein Ende hatte, sondern auch unser Leben als Dreiergespann in der Wildnis. Das Kennenlernen der Einsamkeit konnte jetzt beginnen.

Wettkampf gegen den Winter

Herbst in der Wildnis

„Verdammt noch mal!" Fluchend drückte ich gegen die nadeligen Äste des verfilzten Tannendickichts. Chris hatte ich schon vor Minuten aus den Augen verloren. Der Fetzen Himmel, den die Bäume freiließen, war bleigrau, und weder Berggipfel noch die Sonne zeigten sich als Richtungsweiser. Mein Herz pochte in meiner Kehle. Ich hatte keine Ahnung, wo zum Teufel ich eigentlich war und in welche Richtung es zu unserem Blockhaus ging. Unsere Erkundungsgänge im Herbstwald endeten fast immer so: in einer Sackgasse aus dichtestem Gestrüpp oder mitten im Sumpf, und mit der brennenden Frage, wo genau wir uns überhaupt befanden. So viel zum Thema leicht zu durchwandernder Mischwald.
„Sweetie?!" Angespannt lauschte ich. Die Hunde blieben stehen und horchten ebenfalls.
„Hier!", kam es dumpf von links, irgendwo zwischen den Bäumen.
„Ist es dahinten besser zu laufen?", rief ich und spürte die momentane Angst von mir abfallen, dass ich mich nicht nur verlaufen, sondern auch noch Chris im Wald verloren hatte. „Hier ist alles komplett dicht!"
„Warte, ich komme!"
Hektisch nestelte ich in meinem Rucksack nach dem Kompass. Schritte knacksten, und dann stand Chris vor mir, die Mütze und Schultern mit Blättern und kleinen Zweigen bestreut. Er hatte sein GPS in der Hand. „Wir sind hier schon richtig", sagte er und tippte auf den kleinen Bildschirm des Geräts.
„Aber wir müssten doch schon längst den See sehen", protestierte ich.
„Nein, wir kommen bloß zu langsam voran. Jetzt haben wir für 500 Meter geschlagene zwanzig Minuten gebraucht!"
Blizzard sah mich an und ging ein paar Schritte, blieb stehen und blickte mich wieder an. „Ja, ich weiß, Blizzy, wir wollen nach Hause!" Er ging gemessenen Schrittes weiter in seine eingeschlagene Richtung und sah sich erneut um.

Wettkampf gegen den Winter

„Du, ich glaub, er will uns nach Hause führen", sagte ich zu Chris und zeigte auf meinen Hund.

„Die Richtung stimmt schon ungefähr, aber woher soll er den Weg wissen? Wir sind hier ja noch nie gewesen."

Blizzard und ich tauschten einen langen Blick aus. Er war der Leithund meines kleinen Rudels, und ich hatte ihn erst als erwachsenen Hund adoptiert. Im Reservat der Tlingit geboren, war er bei einem weißen Alkoholiker aufgewachsen, der in einer grob zusammengezimmerten Hütte im Wald hauste und sich eines Tages bei einer illegalen Grabung in einem Minenschaft in die Luft gesprengt hatte. Blizzard kam mir vor, als hätte er in seinem Leben schon alles gesehen.

„Vielleicht weiß er es aber", sagte ich. „In Atlin habe ich doch immer zu den Hunden 'let's go back' gesagt, wenn ich auf Spaziergängen wieder umgedreht bin."

„Den gleichen Weg zurückgehen will ich aber nicht unbedingt", meinte Chris und pflückte sich ein paar Tannennadeln von der Jacke.

Blizzard kennt den Weg nach Hause

„Blizzard, let's go back." Ich nickte meinem Hund zu, der mich prüfend ansah. Er machte ein paar Schritte und schaute sich nach mir um. „Komm, wir folgen Blizzy. So ist es fein, let's go back!"

Er setzte sich wieder in Bewegung, und Silas, Koyah, Chris und ich folgten ihm aus dem Dickicht heraus in den offeneren Pappelwald.

Chris starrte auf sein GPS. „Du, der geht genau richtig! Das ist der direkte Weg!"

„Siehst du, er weiß es einfach."

„Aber wie? Vielleicht kann er Rauch vom Ofen riechen?"

„Aber der Wind geht doch in die andere Richtung."

Hin und wieder vergewisserte sich Blizzard, dass ihm sein Gefolge noch auf den Fersen war. Unbeirrt, ohne zu wittern oder anzuhalten, schritt er langsam voran, sodass auch wir Zweibeiner mithalten konnten.

„Ist ja der Hammer", brummelte Chris. „Haargenau auf Kurs – durch eine völlig fremde Gegend!"

Aufgeregt steckte ich meinen Kompass weg. Das war es, genau das war es, das ich lernen wollte: Den Wald nicht als ein Hindernis zum Durchqueren wahrnehmen, sondern sich darauf einlassen können; mit meinen Tieren zu einem Team verwachsen und der Natur näher kommen, als ich es bisher gekonnt hatte. Wie

Wettkampf gegen den Winter

würde es wohl in ein paar Jahren sein, wenn ich nicht nur den Wald, sondern hoffentlich auch das Leben der Wildtiere besser kannte?

Baumstümpfe leuchteten hell aus dem Unterholz – hier hatten wir gefällt. Es ging nun stetig bergab durch lichtes Weiden- und Beerengestrüpp, bis wir kurz darauf auf der Wiese hinter unserem Blockhaus standen. Durch die herbstgelben Bäume leuchteten der See und die schneebedeckten Berge.

„Tja, das GPS brauch ich anscheinend nicht mehr", sagte Chris und steckte es weg. „Oder ob das Zufall war?"

„Glaube ich nicht, der weiß das irgendwie. Fein, Blizzy, braver Junge", lobte ich und wuschelte ihm durch sein dichtes Fell. Er quittierte die Aufmerksamkeit mit einem kurzen Schwanzwedeln – wäre er ein Mensch, hätte er wohl mit den Achseln gezuckt. So viel Aufregung um so etwas Selbstverständliches! Aber ich fand es aufregend. Nicht nur unser mühsames Umherlaufen im Wald und das Entdecken von bisher unbekannten Fähigkeiten meines Hundes, sondern auch jedes Mal das Heimkommen zu unserem spartanischen Blockhaus.

In der Cabin sah es noch immer wild aus. Chris und ich hatten es in einem Anfall von Euphorie geschafft, den Umzug vom Zeltlager ins Haus an einem einzigen Tag zu bewerkstelligen. Mit Schubkarren hatten wir unsere Berge an Essensvorräten, Kleidung, Hundefutter, Geschirr, Öllampen und Büchern knapp 300 Meter durch den Pappelwald, dann quer über die Wildwiese und am Rande des Fichtenwäldchens entlang zum Haus befördert.

„Mit ein paar Regalen hätten wir mehr Platz", stellte ich fest und setzte mich auf den Boden zu den Hunden. Bisher beschränkte sich unser Mobiliar auf einen Sessel und zwei Campingklappstühle, eine Plastikkiste als Tisch und Isomatten als Bett.

„Ich säge kein einziges Brett mehr", stöhnte Chris. „Den Campingkocher stellen wir einfach auf das kleine Fertigregal, damit hat sich die Küchenanrichte, und wenn ich die letzte Bootsfahrt vor dem Winter nach Atlin mache, gucke ich mal, ob nicht irgendwer im Dorf ein altes Sofa loswerden will."

„Klingt gut." Ich lehnte meinen Kopf an die Wand, von der ich nicht nur jeden Baumstamm, sondern auch jede verpfuschte Nut kannte, und schloss die Augen.

„Du, das mache ich jetzt öfter, mich mit den Hunden im Wald verlaufen und dann von Blizzy zurückführen lassen! Das ist so ein tolles Gefühl, sich einfach völlig seinem Hund anzuvertrauen."

„Na, ob er das jedes Mal schafft?"

„Oh, bestimmt – ich hatte ihnen das doch in Atlin mehr oder weniger beigebracht, weil ich beim Umdrehen immer ‚let's go back' gesagt habe. Auf demselben Weg zurückführen könnte er mich auf Befehl hin sicher, aber dass er einfach die direkte Route nimmt – wow. Und den Kompass und die ganze Notausrüstung habe ich ja zur Sicherheit immer dabei. Ich glaube, wir müssen uns viel mehr von der Vegetation und Unterholzbeschaffenheit leiten lassen, statt stur auf unserm Kurs bleiben zu wollen."

Wettkampf gegen den Winter

Herbstfarben

Wettkampf gegen den Winter

Chris setzte sich neben mich und lehnte sich an mich. „Aber dann kommen wir nicht da an, wo wir eigentlich hinwollen!"

„Vielleicht muss man dann eben immer mal wieder den Kurs korrigieren oder so. Blizzy hat uns doch eine Strecke gefunden, die ganz gut zu gehen war und trotzdem in die richtige Richtung ging."

„Nun haben wir ja Zeit für so was."

„Mhm. Schön, dass du diesen Winter hierbleibst!" Chris war sonst meist für einige Wintermonate unterwegs auf Reisen, um über den Atliner Tellerrand hinausblicken zu können und neue Länder und Menschen kennenzulernen. Mich störte das nicht weiter, ich war gern allein – aber für zumindest diesen ersten Wildniswinter hatte ich mein Veto gegen sein Reisefieber eingelegt. Wobei ich es mir für die Zukunft spannend vorstellte, dann monatelang ohne jegliche menschliche Gesellschaft und von der Welt abgeschnitten im Wald zu sein.

„Ja, finde ich auch", sagte Chris.

Aber … setzte ich in Gedanken fort und grinste.

„Aber auf die Dauer – ich muss einfach immer mal wieder raus. Etwas Abwechslung haben und neue Leute treffen." Chris sah besorgt aus.

„Ja, das weiß ich." Ich streichelte Blizzards samtiges Ohr. „Ist doch okay, von mir aus kannst du in Zukunft ja wieder auf Reisen gehen. Wir sind jetzt schließlich den ganzen Rest des Jahres ständig zusammen, vermutlich würden wir uns mit der Zeit auf den Geist gehen – und ich stelle mir das toll vor, hier ganz allein in der Wildnis zu sein. Nur das Land, die Hunde und ich …"

Teil 2:
Leben in der Einsamkeit

Allein

Der Winter steht vor der Tür

Allein

Sechs Jahre später. Tagish Lake, 25. Oktober: 1 Grad, Schneefall.

Unruhig kauerte ich im Loft neben dem Funkgerät. Draußen fiel unablässig Schnee in den Gletschersee und wurde hungrig vom graublauen Wasser verschlungen, das ihn mitnahm auf seine lange Reise in die Beringsee. Bleierne Wolken hatten die Berge vollkommen ausgelöscht. Einsam kam es mir vor, wie jeden Spätherbst, wenn Chris für dreieinhalb Monate auf Reisen ging. Obwohl ich mich jedes Mal auf das Alleinsein freute, war die Umstellung von intensiver Zweisamkeit auf intensive Einsamkeit nie ganz einfach – trotz der inzwischen vier Hunde, die mir gute Gesellschaft waren.

Ich drehte am Lautsprecherknopf. Schon nach drei Uhr; bis zu seinem Abflug nach Südamerika war Chris in Atlin und wollte sich noch einmal melden. Aber bisher herrschte Funkstille. Endlich tönte seine Stimme durch das Loft: „Raven Hill, Raven Hill. Como Lake."

Ein letztes Funkgespräch mit Chris

„Hey, wie geht's?", fragte ich. Jegliche Gefühle von Einsamkeit waren plötzlich verflogen.

„Prima." Ich hörte das Lächeln in Chris' Stimme. „Und bei dir, alles in Ordnung?"

„Ja. Es hat gerade angefangen, zu schneien. Warst du –" Meine Worte gingen plötzlich in erbostem Gebell unter. „Du, warte, da ist was, ich muss schnell die Hunde rufen!"

Ich warf das Mikrofon hin und kletterte schnell die steile Treppe in unsere Wohnküche hinunter. Gellend pfeifend lief ich an Koyah und Blizzard, die auf ihren Decken lagen, vorbei zur Tür. Alt und schwerhörig waren die beiden inzwischen geworden, aber draußen kläfften Silas und unser junger Jagdhund Moldy ohne Unterlass.

„Silas! Moldy, komm!", rief ich und steckte den Kopf gerade rechtzeitig hinaus, um eine Elchkuh mit zwei Kälbern unter lautem Ästeknacken aus dem Wald hervorbrechen zu sehen. Schnee- und Erdklumpen, von Elchhufen aufgeschleudert, prasselten auf die wild hinterherjagenden Hunde herab. Verdammt noch mal, seid ihr taub?

Wütend pfiff ich mit der Hundepfeife. Endlich machte Moldy kehrt und kam eilig zurückgelaufen, beflügelt von seinen im Takt wippenden Schlappohren.

Wie ein einziges Tier drehten die Elche ab, den Hügel hoch, ein verwischter Fleck von braun-schwarzem Fell und einer verwirrenden Vielzahl hellsockiger, langer Beine. Hochbeinig rennend, mit steil gereckten Hälsen, erreichten sie die Anhöhe. Die kurzen Mähnenhaare des Muttertieres waren drohend gesträubt.

„Si-las! Komm!", brüllte ich, und nach einem letzten aufgebrachten Blick zu den Eindringlingen bequemte er sich, umzukehren. Die kleine Truppe Elche machte am Wiesenrand halt. Langohrig sah die Kuh zu uns hinab.

Während ich die beiden Elchjäger in die Cabin scheuchte, zog ich mir aufgeregt meine Jacke an. „Los, flott, flott. So ist brav, rein jetzt." Blizzard und Koyah, die den Grund für den Lärm verpasst hatten, drängelten sich interessiert an meine Beine. „Nein, ihr bleibt alle drinnen."

Elchkuh mit Zwillingen

Sollte ich Chris am Funk schnell Bescheid sagen? Ach was. Nur kurz nachsehen, bevor die Tiere verschwanden. Zwillingskälber! Dort oben stand er noch, mein Elchbesuch.

Vorsichtig stapfte ich den Pfad hoch. Die Elchkuh behielt mich genau im Visier, eines der Kälber an ihrer Seite, während sich das andere hinter ihr versteckt hielt. Die Kälber waren jetzt, im Alter von fünf, sechs Monaten, bereits so groß wie ein mittleres Pony. Im Gegensatz zu den bei Begegnungen mit Menschen und Hunden meist recht stoischen Elchkühen waren die Kälber nervös; verständlich, liefen sie doch ein weitaus größeres Risiko, von Bären und Wölfen gerissen zu werden.

Gute hundert Meter vor den Tieren blieb ich stehen. Große Schneeflocken schwebten träumerisch herab. Die Elchkuh wandte ihren ungeschlachten Kopf nach links, zupfte an einer Weide und brach mit einem kurzen Kopfnicken den Endtrieb eines dünnen, kahlen Zweiges ab. Kauend schaute sie mich an.

„Tut mir leid wegen der Hunde. Die hatten sich wohl auch erschreckt. Zwei Babys hast du! Bist aber eine tolle Mama. Und so eine Schöne!"

Die langen Ohren, deren cremefarbenes Innenfell nach außen hin mit einer feinen Linie schwarzer Haare abgegrenzt war, spitzten sich. Erleichtert nahm ich die damit ausgedrückte Wachsamkeit und Interesse wahr – bei angelegten Ohren und einem vorgestreckten, gesenkten Kopf machte man sich besser davon. Ihr Mähnenfell legte sich langsam wieder flach, getüpfelt mit darin verfangenen Schneeflocken. Anscheinend hatte ihr die Hundebegegnung nicht nachhaltig die Laune verdorben. Eines der Kälber versuchte sich hinter ihr unsichtbar zu machen, indem es sich näher an sie drängte, während das andere mich skeptisch beäugte.

Allein

Elchkuh und Kalb

„Na, ihr? Ganz schön groß seid ihr schon. Ist alles okay." Fröstelnd verschränkte ich meine Arme vor der Brust und trat auf der Stelle. Schade, ich hätte gerne gewusst, welchen Geschlechts die beiden Kälber waren, aber konnte es von hier aus nicht erkennen. Doch ich wollte sie nicht weiter bedrängen – mit etwas Glück würden sie noch eine Weile in der Gegend bleiben. Chris fragte sich inzwischen sicher schon, was geschehen war, fiel mir ein.

„Dann fresst erst mal was auf den Schreck hin. Ich geh jetzt auch wieder." Ich wandte mich um und hastete an unserem mannshohen Stapel Feuerholz vorbei zur Cabin zurück.

Die Kanalanzeige des Funkgeräts glühte mir zwischen den Essensvorräten entgegen. „Chris? Bist du noch dran?"
„Ja, was war denn los? Du warst so lange weg."
„Drei Elche! Eine Kuh mit Zwillingen, direkt bei der Cabin", sagte ich atemlos und warf meine Jacke aufs Bett. „Ich nehme mal an, dass die Hunde gehört haben, wie sie vom See hochgekommen sind. Mensch, hier ist was los!"
Ich blies mir eine Haarsträhne von der Stirn und lehnte mich gegen einen Sack Reis. Schneewasser lief von meinen Stiefelsohlen langsam auf die Spargeldosen zu. Ich zog die Gummistiefel aus und schob sie zum Treppenaufgang hin. „Da siehst du mal, was du alles verpasst!"
„Ja, ja, das brauchst du mir gar nicht extra zu sagen!" Chris seufzte. „Irgendwie habe ich gerade sowieso kaum Lust wegzufahren. Ist es wirklich okay, dass du wieder so lange allein bist?"
Bekam er nun plötzlich Gewissensbisse? Unwahrscheinlich – denn weswegen? Mir gefiel es doch gut, das Alleinsein. Ich rückte näher ans Funkgerät. „Ah ja, klar. Du weißt doch, es ist so ein Abtauchen in eine ganz andere Welt. Hast du die nächsten Tage in Atlin noch ein volles Programm?"
Chris stöhnte. „Ja, ganz schön. Ich muss gleich sehen, dass ich ein paar Sperrholzplatten organisiere, um das Jetboot schneesicher einzupacken. Wenigstens hat's gut geklappt, es aus dem Wasser zu ziehen – da fing es gerade erst an, zu schneien. Heute Abend bin ich bei Wayne und Cindy zum Essen eingeladen, morgen bei Ann – und Montag geht ja schon der Flug. Und wie sieht deine Planung aus?"
Darauf, dass er unsere Freunde sah, war ich doch etwas neidisch. Seit Chris gestern über die Seen nach Atlin gefahren war, hatte er nicht nur mit einer ganzen

Handvoll Menschen gesprochen, sondern sogar welche gesehen! Ich dagegen war das letzte Mal vor zwei Monaten im Dorf gewesen und plante auch nicht, vor dem Sommer wieder hinzufahren. Meine Ausflüge in die Zivilisation waren auf zwei kurze Exkursionen pro Jahr geschrumpft; ich war dem Wildnisleben inzwischen mit Haut und Haaren verfallen. Klein kam mir meine Welt vor.
„Och ... Ich denke, ich gehe noch mal raus, vielleicht sind die Elche ja noch da."

Die Berge sind bereits verschneit

„Gut, ich mach mich jetzt besser auf, das Sperrholz zu besorgen, bevor es dunkel wird – sollen wir morgen nochmals funken?"
„Okay. Gleiche Zeit?"
„Ja, das sollte gehen. Dann pass auf dich auf und grüß mir die Elche, ja? Ich liebe dich, Sweetie!"
Sagt der das doch tatsächlich über den öffentlichen Funk! Na, wieso eigentlich auch nicht?
„Bis morgen dann. Ich lieb dich auch. Raven Hill clear."
„Como Lake out."
Ich stellte das Funkgerät ab und stieg glücklich und beschwingt durch das Gespräch die Stiege hinunter. Da zog er hin, mein Freund, sich unter die Menschen zu mischen und seine sozialen Kontakte zu pflegen. Sollte er doch! Nein, hinaus in die Menschenwelt zog mich inzwischen kaum noch etwas. Fremd, irgendwie unverständlich waren mir die Menschen geworden, deren Leben ungleich facettenreicher als das meine war; die täglich Dutzende, sogar Hunderte anderer Menschen sahen, sich mit ihnen arrangieren mussten; die Arbeitskollegen, Kinder und Chefs hatten, Freunde, die sie mal eben so sehen konnten. Über was konnte ich mit ihnen noch groß reden? Im Laufe der sechs Jahre, die seit dem Bau der Cabin vergangen waren, hatten sich Elche, Schnee, Bären, Bäume und Eis zu meinen Themen entwickelt.

Allein

„Wollt ihr mit rauskommen?"
Eine rhetorische Frage. Die vier Hunde waren sofort auf den Beinen und schwänzelten aufgeregt um mich herum. Ich legte Silas und Moldy ihre Teletakthalsbänder an, die uns unter den Elchen, Stachelschweinen, Wölfen und Bären viele Sorgen und potenzielle Tierarztkosten ersparten: Falls der Jagdinstinkt ihr Hirn einmal ausschaltete, kamen unsere auf den fein regulierbaren Elektroimpuls trainierten Hunde sofort.
Mir dagegen schnallte ich das Bärenspray um, dazu kamen noch der übliche Tagesrucksack mit dem Notpeilsender und den Erste-Hilfe-Sachen, sodass ich für alles von problematischen Tierbegegnungen bis zu Unfällen abseits der Blockhütte gut gerüstet war. Fliegender Händler, die Wildnisversion – so kam ich mir mit den ganzen Sachen vor. Ich sah auf die von den Schneeflocken verschleierten Zitterpappeln und den wintergrauen See hinaus. Schneller und dichter fiel der Schnee, verwischte das Tageslicht zu einer verfrühten Dämmerung, zog meine Welt noch enger zusammen, als sie sowieso schon war. Bevor ich die Hunde hinausließ, ging ich allein den Pfad hoch und schaute nach den Elchen – aber sie waren nirgendwo mehr zu sehen. Ihre Spuren führten von unserem Grundstück fort.

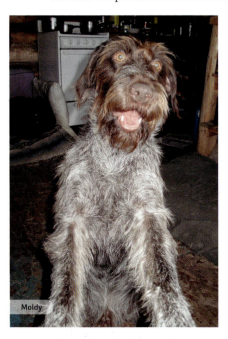
Moldy

„Silas, bei Fuß! Moldy!" Enttäuscht lotste ich die nach der Elchfamilie schnuppernden Hunde in den Pappelwald hinein. Für das nächste Vierteljahr würde ich nicht mehr viele Lebewesen zu Gesicht bekommen, die größer als ein Hund waren. Tierbegegnungen waren mir unsagbar wertvoll geworden. Ich bohrte meine Hände tiefer in die Jackentaschen. Nach dem Funkgespräch mit Chris, dem Hundegebell und der Aufregung mit den Elchen kam mir der Wald so still vor, als hielte er den Atem an. Eine leichte Brise trug den intensiven Nadelbaumgeruch einer Tannengruppe zu mir herüber. Nichts schien sich in dieser Einsamkeit zu bewegen, außer mir und den Hunden. Plötzlich schweiften alle vier vom Pfad ins Gebüsch ab, ließen kleine Wolken Neuschnee von den Weidensträuchern stieben.
Erregt bebten die Hundenasen über eine frische Spur im Schnee. Am Rande unseres Pfades fand ich einen unversehrten Abdruck, der allerdings von keinem Elch herrührte. Eine ovale Mulde in Handgröße war in den Schnee gepresst: Ein Bär! Ähnlich wie ein breit ausgetretener, menschlicher Fuß sah die Fährte aus, mit einem kleinen Gestirn von fünf Krallen gekrönt. Sogar die Falten der Fuß-

sohle waren zart im Schnee abgezeichnet. Ich legte meine Hand in den Abdruck der nicht viel größeren Pranke. In weiten Schlenkern verlor sich die Spur im Wald. Nur das Hecheln der Hunde zerschnitt die Stille.
„Ein Schwarzbär", sagte ich leise und fühlte mich beschenkt – es war doch nicht so einsam. Erst die Elche, und nun war ein Bär in der Nachbarschaft. „Na, dann lasst uns mal sehen, wo er hingelaufen ist. Bei Fuß. Fuß!"

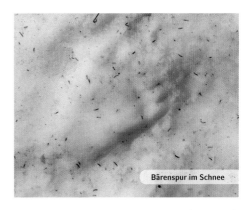

Bärenspur im Schnee

Ich wischte meine schneefeuchte Hand an der Fleecehose ab und begann mit den Hunden der Bärenfährte zu folgen. Die knorrigen Äste der Fichten ließen immer wieder einen Teil ihrer kalten Ladung in meinen Jackenkragen fallen, als ich mich unter ihnen hindurchwand. Über umgestürzte Bäume war auch der Bär geklettert: Die Schleifspur seines Hinterteils zog sich zwischen den Tatzenabdrücken über ein paar besonders dicke, quer liegende Stämme. In dem zunehmend moorigen Gelände lehnten die verkümmerten Fichten trunken aneinander, die schwärzlichen Pfützen darunter waren mit hauchdünnem Eis versiegelt. Fahlgelbes Sumpfgras ragte elegant aus dem Schnee und strich gegen meine Beine. Anders als die festgeklopften Pfade der Schneehasen folgte die Bärenspur keiner bestimmten Richtung. Vereinzelte Hagebutten leuchteten im Unterholz, unter ihnen feine Tupfen von Hermelinspuren, als hätte ein Kind alle fünfzehn Zentimeter zwei Finger in den Schnee gepresst. Das Gezwitscher eines kleinen Schwarms Meisen durchbrach die Stille des Waldes.

Mein Menschsein schien mir fehl am Platz zu sein, hatten doch alle andern Lebewesen um mich herum vier Beine oder Flügel. Bloß einen Einblick in das Leben des Bären wollte ich bekommen, erahnen, mit welchen Gedanken er sich durch den Wald bewegt hatte. Vielleicht folgte ich ihm auch einfach aus meinem Bedürfnis nach Kontakt und dem Wunsch zu wissen, was in meiner Nachbarschaft vor sich ging.

Die Gedanken des Bären – so weit war es mit mir schon gekommen. Für den Fall, dass der Bär noch in der Nähe war, rief ich ab und zu laut nach den Hunden, obwohl sie sich recht dicht bei mir hielten. Die Spuren interessierten mich, aber überraschen wollte ich das Tier nicht; auch wenn ein Bär normalerweise vor so vielen Hunden Reißaus nehmen würde.

Im offenen Pappelwald wanden sich die Spuren zwischen den Bäumen hin und her. Ich pflückte von den dürren Zweigen der Highbush-Cranberry-Sträucher ein paar hellrote, glasige Beeren, die mir sauer und leicht bitter auf der Zunge zergingen. Fast unkenntlich gemacht von den Hundepfoten führte die Bärenspur vor mir weg und hielt auf einmal inne. Tief waren die Tatzenabdrücke in die fünf

Allein

Unser Blockhaus in der Dämmerung

Zentimeter Schnee gedrückt, hatten die Gräser darunter hervorgeschmolzen, an denen sich jetzt die neuen Schneeflocken verfingen.

Dort hatte er gestanden, der Bär, in den weiß-braunen Winterwald gestarrt und die Neuigkeiten gerochen, die der Wind ihm zutrug. Vielleicht den Rauch aus unserer Ofenröhre, das Nass des großen Gletschersees, die herben Beeren und alte Fährten von Chris, den Hunden und mir. Mit zögernden Schritten, so erzählte die gedrängte Zahl seiner Spuren, hatte der Bär sich wieder umgewandt und war zurückgegangen. Vielleicht dachte er schon an seine Höhle, in der er sich bald zusammenrollen und die kalt und dunkel gewordene Welt bis zum Frühling vergessen würde.

Dir geht es im Moment nicht viel anders als mir, Bär. Fühlst dich auch etwas seltsam in dieser Zeit der Umstellung, der Einkehr, wo es in der Wildnis so still wird. Zögernd kehrte ich um und kürzte zu einem unserer Trampelpfade in Richtung Blockhaus ab. Langsam brach die Dämmerung herein.

Es ist erst in der totalen Einsamkeit, wenn kein anderer Mensch mehr da ist, dass sich alle Sinne dem Land weit öffnen. Lebt man doch als Mensch im täglichen Dialog mit anderen, an denen man sich erkennt und definiert. Fällt das weg, dann greifen die Augen, Ohren, Nase und Hände in ihrem Bedürfnis nach Kontakt und Austausch nach den Bergen, der sterilen Winterluft, dem Ruf eines Raben. Die Handfläche liegt weich im Schnee, der noch vor Stunden die Pranke eines Bären hielt. Die Grenzen zwischen dem, was mich ausmacht, und dem wilden Land um mich herum fangen an, zu verwischen.

Der Unglücksrabe

Zitterpappeln mit Raureif

Der Unglücksrabe

Tagish Lake, 16. November: Eisnebel.

Die Öllampe tünchte das Stillleben aus Teetassen, Tellern und Töpfen auf der Küchenanrichte in ein anheimelnd goldenes Licht, das auch das Innenthermometer erhellte: elf Grad. Brr. Koyah, der mit seinen inzwischen elf Jahren sicher nichts gegen eine Zentralheizung einzuwenden hätte, drängte sich unter meinem Arm hindurch, als ich vor dem Holzofen niederkniete. Ich strich ihm über seine samtweichen Ohren.
„Na, du alter Stinker? Gut geschlafen, hm? Nee, ich will kein Küsschen. Komm, lass mich mal in Ruhe Feuer machen." Vorsichtig blies ich auf die Glut, bis die erste Flamme kam, und legte Holz nach. Das Feuer begann an dem winzigen Scheiterhaufen zu lecken und gab prasselnd die Wärme so vieler Sommer frei.

Eisnebel

Der Unglücksrabe

Der Wasserkessel summte mir auf dem Propangasherd eine leise Hintergrundmusik, als ich das Radio an seiner Handkurbel neu aufwand. Während ich der Wettervorhersage lauschte (kalt und grau im ganzen Yukon und auch Atlin), goss ich das brodelnde Wasser in den Kaffeefilter auf meiner Tasse und mischte mir in einer Schale mit Kondensmilch, Wasser und Müsli mein Frühstück. Das Kaffeearoma vermischte sich mit dem leichten Rauchgeruch des Feuers.
Ich liebte diese winterliche Morgenroutine, das gemächliche Wach- und Hellwerden, in dem das Blockhaus wie ein Schoß der Geborgenheit war: Das sanfte Licht der Öllampe und die Wärme meines Feuers inmitten der dunklen, kalten Wildnis.
Draußen begannen sich die kahlen Äste der Pappeln skelettös gegen den dunkelgrauen Himmel abzuheben. Seit Chris fort war, rückten die Stunden der Helligkeit immer dichter zusammen. Widerwillig nur schob sich die blasse Sonne am späten Vormittag über die Berge, lang angekündigt von einer fast zwei Stunden währenden Morgendämmerung.

Der Unglücksrabe

Bei minus 10, minus 14 Grad wie heute dampfte der See wie ein riesiger Waschzuber, kühlte aus, obwohl man den von Gletscherwasser gespeisten See selbst im Hochsommer nicht anders als eiskalt bezeichnen konnte. Die grau verhangene Novemberlandschaft verwandelte sich zu einem unwirklichen, verschwommenen Nebelbild, in dem sich die andere Seeseite nur mehr schemenhaft abzeichnete. Morgens, wenn es am kältesten war, verschluckte der feuchte Eisnebel sogar den See. Gerade das Ufer und ein Streifen grau-blaues Wasser ließen sich noch erkennen. Fantastisch lange Eiskristalle setzten sich an den Tannenzweigen und Pappelästen ab, zierliche weiße Federn, die wie Festschmuck an den Bäumen prangten.

Die Sonne kämpft sich durch den Eisnebel

Tagsüber, wenn die Temperaturen anstiegen, hob sich die Nebeldecke stetig, bis sie schließlich auf hundert Metern über dem Wasser festhing. Gespenstisch drehten sich dampfende Nebelschleier über dem See, wirbelten hoch in die Luft wie ein Heer tanzender Geister.

Feucht wie aus einer Gruft legte sich dann der leiseste Windhauch auf mein Gesicht, ein klammer Abschiedsgruß des Sees, bevor er für die nächsten sechs Monate eine Decke aus Eis über sich ziehen würde. Der Nebel setzte an den längsten Spitzen Hundefell und an meinen Haaren winzige Eiskristalle wie feine Spinnweben ab.

Weiter weg vom See dagegen, nur ein, zwei Kilometer entfernt, schien die Sonne aus dem klaren Winterhimmel auf eine kältere und scharf umrissene Landschaft, die nicht von der großen Wasserfläche warmgehalten und eingenebelt wurde.

Kauend überlegte ich mir meine Pflichten für diesen Nebeltag. Die kleinen Arbeiten – Holz sägen und spalten, Wasser holen, mit den Hunden spazieren gehen, um die Cabin herum Schnee schippen, die Öllampen neu füllen – waren das Gerüst eines jeden Tages, das in den Monaten ohne Chris meinem völlig amorphen Leben einen festen Rahmen, eine Routine und Wichtigkeit gab.

Morgenstimmung in der Cabin

Zwei große Stapel Brennholz hatte ich zwar noch, aber … Vorsichtig biss ich wieder zu. Etwas in meinem Mund fühlte sich seltsam an. Im linken Oberkiefer spürte ich einen Backenzahn, der sonst keine Aufmerksamkeit auf sich zog. Er tat nicht weh, aber etwas stimmte daran nicht. Ich schluckte, saß ganz still. Kein Zahn meldete sich. Ich schob mir einen weiteren Löffel Haferflockenmix in den Mund und kaute auf der linken Seite. Da war es wieder: Kein Zahnschmerz, aber die Plombe, die ein gutes Drittel des Backenzahns ausmachte, bewegte sich sachte, ganz leicht, hin und her. Mit Herzklopfen stellte ich die Müslischale auf den Tisch und trank einen Schluck Kaffee zur Nervenstärkung.

Typisch. Fast jedes Jahr passierte zum Winter hin irgendetwas, das keinerlei Problem, höchstens ungelegen wäre, wenn es einige Wochen früher geschehen wäre. Doch kaum, dass die Bootssaison, in der wir die Wildnis noch leicht verlassen konnten, vorbei und Chris irgendwo auf Reisen war, geschah es. Einmal war es ein Formular, das ich ausfüllen, unterschreiben und per Post verschicken sollte, als jemand meine Kreditkartennummer zweckentfremdet hatte; im letzten Winter hatte der inzwischen fünfzehnjährige Blizzard eine Augenentzündung, die nicht besser wurde. Ein anderes Mal ging eine der Kettensägen kaputt – und diesen Winter war es also ein Zahn.

Ein Zahn, von dem nicht mehr viel übrig war. Was, wenn die Plombe herausbrach? Ob dann der Nerv freiliegen würde? Aber jetzt noch zum Zahnarzt – wie denn? Ein Wasserflugzeug konnte aus Atlin nicht mehr kommen, da sie schon längst von ihren Pontons genommen waren. Ich müsste noch gut anderthalb Monate warten, bis sie auf Skis umgerüstet und die Seen sicher genug zum Landen gefroren wären. Hubschrauber? Aber ich bekäme niemals alle vier Hunde und mich in einem *Jet-Ranger* verstaut. Ich konnte sie ja nicht einfach hier lassen, da es sich nicht an einem Tag erledigen ließ. Und allein die Kosten – schon für die Fliegerei weit über tausend Dollar. Ich könnte vielleicht – ein lautes Rumsen

Der Unglücksrabe

Hermelin

unter der Cabin riss mich aus meinen Gedanken.
Drei Hundeköpfe fuhren hoch, nur der alte Blizzard war schwerhörig und hatte nichts gemerkt. Fragend schauten die Hunde mich an.
„Ich war's nicht. Vielleicht ist das Hermelin auf Mäusejagd", schlug ich vor. Das im Winter elegant in seinen blütenweißen Pelz und schwarze Schwanzspitze gekleidete Wiesel sorgte regelmäßig für Mord und Totschlag in der Mäusepopulation unter dem Haus.

Schräg unter mir raschelte es laut, dann klang es, als würde etwas durch die Gegend geschleift. Sollte etwa ein Bär ...? Unwahrscheinlich. Die waren doch längst im Winterschlaf, auch der kleine Fährtenleger vom Oktober. Aber irgendetwas Großes krabbelte direkt unter mir herum.

„Bleibt", sagte ich zu den Hunden und stand so leise auf, wie es auf dem knarrenden Sperrholzboden möglich war. Mit dem Bärenpfefferspray in der Hand zog ich vorsichtig die Tür auf und spähte unter die Cabin. Ein Rabe hüpfte unter dem Haus hervor und flog schwerfällig in den nächsten Baum, wo er auf einem tiefliegenden Ast sitzen blieb.

„Hey", sagte ich überrascht. „Was soll das denn?"
Der Rabe fixierte mich mit starrem Blick. Ich schaute unter die Cabin, von wo der große Vogel eine schwarze Mülltüte, in der sich ein Rest Isolierwolle befand, hervorgezerrt hatte. Der Schnee vor dem Blockhaus war gestrichelt mit einer Unzahl von Rabenspuren.

„Du, tut mir leid, aber da ist nichts Essbares. Chris hat den Herbstmüll mit raus auf die Halde genommen."

Doch offenbar kannte sich der Rabe mit der menschlichen Wegwerfgesellschaft aus. Er blieb sitzen. Ich stopfte die Tüte unter die Cabin, weiter nach hinten. So was Dreistes! Um Probleme mit Bären zu vermeiden, ließen wir nie Abfälle herumliegen und damit war auch für Raben nichts zu holen. Erstaunlich, dass er sich so weit unter die Cabin gewagt hatte, wo doch das Haus unten nach drei Seiten hin

Ein Rabe zu Besuch

Der Unglücksrabe

abgesiegelt war. Vermutlich war es ein Atliner Rabe, der sich normalerweise auf der Müllhalde durchschlug – darum war er so abgebrüht und kannte sich mit Plastiktüten aus.

Ich ließ ihn in der Pappel sitzen, schwarz und bucklig in der grauen Morgendämmerung. „Die Vögel" von Hitchcock kamen mir in den Sinn.

In der Küche legte ich mir Seife und Shampoo, Waschlappen und Handtuch zurecht.

Bei dem kurzen Tageslicht schaffe ich das niemals an einem Tag: nach Atlin fliegen, 200 Kilometer nach Whitehorse fahren, zum Zahnarzt, zurück nach Atlin, wieder heimfliegen. Und wenn ich schon draußen bin, müsste ich direkt einen Großeinkauf machen und den Hubschrauber vollladen, damit es sich irgendwie lohnt. Aber so viel Geld habe ich auch nicht mehr übrig, um jetzt noch viel einzukaufen. Mist. Verärgert goss ich warmes Wasser in meine Waschschüssel. Und wen soll ich einfliegen lassen, um solange auf die Hunde aufzupassen?

Ich zog mich aus, tunkte den Kopf in die Schüssel und massierte mit fahrigen Fingern Shampoo in meine Haare. Für den Flug müsste ich außerdem ein paar extra Tage einkalkulieren, da sie bei dem Nebel nicht immer fliegen konnten. Selbst wenn ich plötzlich starke Schmerzen bekäme – alles müsste erst organisiert werden, bevor ich raus könnte. Egal, wie weh es tat. Ich hielt meinen Kopf über die Küchenspüle und goss mir Wasser über die Haare. Schaumig kreiselte es in den Abfluss und plätscherte in den Eimer unter der Spüle.

Alltägliches Anheizen des Ofens

Schon wieder jemanden um einen Gefallen bitten: auf die Hunde aufzupassen und mir eventuell ein Auto zu leihen, da wir keines mehr besaßen. Der Postbus fuhr nur drei Mal die Woche von Atlin nach Whitehorse.

Immer waren meine Zivilisationsbesuche mit diversen Bitten verbunden. Kannst du mich mal hierhin fahren, kannst du meine Post abholen, kannst du mir etwas aus Whitehorse mitbringen. Sicher, ich verließ die Wildnis nur zwei, drei Mal im Jahr, aber stets hatte ich eine ganze Anzahl von Gefallen von meinen Freunden zu erfragen. Und meine Möglichkeiten, mich zu revanchieren, waren sehr begrenzt geworden.

Plötzlich polterte es erneut laut unter dem Haus.

„Jetzt ist aber gut", rief ich ärgerlich, drückte das Wasser aus meinen Haaren und stapfte nackt und tropfend zur Tür. Vogelterror brauchte ich jetzt nicht! Eiskalte Luft schlug mir entgegen. Der Rabe segelte schwerfällig in einen Baum – diesmal einen andern, wo er erneut auf einem tiefen Ast landete. Normalerweise sitzen

Der Unglücksrabe

sie doch viel weiter oben? Fröstelnd schaute ich den schwarzen Vogel an. Irgendwie machte er keinen gesunden Eindruck. Seine Schwingen hingen leicht herab. Ich seufzte. „Du hast richtig Hunger, was? Wieso fliegst du nicht rüber nach Atlin, das ist doch kein Problem für dich! Zwei Seen und ein Fluss."
Der Rabe bewegte sich nicht, wie die Vögel es sonst meist tun, wenn man mit ihnen redet. Kein Kopfdrehen, kein auf dem Ast trippeln, nichts. Nur der starre Blick, der sich in meine Augen bohrte.

Vielleicht hat er noch nicht so viele Unterhaltungen mit nackten, nasshaarigen Frauen geführt, dachte ich schaudernd – recht hat er, es ist zu kalt, um splitternackt im Türrahmen zu stehen. Ein paar Sekunden lang sahen wir uns stumm an, dann machte ich die Tür zu und schaute aus dem Fenster. Der Rabe sah von draußen hinein.

„Spanner", sagte ich und ging zurück in die Küche, um mein Waschritual zu beenden. Sollte ich ihn füttern oder nicht? Eigentlich fanden wir es sinnvoller, wenn Wildtiere sich ihr Futter selbst beschafften. Nur den Kolibris konnten wir nicht widerstehen und hängten jeden Sommer eine Nektarröhre für sie auf.

Ich zog mir wieder meine schwarzen Fleecehosen und das Sweatshirt an, schlich zur Tür und riss sie plötzlich auf. Der Rabe hüpfte flink unter dem Haus hervor, schlug mit den Flügeln und hob sich in die Luft. Diesmal sah ich in seiner linken Schwinge ein Loch in der Größe der kanadischen Ein-Dollar-Münze aufblitzen. Ein Nachbar in Not! Natürlich musste er gefüttert werden.

Blaugraue Wolken hingen tief über den Bergen, hatten die dramatisch gezackten Gipfel am Südende des Sees ganz ausgelöscht, als ich mit zwei Handvoll Hundetrockenfutter zum Ufer hinunterging. Ernst und still sah der dunkle Wald aus, ebenso bleiern der See. Die runden Ufersteine trugen eine schlüpfrige Glasur aus Eis, verziert mit albernen Bommeln, wo die Wellen abgetropft waren.

Ich trampelte eine kleine Schneefläche beim Wasser platt, schaute den Raben an, der mir aus ein paar Metern Entfernung zusah, und schüttete betont langsam und gut sichtbar das Hundefutter auf den Boden. Eine Fichte wuchs in der Nähe, in der er sich vielleicht häuslich einrichten könnte: Futterstelle und Wasser hätte er gleich nebenan und wäre auch vor den Blicken der Raubvögel geschützt.

„So, schau mal – leckere Sachen für dich. Da brauchst du nicht mal eine Tüte zu öffnen." Ich ging ein paar Schritte zurück und blieb stehen, doch der Vogel wagte sich nicht vor. Beschämt, das hungrige Tier noch länger warten zu lassen, ging ich zurück zum Haus.

Ein Pflegling! Innerlich jubelte ich fast darüber, so unverhofft eine Aufgabe bekommen zu haben, die sich nicht nur auf meine Hunde, das Heizen und Wasserholen beschränkte.

Raben faszinierten mich schon lange – wunderschön schienen sie mir in ihrem schwarz-blau schillernden Gefieder, ihrer Luftakrobatik, in der so viel Lebensfreude lag. Es ist eine der wenigen Vogelarten, die auch im Winter in unserer

Der Unglücksrabe

Gegend bleibt. Adler und Falken, Gänse und Amseln – sie alle flüchten vor der Härte der kalten Jahreszeit. Doch die Raben blieben, kamen sogar ab und zu auf ein Schwätzchen oder um die Hunde zu foppen vorbei.

Nach einer halben Stunde ging ich nachsehen, ob der Rabe gefressen hatte. So sicher war ich mir nicht, ob er das Hundefutter anrühren würde – misstrauisch sind sie, diese Vögel. Aber die beiden Handvoll Futterbröckchen waren restlos verschwunden und die Stelle im Schnee zerfurcht mit den Zehenabdrücken der Vogelfüße.

Ich strahlte den Vogel an, der wieder in einem der Uferbäume saß. „Oh super, schmeckt dir das wohl? Da kannst du gern mehr von haben. Ich hab auch noch Eier und Käse, eingekochtes Elchfleisch ... Dich päppeln wir schon wieder auf!" Glücklich darüber helfen zu können und gebraucht zu werden, ging ich, um die Vorräte nach potenziellem Rabenfutter zu durchsuchen. Von allem war reichlich da, denn wie üblich hatten wir für den Fall, dass die Seen nicht sicher gefrieren würden, genügend Lebensmittel und Hundefutter bis zum nächsten Sommer da. Auf der Veranda waren Margarine und in Plastik verschweißte Käseblöcke in der Gefriertruhe, dem kanadischen Winter, untergebracht, während die restlichen Dosen, Säcke und Kisten in der zwanzig Quadratmeter großen Wohnküche, dem etwas kleineren Anbau und im Loft verstaut waren – in der Blockhütte, die wir damals als Jugendherberge gebaut hatten und die letztendlich unser Wohnhaus geblieben war. Ein gefiederter Mitesser war kein Problem.

Der Rabe holt sich einen Leckerbissen

Während zwei Eier für das nächste Rabenmahl in der Pfanne brutzelten, schaute ich in unserem homöopathischen Ratgeber nach Mitteln für die Flügelverletzung da. Arnika Globuli konnte ich unter das Rührei schmuggeln sowie auch einige Brösel der Schafgarbe, die ich im Sommer gesammelt und getrocknet hatte. Entzündungshemmend und schmerzstillend, das war hier gefragt. So ganz altruistisch war ich nicht – in mir war die Hoffnung, dass er vielleicht öfter vorbeikommen würde, selbst nachdem er genesen war. Mir Unterhaltung und Gesellschaft, etwas Licht in mein stilles Leben bringen würde. Gut gelaunt summte ich vor mich hin, während sich die umnebelte Sonne endlich über die Berge stahl. Meine lose Plombe war fürs Erste vergessen.

Meine Nabelschnur zur Welt

Unser Blockhaus in der Wintersonne

Meine Nabelschnur zur Welt

Tagish Lake, 19. November: minus 12 Grad.

„Scheiße auch!" Fluchend stellte ich die knatternde Kettensäge ab, zog, schob und drückte daran, aber das Schwert blieb solide im Baum eingeklemmt. Auf und ab konnte ich die Säge zwar bewegen, doch die Mitte des Schwerts und die Kette saßen fest wie in einem Schraubstock. Aufgebracht blies ich mir eine verschwitzte Haarsträhne, die unter der Fleecemütze herausgerutscht war, von der Stirn.

Die wie ein Flitzebogen gekrümmte Fichte wurde vom inzwischen kniehohen Schnee mit ihrer Krone unten am Boden festgehalten. Wie schon so manches Mal hatte ich die Spannung eines Baumstammes falsch interpretiert: Ich hatte erwartet, dass er nach oben schnellen wollte, doch offenbar drückte er nach unten. Nach so vielen Jahren mit der Kettensäge sollte ich wirklich in der Lage sein, den Baum zu zerteilen! Aber nein: Zu dumm, zu blöd.

Nicole ist bereit zum Bäumefällen

„So ein Mist!"
Ich schaute mich nach Zweigen oder Holzschnipseln um, die ich als Keil in den Spalt treiben konnte, in dem die Säge festhing, aber ohne eine Axt, mit der ich etwas hineinhämmern könnte, war das eine müßige Übung. Auch typisch, hielt ich mir schlechtgelaunt vor: Wieder ohne Axt und Keile unterwegs.

Ich zog an der Anlasserschnur, um zu testen, ob mein Werkeln nicht zumindest die Kette gelöst hatte. Die Säge ratterte los, aber als ich Gas gab, bewegte sich nichts.

„Verdammt! Bin ich denn bescheuert!" Ich stellte die Kettensäge wieder ab und begann mit den Zähnen zu knirschen, als mir gerade noch rechtzeitig die lose Plombe einfiel. Nicht mal seinem Frust konnte man Ausdruck geben!

Vielleicht, wenn ich von unten drückte ...? Es war eine recht lange, aber schlanke Fichte. Ich kletterte unter den gekrümmten Baumstamm unter die Stelle, in der die Säge hing, und presste meine Schulter dagegen.

„Uaaah!" Auch der Urschrei half nicht. Gleichgültig drückte sich der Stamm in meine Schulter. Es führte kein Weg daran vorbei: Ich musste zur Cabin zurückgehen und eine Axt holen sowie am besten die Plastikkeile, die ich gleich hätte mitnehmen sollen. Verschwitzt, mit schmerzendem Rücken und schlechter Laune kam ich ein paar Minuten später auf unserer Lichtung heraus.

Im Werkzeuglager unter dem Haus ließen sich allerdings keine Keile finden. Vage erinnerte ich mich, sie zuletzt im Herbst auf der anderen Grundstücksseite benutzt zu haben und sie vermutlich dort in den Schuppen getan zu haben.

Da latsche ich doch jetzt nicht auch noch ganz rüber, dachte ich wütend, und schnappte mir stattdessen ein kleines Handbeil.

Schnipsel für Schnipsel meißelte ich das Holz um die eingeklemmte Husqvarna weg, bis ich endlich die Säge herausziehen konnte. Vorsichtig bewegte ich die Kette mit der Hand und pickte kleine Holzstückchen heraus. Immerhin schienen die Kettenglieder in Ordnung zu sein. Ich schob mir wieder die Ohrenschützer auf und ließ das malträtierte Gerät an – doch, die Kette rotierte, wie sie sollte. Das vertraute Aufheulen und der ölige Benzingeruch verbesserten beim Entasten und Zersägen langsam meine Laune, auch wenn mein Rücken noch vom Kampf mit der Fichte schmerzte.

Nachdem ich den Problembaum zerlegt hatte, fällte und zersägte ich ohne Zwischenfälle zwei weitere dürre Bäumchen. Große Mengen an Holz waren es nicht, aber ich ließ es damit gut sein. Es schonte den Rücken und gab meinem Alltag mehr Struktur, wenn ich alle paar Tage Feuerholz schlug, anstatt mir in stundenlangem Sägen einen großen Vorrat anzulegen. Bei der Cabin lagerte außerdem noch eine eiserne Ration für den Notfall, falls ich krank wurde oder mich verletzte und keine Bäume fällen könnte. Ein simpler Hexenschuss wäre schon ausreichend, um mein Leben kompliziert zu machen.

Ich stapelte neun Längen Holz auf den Plastikrodelschlitten und zog meine Ausbeute keuchend zur Cabin, immer noch eingenebelt in den Benzingeruch, der in meiner Kleidung hing. Hinter mir schabte der Schlitten über den Schnee, neben dem Knirschen meiner Stiefelsohlen nun das einzige Geräusch.

Eine Ladung Feuerholz

Meine Nabelschnur zur Welt

Wie mühsam man als Mensch doch seines Lebens fristet: die Behausung, Bekleidung, die Heizmittel, die man benötigt. Oft beneidete ich die Tiere im Wald, denen ihr Fell oder Federn ein Zuhause und Heizung genug waren. Welch Kontrast, von der nierenförmigen Kuhle, die ein schlafender Elch im Schnee hinterlässt, zum behäbigen Blockhaus zu gehen, das sein Blechdach in den Himmel reckt. Der Rest des Planeten mit seinen Menschenmassen, Straßen und Lärm schien unendlich fern zu sein. Ich hörte zwar die Radionachrichten, aber es hätten genauso gut erfundene Hörspiele sein können. Eingehüllt in mein kleines Universum aus Blockhaus, Schnee und Nebel kam es mir oft vor, als würden nur noch die Hunde, der Rabe und ich auf der Welt existieren.

Im ersten Jahr unserer Wildnisexistenz war diese Illusion fast perfekt gewesen, als das Funkgerät unser einziges Kommunikationsmittel war. Die Außenwelt schien eine bloße Idee zu sein – keine Webseiten, keine E-Mails, nur hohle Stimmen im Radio und sporadische Unterhaltungen am Funk mit anderen, ebenso isoliert lebenden Leuten, die wir nicht einmal persönlich kannten.

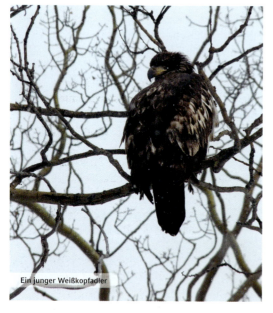

Ein junger Weißkopfadler

Als ich damals nach sechs Monaten wieder erstmalig ins Dorf kam, erschien mir Atlin vollkommen unwirklich und alles, was ich dort sagte und tat, nur wie ein lebhafter Traum. Es war schwierig, die vielen Neuigkeiten zu verarbeiten, die mich schier erschlugen, als ich endlich telefonieren konnte. Meine Mutter war im Krankenhaus gewesen, eine Freundin wollte heiraten und ein Haus kaufen, und mein Vater musste operiert werden. So war es hier wohl vor hundertfünfzig Jahren gewesen, als man Nachrichten nur sporadisch per Hundeschlitten erhielt, alle auf einmal – und die meisten schon lang nicht mehr aktuell.

Ich kippte meine Holzladung neben den Hackblock vor die Cabin und ging hinein, um die Schnittschutzhose auszuziehen. Ein Schatten huschte über die großen Südfenster. Seit einigen Tagen herrschte ungewöhnlich viel Flugverkehr der gefiederten Art. Drei, vier Raben und nun segelte schon wieder der Weißkopfseeadler vorbei, dessen Gefieder noch jugendlich hellbraun gefleckt war. Erst mit drei Jahren würde er die markanten weißen Kopf- und Schwanzfedern tragen, mit denen man sich diese Adler immer vorstellt.

Meine Nabelschnur zur Welt

Mein Blick glitt von dem mit langsamen Flügelschlägen im Nebel verschwinden-
den Adler zur Ladungsanzeige unserer 12V-Batterien neben dem Fenster: nur
noch 12,1V. Zeit, die Batterien zu laden. Im Frühwinter war die 85W Solarzelle,
die uns von Mitte Februar bis Mitte September mit Strom für den Laptop und das
Satellitenmodem versorgte, komplett nutzlos. Woher das Sonnenlicht nehmen
und nicht stehlen?

Von den Bergen sah ich schon seit langen Wochen selten mehr als die unteren
hundert Meter. Langsam ging mir das auf die Nerven und wünschte mir, dass der
See doch bald zufrieren würde, damit das ganze Gedampfe und Eingenebele endlich ein Ende hätte. Mit E-Mail und Internet konnte ich vor dem grauen Einerlei
allerdings für kurze Zeit flüchten – und Geld verdienen.

Ich trug den kleinen tausend Watt Generator hinaus in die Kälte, zog den Choke
und an der Anlasserschnur – schon rappelte er los und ertränkte die Stille und die
Luft, die sich noch kaum von der Kettensäge erholt hatten, in seinem Gedröhn
und Abgasen. Naserümpfend legte ich das Verlängerungskabel zur Cabin hinüber durch die Tür und stöpselte das 12V-Ladegerät und Satelliteninternetmodem
ein. Sonst noch etwas, das Strom brauchte? Die Batterien für meine Stirnlampe
mussten geladen werden, außerdem die Teletakthalsbänder für Silas und Moldy.
Ironie des Schicksals, dachte ich grimmig. Hier saß ich nun tatsächlich mitten
in der Wildnis und setzte eigenhändig den verhassten Generator mit seinem
Lärm und Gestank in Betrieb, nur damit ich den Computer und das Internet
weiter benutzen, mit der Außenwelt in Kontakt bleiben und auch Geld verdienen
konnte. Selbst wenn ich ihn im Winter nur ein, zwei Mal die Woche für jeweils
vier Stunden laufen ließ, stieß es mir doch jedes Mal wieder sauer auf. Ich übte
Verrat an meinen Idealen – die eben doch nicht so hehr waren, dass ich dafür den
Kontakt zu andern Menschen opfern wollte, so unwirklich sie auch inzwischen
geworden waren. Selbst wenn sich dieser Kontakt zumeist auf Buchstaben auf
einem Bildschirm beschränkte.

Die Telefonverbindung über Skype funktionierte meist mehr schlecht als recht,
aber sie ließ mich doch am Leben der Menschen, die mir lieb waren, weiterhin
teilnehmen und konnte im Notfall lebensrettend sein konnte. Nach den Zeiten
mit dem Funkgerät als einzigem Kommunikationsmittel sehnte ich mich nicht
zurück.

Enttäuscht sah ich, dass in meiner E-Mail-Inbox außer einem Gruß von Chris
aus Feuerland nichts Neues war. Hatten mich alle anderen vergessen? Ich muss
eben selbst mehr schreiben. Aber was schon, außer meinen Nebel-, Raben- und
Elchgeschichten? Nach so vielen Jahren, in denen sich meine Neuigkeiten zumeist auf Tierbegegnungen und Wetterreportagen beschränkten, wurde ich
zunehmend unsicherer, ob ich damit meine E-Mail-Empfänger nicht ins Koma
versetzte. Außer mehr Holz zu sägen hatte ich keine Pläne und Probleme auch
nicht, abgesehen von der losen Plombe. Objektiv betrachtet führte ich eine gäh-

nend langweilige und egozentrische Existenz; dennoch (oder gerade deswegen?) machte mich mein Leben glücklich.

Sollte ich Heidi vorsichtshalber fragen, ob sie auf die Hunde aufpassen käme, falls ich wegen der Plombe raus müsste? Immer musste die arme Heidi dran glauben. Da sie ähnlich einfach wie wir lebte, wenn auch mit Straßenanschluss weit außerhalb von Atlin, war sie das nächstliegende Opfer.

Abzuwarten schien mir das Beste zu sein, was den Zahn anging. Einfach bis zum Sommer nur auf der andern Seite kauen, vielleicht blieb die Füllung dann gerade noch so lange drin, bis ich im Juni sowieso zum Großeinkauf in die Zivilisation musste. Etwas Festes zu beißen gab es ohnehin kaum unter meinen Lebensmitteln; das Elchfleisch war eingekocht und faserig wie Babynahrung, das Dosengemüse auch nicht viel besser. Was nun ungeahnte, zahnschonende Vorteile mit sich brachte.

Ich klickte mich durch ein *Homesteading*-Forum, in dem es um Dinge wie Gemüseanbau, Kleinvieh und Bauen ging. Da – die Frage einer Frau, die im Begriff war, mit ihrem Partner von Anchorage in den Busch zu ziehen. Die größte Sorge ihres Mannes, so schrieb sie, war das Geldverdienen in der Wildnis. Ob jemand eine Idee habe, was es für Möglichkeiten gäbe, ohne Straßenverbindung und einen normalen Arbeitsplatz Geld zu verdienen? Ja, ich:

„Das ist wirklich der schwierigste Aspekt des Lebens im Busch. Alles andere ist eigentlich relativ einfach. Es kann gut sein, dass ihr erst eine Geldquelle findet, wenn ihr schon draußen seid. Es lässt sich irgendwie schwer von der Zivilisation aus planen und voraussehen, was klappt. Wir sind seit sechs Jahren im Busch und wollten zuerst von einer Wildnis-Jugendherberge leben, dazu diverse Kurse über Pflanzen und Survival anbieten. Aber es dauert, bis man mit so was Fuß fasst, und für die Leute ist es entweder sehr teuer oder zu schwierig, ohne Straße in die Wildnis vorzustoßen. Allein das schreckt viele ab, oder man muss reichere Kundschaft ansprechen, die dann aber auch mehr Komfort erwartet. Das bedeutet größere Anschaffungskosten. Außerdem hat man dann natürlich andauernd Touristen da, was auch nervig ist und mit einsamer Wildnis nicht mehr viel zu tun hat. Ich bin inzwischen froh, dass aus unserer Jugendherberge nichts geworden ist.

Früher habe ich für eine Umweltschutzgruppe gearbeitet (Kampagnen, Recherche, Gelder beantragen usw.). Über das Satelliteninternet kann ich von hier aus ähnliche Jobs machen – da steht einem alles offen, wo man etwas recherchiert und schreibt, ohne dass man regelmäßig irgendwo persönlich erscheinen muss. Textbörsen, Zeitschriftenartikel, Übersetzungen, bezahlte Blogs – das geht alles; sogar auch Buchhaltung, wenn du öfter mal raus kannst, oder Webdesign. Also, Internet ist eine riesige Hilfe, wobei es nicht billig ist – aber das Telefon kann man auch darüber laufen lassen.

Ansonsten müsstet ihr vielleicht immer mal für zwei, drei Monate raus und irgendeinen Job annehmen. Mein Freund hat früher Kanutouren geführt. Er

Meine Nabelschnur zur Welt

vermietet jetzt zeitweise seine alte Cabin im Dorf und gehört zu den *Canadian Rangers*. Viel braucht man zum reinen Lebensunterhalt ja nicht, solange man keine Schulden hat. Vielleicht sind ein paar brauchbare Ideen für dich dabei. Viel Glück!"

Ich klickte auf „absenden" und fragte mich, ob sie tatsächlich eines Tages in die Wildnis ziehen würden. Die meisten Leute, die sich mit dem Gedanken trugen, in den Busch zu ziehen, machten es letztendlich nicht – abgehalten von den schwierigen Entscheidungen, die auch mich geplagt hatten, oder vielleicht von der Erkenntnis, dass sie eigentlich nur davon träumen wollten. Und selbst von denen, die ihren Traum verwirklichten, blieben auf die Dauer die wenigsten in der Wildnis leben.

Ich starrte auf den Computerbildschirm. Das Geldverdienen war wirklich nicht einfach. Die Jugendherbergsidee hier zu verwirklichen war nicht so rentabel gewesen, wie wir gehofft hatten. Statt uns noch ein eigenes Blockhaus zu bauen, lebten wir in der ursprünglich als Jugendherberge geplanten Cabin, die wir im ersten Sommer mit Frank gebaut und seither um einen Anbau erweitert hatten. Nebenher hatte ich damit experimentiert, Mokassins zu nähen und Cremes, Salben und Tees aus Wildkräutern herzustellen, aber letztendlich war das Schreiben am rentabelsten. Leicht würde es wohl auch für das Pärchen vom *Homesteading*-Forum nicht sein, seinen Traum zu finanzieren. Aber vielleicht halfen die Denkanstöße im Forum. Seltsam, dass man sich oft seine Träume verbaut, indem man sich auf die Dinge konzentriert, die gegen die Verwirklichung sprechen. Vielleicht, weil es oft nur Ideen und Wünsche, undefinierbare Sehnsüchte mit ungewissem Ausgang sind, die man hat. Man redet sich auch gerne damit heraus, dass der richtige Zeitpunkt noch nicht gekommen ist. Auf die perfekte Gelegenheit, das Sicherheitsnetz und den doppelten Boden kann man allerdings leicht bis an sein Lebensende warten.

Dabei verliert man ja nichts, überlegte ich. Selbst wenn man am Ende nur herausfindet, dass einem der persönliche Traum nicht zusagt – man gewinnt neben lauter neuen Erfahrungen auch eben dieses Wissen dazu. Wenigstens braucht man sich am Ende seines Lebens nicht zu grämen, vielleicht den wahren Lebensweg verpasst zu haben.

Nach vier Stunden Arbeit an einem Zeitschriftenartikel, ein paar E-Mails und Internetsurfen ging ich erlöst nach draußen und stellte die ganze Maschinerie wieder ab. Inzwischen schob sich sogar etwas gelbes Sonnenlicht unter dem zu einer dicken Schicht kondensierten Nebel hindurch. In sattem Dottergelb spiegelte sich der Bauch der Nebeldecke im stillen See, von dessen Ufer lange kristallene Eisfinger auf das Wasser griffen. Die Sonne lugte nur noch mit ihrem obersten Rand über die runde Bergkuppe im Südwesten. Noch nicht einmal vier Uhr, und schon ging die Sonne unter. Wenn sie doch den Tag über mal durch das Grau geschaut hätte!

Meine Nabelschnur zur Welt

Nachmittagssonne spiegelt sich im See

Als ich den Generator zurück ins Haus trug, ließ sich der junge Adler mit rauschenden Schwingen und weit vorgestreckten Krallen auf der Spitze einer großen Fichte nieder. Ich musste unbedingt nachsehen, was da vor sich ging. Zwei Raben ohne ein Loch im Flügel segelten über mich hinweg, als ich zur Futterstelle hinunter marschierte. Offenbar waren meine Gaben im Schnee ihnen nicht verborgen geblieben. Ein Adler und diverse gesunde Raben – so viele Mitesser konnte ich nicht durchfüttern! Auch würden sie sich nicht davor scheuen, den verletzten Vogel anzugreifen. Ich musste das unerwünschte Pack irgendwie wieder loswerden.

Mein Rabe kauerte im dichten Geäst der Fichte am Ufer, um Unsichtbarkeit bemüht. „He, Rabe", rief ich ihm zu. „Wir müssen dir andere Futterzeiten einrichten. Fressen gibt's ab jetzt nur noch, bevor es hell wird und nachdem es dunkel ist. Dann merken die andern nichts mehr davon. Hoffe ich mal." Alles, was ich an Futter auslegte, hatte bisher reißenden Absatz gefunden – bis auf geräucherte Seeforelle. Die wurde verschmäht.

Am Abend saß ich mit einer Tasse Zitronentee am warmen Ofen und starrte auf die dunkle Fensterscheibe, in der sich der Raum kaum spiegelte; das Licht der beiden Öllampen war zu mild. Wie lange sollte ich den Vogel überhaupt noch füttern? Nicht, dass ich ihn von der Fütterung so abhängig machte, dass er nicht mehr weiterzog. Die Vorstellung von einem zahmen Raben war einerseits verlockend, andererseits gefiel mir seine Scheuheit, das Wilde. Ich wollte aus dem Vogel keinen Bettler machen.

Es war schön, ihn jeden Tag mehrmals zu sehen, an die Wildnis auch einmal etwas zurückgeben zu können Sonst war ich bloß die Empfängerin ihrer Geschenke, denn das waren die Tierbegegnungen für mich inzwischen geworden. Besonders in den Monaten, die ich allein war. Es waren Geschenke, die mir nicht oft zuteil wurden und die damit umso kostbarer waren – es gab so viele Wochen, in denen ich nur Fährten, aber nicht die Tiere selbst sah. Nur Bäume, Wasser, Berge, Himmel. Es war besonders nach solchen Durststrecken, dass ein Karibu, ein Luchs, ein Elch fast wie eine Offenbarung wirkte: Schau, wir leben.

In der Mythologie der Tlingit und anderer First Nations der Westküste und des Nordens spielt der Rabe eine überragende Rolle. Woran es wohl lag, dass so viele der nordischen Eingeborenenvölker ausgerechnet diesem Vogel eine Rolle zuschrieben, die nicht gerade die einer Schöpfungsgestalt ist, die aber doch, von Neugierde getrieben, die Sonne, den Mond und die Sterne freigesetzt und der Menschheit auf die Erde geholfen hatte?

Warum der Rabe und nicht der Bär oder Wolf, auch Tierarten, die einen so hohen Stellenwert in der Mythologie einnehmen, dass viele Clans ihre Abstammung von ihnen herleiten? Welch Kontrast zu der europäischen Sichtweise, die den Raben mit Tod verbindet, den Wolf als böse sieht und Bären als unberechenbar. Die hohe Intelligenz und Kommunikationsfähigkeit dieser Tiere waren den Jägervölkern schon seit Tausenden von Jahren vertraut, bevor auch moderne Biologen darauf gekommen waren. Vielleicht hatte es etwas mit dem unterschiedlichen Weltbild von Jägern und Sammlern gegenüber sesshaften Bauern zu tun, die um ihr Vieh fürchteten.

Ein Chinook peitscht den See auf

Eine Woche später stürmte ein *Chinook*, warme Luft vom Pazifik, über das Küstengebirge und vertrieb die Nebelschwaden. Blank geblasen lagen die gezackten Berge, die ich schon so lange nicht mehr gesehen hatte, am Südende des Sees vor mir. Der See, der noch vor kurzem so geheimnisvoll und still getan hatte, warf sich in gischtsprühenden Wellen gegen das vereiste Ufer, laut und türkis in der Sonne.

Dem Sturm zum Trotz kletterte ich mit einer langen, dünnen Rute, an deren Ende die Drahtbürste zum Schornsteinfegen befestigt war, aufs Dach des einstöckigen Anbaus. Um meine Taille hatte ich einen Skijöring-Gurt und Seil gebunden, eigentlich dafür gedacht, mich von den Hunden auf Skiern ziehen zu lassen. Mangels Motivation der Hunde für solch frivole Unternehmungen fand er nun hauptsächlich als Sicherheitsausrüstung beim Kaminkehren Einsatz. Höchste Zeit war es dafür – seit ein paar Tagen schon spuckte mir der Holzofen schlecht gelaunt Rauch ins Gesicht, wann immer ich die Ofentür öffnete.

Ich befestigte das Ende des Seils an der selbstgezimmerten Leiter, die wir neben der Ofenröhre auf dem wesentlich steileren Dach der alten Cabin installiert hatten, und kletterte langsam über den First in Position zum Schornsteinfegen. Nicht gerade meine Lieblingsaufgabe; es ging doch recht weit hinunter von hier oben. Eine Windböe pfiff über das Dach und hätte mir fast die Fleecemütze vom Kopf gerissen. Ich zog sie tiefer über die Ohren. Die Regenkappe, die schützend auf dem Rohr saß, war fast ganz zugerußt – kein Wunder, dass der Ofen nicht mehr gut gezogen hatte. Ich drehte sie ab, klopfte die pechschwarzen Brocken los und zog die Ofenbürste zu mir heran. Der etwa fünf Meter lange Stab, an dem die Bürste hing, vibrierte wild um meine Ohren, als ich mit zusammengebissenen Zähnen die Bürste ins Rohr hinunterdrückte. Blödes Ding.

Zentimeter für Zentimeter verschwanden die Bürste und der Stab in der Tiefe, sodass es immer leichter wurde, das umherpeitschende Ende unter Kontrolle zu bringen. Doch damit war es bald vorbei: Als ich die Bürste mühsam wieder hoch zog, machte mir die sich immer länger über das Dach biegende Rute die letzten Zentimeter zur Tortur.

Sturm

Das Ganze noch einmal und dann konnte ich das eigensinnige Gerät mit Gusto von mir schleudern, hinunter auf den Boden. Das kalte Metalldach biss dort, wo ich den Schnee weggetreten hatte, schon durch meine durchweichten Hosen und Handschuhe. Vorsichtig schraubte ich die Regenkappe wieder auf. Erleichtert, frierend und verrußt kletterte ich zum Dach des Anbaus hinab und löste das Seil von der Leiter. Gerade wollte ich weiter heruntersteigen, als mir hinten in der verschneiten Wiese seltsam große, braune Flecken bei unserer Satellitenschüssel auffielen.

Was zum Teufel ...? Behände stieg ich vom Dach und ging mit einer unguten Vorahnung im Bauch in Richtung Schüssel, die meine Nabelschnur zur Außenwelt darstellte. Bisher hatte noch kein Tier gegen das empfindliche Empfangs- und Sendehorn gerempelt oder es zum Rückenkratzen missbraucht. Nur Silas hatte einmal im Feuereifer der Mäusejagd die Kabel zwischen der Satellitenschüssel und dem Internetmodem durchgebissen und uns damit kommunikationslos gemacht. Immerhin war das im Sommer geschehen und mit neuen Kabeln war der Schaden ein paar Tage später relativ schnell und leicht behoben.

Elchkuh und Kalb an unserer Satellitenschüssel

Ich machte einen großen Bogen, bis ich die Vorderseite der Schüssel sehen konnte – und tatsächlich, keine vier Meter davor lag sie in der Sonne, die Elchkuh mit ihren Zwillingen. Die schokoladenbraunen Kälber standen sofort auf, bereit zur Flucht. Mein Magen verkrampfte sich. Wenn sie die Satellitenschüssel verdrehten, wäre ich komplett abgeschnitten. Kein Telefon für den Notfall. Meinen Artikel hatte ich noch nicht abgeschickt und würde so auch nicht dafür bezahlt werden. Und meine Eltern wollten morgen anrufen – sie machten sich doch immer so leicht Sorgen, wenn sie mich nicht erreichen konnten.

„Nur keine Panik", sagte ich sanft, innerlich heftigst fluchend, und ging betont entspannt und langsam zurück, um die Situation zu entschärfen. Körpersprache verstehen Tiere gut – warum redete ich eigentlich immer so viel mit ihnen?

Die Elchmutter sah mich aufmerksam an, blieb aber liegen. Als ob es in Nordkanada kein gemütlicheres Fleckchen für eine Siesta gäbe! Es war allerdings genau die Art von Platz, die Elche für eine Rast bevorzugten: An drei Seiten offenes Gelände, das einen guten Überblick und Fluchtmöglichkeiten bot, und an einem Hang gelegen. Ich blieb wieder stehen. Die Kälber warteten auf ein Signal von ihrer Mutter, was zu tun sei, doch sie war zufrieden, dass ich mich zurückzog

und rührte sich nicht. Gedankenvoll blickte sie auf den sturmgepeitschten See.
Die kennt mich doch mit Sicherheit nicht erst seit neulich, so entspannt wie sie ist. Vielleicht hat sie mich und die Hunde oft genug im Wald bemerkt, um mit unserem Geruch und Stimmen vertraut zu sein.
Unsicher sah ich die Kälber an, die meinen Blick ebenso fragend erwiderten. Vielleicht, wenn ich hinter die Schüssel ginge und Lärm machte, sodass sie in Richtung See liefen? Aber ich wollte sie eigentlich nicht durch die Gegend scheuchen. Es war ja schön, dass sie wieder da waren. Ein paar Meter weiter von der Schüssel entfernt fände ich es allerdings noch schöner.
Ab und zu kamen Elche vorbei, nicht nur hier in der Wildnis; selbst in Atlin scheuten sie sich nicht, in Chris' alter Nachbarschaft mühsam hochgepäppelte Apfelbäumchen anzufressen und sich die für Vögel ausgestreuten Sonnenblumenkerne einzuverleiben. Eine gängige Theorie in Atlin war, dass Elche sich hauptsächlich dann so nahe an Häuser herantrauten, wenn Wölfe in der Umgebung waren. Allerdings hatte ich bislang noch keinen Zusammenhang mit Wölfen entdecken können. Vielmehr schien mir, dass Elche, solange sie keine nachteiligen Erfahrungen auf einem Grundstück machten, es nicht anders behandelten als den Rest ihres Lebensraums: Sie wandern auf der Futtersuche hindurch und fressen, was sie finden.
Das eine Kalb begann, einen Saskatoon-Busch zu beschnüffeln und biss die obersten Zweige ab. Ich versuchte, mir das dunkle Fell und den kantigen Körper des

Elchkalb

Meine Nabelschnur zur Welt

Kalbes genau einzuprägen. Bei aller Tierliebe fand ich Elche schwer voneinander zu unterscheiden – sie sahen alle so ziemlich gleich aus für mich. Ihr Verhalten war zwar je nach Temperament unterschiedlich, aber wir sahen sie bei Weitem nicht häufig genug, dass ich sie daran unterscheiden konnte. Die größte Variation zwischen den einzelnen Tieren schien die Glocke, der alberne Hautlappen, der unter dem Unterkiefer baumelt, zu sein.

Ich fixierte das ausgeprägte Kinn der Elchkuh, konnte mich aber trotzdem nicht daran erinnern, sie außer vor ein paar Wochen schon einmal gesehen zu haben. Ignorantin, warf ich mir vor, und ging zurück zur Cabin, die Satellitenschüssel notgedrungen ihrem Schicksal überlassend.

In der Cabin warteten meine haushälterischen Aufgaben: Die Asche und der Ruß mussten aus dem Ofen geschaufelt und das Feuer neu entfacht, später dann der Rabe gefüttert werden. Inzwischen segelte er schon viel besser durch die Bäume. Fast zehn Tage Vollpension hatte ihn wieder zu Kräften kommen lassen.

Er bestand auf Pünktlichkeit in seinem Speiseplan: Täglich tauchte er in der Dämmerung auf, flatterte in einen Baum, von dem aus er gut ins Fenster schauen konnte, und spähte hinein. Wie lange sollte ich ihm noch etwas geben? Mit Sicherheit hatte er in der Umgebung eine reich bestückte Speisekammer angelegt, da ich ihm viel mehr Futter gab, als er an einem Tag fressen konnte. Inzwischen verbrachte er auch nicht mehr seine ganze Zeit auf dem Grundstück, sondern verschwand gegen Mittag und kehrte eine Stunde vor seinem Abendessen zurück. Einmal war er erst nach Einbruch der Dunkelheit wiedergekommen.

Eine Windböe fuhr fauchend durch das saubere Ofenrohr, als wollte sie es von innen nachpolieren und warf prickelnd Eiskristalle gegen die großen Südfenster, als ich das Feuer neu entzündete. Die Bäume peitschten im Wind, Wellen tosten in Aufruhr auf das Ufer zu. Wie berauscht von der Energie des Sturms klappte ich die Ofentür zu und rannte zum See hinunter.

„Wu-hu! Yippie!" Jauchzend hüpfte ich auf die Wellen zu und schrie mit dem Sturm um die Wette. Hier, wo einen kein Mensch sah, konnte man jederzeit sein inneres Kind herauslassen, ohne dass es einem peinlich sein musste. Der Rabe konnte auch nicht widerstehen – ich ertappte ihn auf frischer Tat dabei, über seiner Futterstelle wie ein Papierdrache im Wind zu segeln und spielen. Sein kräftiger Schnabel zeigte zu mir hinunter als er hin und her schwebte, tauchend und steigend in den wilden Böen.

Meine fröhlichen Ausrufe blieben mir in der Kehle stecken. „Du bist wohl wieder gesund", sagte ich mit gemischten Gefühlen. Ich blinzelte hoch zu ihm, gegen die ungewohnte Sonne. Wunderschön war er in seiner Euphorie. Er hatte mir so viel Freude gebracht – außer den Hunden noch ein Lebewesen, das mich brauchte, das sich freute, mich zu sehen; jemand, mit dem ich reden konnte, auch wenn er sich seiner Antworten enthielt. Es war Zeit, ihn ziehen zu lassen. Ob er noch manchmal vorbeikommen würde?

Meine Nabelschnur zur Welt

Die Wärme (Plus 2 Grad! schrieb ich in den Kalender) und der klare Himmel, die der *Chinook* vom Pazifik gebracht hatte, währten nicht lange. Zwei Tage später schon kroch arktische Luft vom Eismeer über das Yukon Territory herein. Im südlichen Yukon und Atlin sollten die Temperaturen unter minus 20 Grad fallen, hieß es im Radio. Allerdings kalkulierten die Meteorologen nie den Wärmflascheneffekt der großen, noch offenen Seen ein, die die Temperatur weit darüber hielten. Minus 8 Grad, sagte mein Thermometer beharrlich. Aber der Nebel kehrte zurück, als die Seen unter der Kaltfront erneut zu dampfen begannen. In dem stillen Wasser bildeten sich kleine Inselchen von Eiskristallen. Dumpf sah der See an diesen Stellen aus, als hätte jemand mit einem rauen Gegenstand über das blanke Wasser gerieben.

Durch die Nebelschwaden und den Schnee, der nun in kleinen, geschäftigen

Meine Nabelschnur zur Welt

Flocken zu fallen begann, tauchte weiterhin der Rabe auf, selbst nachdem ich kein Futter mehr für ihn auslegte. Er war eine hoffnungsvolle Seele. Aus den Bäumen nahe der Cabin spähte er ins Fenster und flog erwartungsvoll zum See hinunter, wenn ich dann aus dem Haus kam. Doch ich blieb hart, denn sein Flug unterschied sich durch nichts mehr von dem eines gesunden Raben.

„Das war's, es gibt nichts mehr. Flieg in der Gegend herum und schau nach Aas, such die Wölfe. Dir geht's doch wieder gut." So verlockend es auch war, ihn mit milden Gaben in der Gegend zu halten, ich wollte nicht, dass er das ihm zugedachte wilde Leben und seine Freiheit für Hundefutter verkaufte. Bald würde er seine Zeit nicht mehr damit verschwenden, in mein Fenster zu schauen – dann würde es noch ein Lebewesen weniger sein, das ich zu Gesicht bekam. Die Elche waren bereits wieder fort.

Elchkuh und Kalb

Im eisigen Griff der Kältewelle

Sonnenaufgang mit sun dog

Im eisigen Griff der Kältewelle

Tagish Lake, 9. Dezember: minus 14 Grad, Eiskristalle im Wasser.

„Okay, Jungs: Wasser holen!"
Die Hunde rannten vor mir auf dem gewundenen, im Schnee festgetretenen Pfad zum See hinunter. Vorsichtig stieg ich über die eisüberzogenen Steine und schlug mit einem Wasserkanister auf die dünne Eisschicht ein, die sich am Ufer entlangzog. Bald würde ich eine Axt dafür brauchen.
Die Temperaturen fielen langsam, aber sicher, und da bereits große Flächen Eis im See trieben, rechnete ich damit, dass er in den nächsten Tagen gefrieren würde. Ich fischte eine Scheibe gefrorenes Wasser heraus, die mit durchsichtigen, zarten Federn gemustert war. Der Kanister gluckerte, schluckte Wasser. Ich hievte ihn ans Ufer und tunkte den zweiten ein. Ein paar Minuten lang hockte ich still da, betrachtete die Eisinseln im See und horchte auf die Sonartöne der großen Bucht, die sich auf der anderen Seite unserer Halbinsel erstreckt. Es war das Eis, das sprach – dort war der See schon gefroren. Von der Berglandschaft zeigte sich nur der Uferwald, alles andere war vom Nebel verhangen. Still würde es sein, wenn die Wellengeräusche, meine ständige Hintergrundmusik, vom Eis verschluckt wurden. Von fern kam der Ruf eines Raben – mein Pflegling vielleicht? Ich antwortete mit einem „Ru-ock, ru-ock" und suchte mit den Augen den Himmel ab, aber kein Rabe kam. Obwohl ich es ja so gewollt hatte, breitete sich ein Gefühl leerer Enttäuschung in mir aus.
Schließlich packte ich einen der 20-Liter-Kanister beim Griff und schnaufte zur Cabin hoch, ab und zu die Hand wechselnd. Andere Leute zahlen für Fitnesstraining und strampeln sich auf Tretmühlen ab, und ich habe das umsonst in meinen Alltag eingebaut, dachte ich grimmig, während der vereiste Kübel rhythmisch gegen mein rechtes Bein schlug.
Krachend setzte ich den schweren Behälter auf den Fußboden und machte die Tür hinter mir zu. Der zweite wartete zwar unten am Seeufer und genügend Holz für den Abend musste ich auch noch spalten, aber eine kurze Pause konnte nicht schaden.
Der schmelzende Schnee an meinen Stiefeln verlief zu Miniaturseen auf dem rostrot gestrichenen Sperrholzfußboden, aber meine vierbeinige Putzkolonne würde es

Eismütze auf einem Uferstein

gewiss gleich aufmoppen. War sonst noch etwas zu erledigen vor dem großen Kälteeinbruch? Die zugigen Türrahmen musste ich mit Lumpen abdichten und eine Wolldecke vor die verzogene Tür des Anbaus hängen. Ich freute mich auf die niedrigen Temperaturen, die meinem Leben eine ganz andere Dringlichkeit geben würden. Nichts würde wichtiger sein als heizen.

Das Gefrieren des Sees war ein großes Ereignis, das ich jedes Jahr mit Spannung erwartete. Der Warmhalteeffekt des Wassers würde fortfallen und mir sowohl wesentlich kältere Temperaturen als auch vermehrten Sonnenschein bescheren, da endlich der Nebel aufhörte. Auf dem See würden von Bäumen und Gesträuch unbehinderte Spaziergänge möglich werden und selbst die Nächte heller sein, wenn erst Schnee auf das Eis fiel, der das Sternen- und Mondlicht reflektierte.

Der See friert zu

Binnen zwei Tagen schloss sich der See; leise, undramatisch. 11. Dezember: Zugefroren, trug ich in den Kalender ein. Blank wie eine kilometerlange Schlittschuhbahn dehnte sich die frische Eisfläche aus, über der sich der Nebel schon hie und da lichtete, einen kurzen Blick auf den blauen Himmel freigebend.

Wie jeden Winter sorgte ich mich um die Hunde, solange das Eis noch frisch und dünn war. Zu gerne jagten sie sich über die hindernisfreie, weite Fläche und genossen es, dort achtlos mit voller Kraft schnell rennen zu können. Die Elche und Karibus waren meine Versuchskaninchen: Sobald sich im Neuschnee auf der Eisfläche Hufspuren zeigten, wagte auch ich mich weiter hinaus. Meist hielten sich die großen Tiere instinktiv für die ersten zehn, vierzehn Tage vom See fern; zumindest hatte ich auf Neueis bislang noch nie Elch- oder Karibuspuren gefunden. Kleinere Tiere dagegen waren wagemutiger; Maus- und Hasenspuren fanden sich schnell auf dem Eis, als ob sie wüssten, dass ihnen eine dünne Schicht genügte.

Ich legte mir ein Loch für meine Wasserversorgung an, erst noch direkt am Ufer über seichtem Grund, das ich täglich neu aufhacken musste. Mit dem Akkudrill prüfte ich alle paar Tage die Eisdicke, denn das permanente Wasserloch für den Rest des Winters musste gute siebzig Meter vom Ufer entfernt sein. So weit hinaus wollte ich mich erst wagen, wenn das Eis um die zwölf Zentimeter dick war. Ich muss heute noch lachen, wenn ich an unseren ersten Winter am See denke. Langsam, aber sicher, war unser erstes Wasserloch direkt am Ufer ausgetrocknet. Wir erklärten uns das Phänomen mit dem dicker werdenden Eis, das bis auf den Grund reichte, und hackten ein zweites Loch, diesmal weiter vom Ufer entfernt. Das hielt etwas länger, doch auch dort kamen uns die Steine vom Grund bald stetig näher und das Wasser wurde immer seichter, bis wir die Kübel nicht mehr eintauchen konnten und es ganz versiegte. Als wir ratlos den anscheinend austrocknenden See anschauten, ging uns endlich, wenn auch recht spät, ein Licht auf.

Steine unter dem Eis

Da den gesamten Winter über kein Niederschlag mehr in den See gelangen konnte, die Gletscher aufhörten zu schmelzen und manche der kleinen zuführenden Bäche ganz versiegten, fiel nicht nur der Wasserspiegel, sondern auch die darauf ruhende Eisdecke stetig weiter ab. Der Eisdeckel auf dem See hatte sich so weit gesenkt, dass er konkav auf dem Wasser lag und das Eis an den flachen Uferstellen auf Grund saß. Wir waren uns recht dumm vorgekommen, als wir unser drittes und letztes Wasserloch endlich weit genug vom Ufer weg anlegten.

Die Wellengeräusche waren zwar für die nächsten fünf, sechs Monate gestillt, aber der See sang sich über viele Tage hinweg in den Winterschlaf. Das Eis spielte geisterhafte Symphonien, als es beständig wuchs, sich dehnte und verschob. Mit rasender Geschwindigkeit kam ein Ton wie von einem Echolot quer über den See geschossen. Gespenstische Sonargeräusche zitterten durch das Eis, gefolgt von Stille. Weiße Striche zeichneten Risse an, die den gefrorenen See wie die Teile eines Puzzlespiels musterten.

Plötzlich schallten wabernde Töne, als würde jemand an einem großen Stück Wellblech wackeln, vom Ufer hoch, gejagt von Klängen, als bliesen riesige Lippen über einen Flaschenhals. Es war so laut, dass ich es selbst in der Cabin hören konnte. Der Pfeiflaut einer gigantischen, vorschnellenden Peitsche echote über den See, danach Töne, als fielen überdimensionale Wassertropfen in eine Pfütze. Still horchte ich auf das kristallene Orchester, konnte mich nicht satt hören an den seltsamen Kompositionen, die später, wenn mehr Schnee auf das Eis gefallen war, nur noch selten und dumpfer, bei extremen Temperaturschwankungen, zu hören waren. Sollte ich versuchen, für jemanden, der von Geburt an blind ist, ein Klangbild der kanadische Wildnis zu malen, so würde ich es aus diesem Eisgesang, Wolfsgeheul und den Sommerrufen der Eistaucher zusammensetzen. Stundenlang sang der See sein Lied vom Winter, während sich die Quecksilbersäule des Thermometers immer mehr zusammenzog: minus zwölf, minus 18, minus 23 Grad. Der Eisnebel verdichtete sich zu einer soliden, dunklen Wand über dem noch offenen Südende des Sees und blockte zu meinem Verdruss weiterhin die kostbare Sonne ab, obwohl der Himmel sich blau über mir dehnte.

Fünf Tage, nachdem sich der See geschlossen hatte, wagte ich mich vorsichtig mit der Axt und einem großen Stück Styropor hinaus auf die Haut des Wintersängers. Weit genug vom Ufer entfernt, dass auch im April das Eis nicht auf Grund liegen würde, wischte ich mit der Stiefelsohle die dünne Schneeschicht weg und zeichnete so die Ausmaße des Wasserlochs ab. Ungefähr anderthalb Meter im Quadrat musste es messen, denn täglich würde die Eisschicht nicht nur nach unten wachsen, sondern auch zur Seite hin, in das Wasserloch hinein. Anfang Mai würde das Loch so weit geschrumpft sein, dass wir gerade noch unsere Kanister eintauchen konnten.

Das erste Wasserloch des Winters

Konzentriert hieb ich auf meine Markierung ein, die bei jedem Axtschlag Eissplitter spuckte, und bemühte mich, noch nicht bis zum Wasser durchzubrechen, das mir sonst meinen kleinen Eisgraben überfluten würde. Unter meinen Stiefeln fühlte ich das Eis mit jedem Hieb vibrieren. Langsam bog ich meinen Rücken wieder gerade und hauchte warme Luft in die gefütterten Arbeitshandschuhe, in denen meine Finger wie betäubt vor Kälte waren. Fast fertig! Ich fegte die Eisspäne aus dem Weg, um besser sehen zu können, ob ich überall gleichmäßig tief geschlagen hatte, und machte weiter. Nach zwei weiteren Hieben brach ich zum Wasserspiegel durch. Bei jedem weiteren Schlag beregnete mich der See mit Tropfen, die auf meiner Kleidung sofort zu dicken Perlen gefroren. Einen guten Teil davon konnte ich einfach mit der Hand abblättern.

Im eisigen Griff der Kältewelle

Endlich war ich ganz um das Loch herum und drückte den abgetrennten Deckel ins Wasser, wo er mit einem leisen Zischen unter dem Eis verschwand. Mit dem großen Stück Styropor als Deckel und Schnee als Abdichtung würden sich selbst bei Tiefsttemperaturen nicht mehr als zwei, drei Zentimeter Neueis bilden – vorausgesetzt, dass ich jeden Tag Wasser holte und die neue Eisschicht wieder aufschlug.

Sonnenaufgang mit sun dogs

Täglich lauschte ich gespannt der Wettervorhersage. Das Yukon Territory war in den Minus-40ern versunken, an manchen Orten waren es nachts minus 52 Grad. Bei mir dagegen war es mit minus 24 bis minus 37 Grad noch vergleichsweise warm. An den beiden metallenen Fensterrahmen bildeten sich innen, wo sich Kondensation absetzte, kleine Gletscher. Die Fußbodentemperatur hielt sich nur mühsam über dem Nullpunkt, wie mir die Hunde deutlich zu verstehen gaben: Jeden Morgen drängelten sie sich mit langen Gesichtern um den Ofen, sobald ich Holz nachlegte und das Feuer zu prasseln begann. Lediglich Blizzard, dessen unglaublich dickes Fell den Verdacht auf ein Schaf in seiner Ahnenlinie nahelegte, blieb unbeeindruckt von der Kälte.

Meine Freundin Heidi, die mit ihrem Mann auch abseits des Strom- und Telefonnetzes lebte, aber dank ihrer Satelliteninternetverbindung Kontakt mit mir hielt, litt unter echten Yukoner Temperaturen und hatte das gleiche Stromproblem wie ich: Im Winter war nicht genügend Licht für Solarstrom da und ihr Generator streikte in der Kälte. Auch meiner röchelte unter minus 20 Grad nur

Im eisigen Griff der Kältewelle

widerwillig vor sich hin, sodass sich mein Strom für jegliche Kommunikation auf das beschränkte, was die Batterien noch geladen hatten – bis es wieder wärmer wurde. Prophylaktisch schickte Heidi mir ihre Weihnachtsgrüße schon einige Tage vorher:

„Hallo Nicole,

ist bei dir auch Funkstille wegen der Affenkälte? Ich kann dir flüstern, wir haben ja Probleme mit den Generatoren – geht ja gar nicht! Ergo ... ich hab Probleme mit Frank. Der kann einfach nicht begreifen, dass es mir schnuppe ist, wenn ich mal für ein paar Tage keine Verbindung zur Außenwelt habe. So versucht er denn fieberhaft, den Generator zu überlisten, was ihm meistens für eine kleine Weile gelingt – doch sobald ich mich dann doch noch ins Internet traue und beginne, ein Programm für mein neues Laptop herunterzuladen, geht natürlich das blöde Benzinding wieder aus und ich verliere die Daten. Deshalb warte ich nun doch sehnlichst, dass wieder wärmere Zeiten auftauchen.

Was unsere Lamas angeht, tun mir diese echt leid. Wir hatten ja seit zwei Wochen fast jede Nacht um die minus 50 Grad. So hat Frank jeweils am Abend den Ofen in der Garage mit Holz vollgehämmert, und die Lamas legten sich dann ganz nahe an das Garagentor beim Unterstand. Dann haben wir Elche ums Haus, aber bis jetzt machten die sich noch nicht ans Heu. Frank hat gestern zwei tote Rebhühner gefunden und einen toten Snowbird. Alle anscheinend erfroren. Wie steht's mit dir und deinen Hunden, habt ihr auch kalte Ärsche? Ich selbst stehe nachts alle zwei Stunden auf und füttere die Öfen, damit am Morgen die Hütte wenigstens temperiert ist.

So, nun wünschen wir euch allen (inkl. Tiere und so) ein geruhsames Weihnachtsfest, ohne Einkaufsstress und ohne Rezessions-Schauermärchen im TV. Tschüss und lass von dir hören per Buschfunk, damit wir wissen, alles ist o.k. Frank und Heidi"

So kurz und knapp wie möglich beantwortete ich meine E-Mails: „Habe kaum noch Strom, es geht mir gut, melde mich, wenn's wieder wärmer ist – spätestens im Frühling. Schon mal frohe Weihnachten, Neujahr und vielleicht auch Ostern!"

Ich schaute zwar jeden Tag kurz nach neuen E-Mails und Telefonnachrichten, aber machte den Computer dann sofort wieder aus. Das Telefonieren war sowieso nicht so einfach. Zum einen lag es an der sehr durchwachsenen Qualität der Satellitenverbindung, die sich meist in Verzögerungen, einem Echo, verschluckten Silben und Worten äußerte. Zum andern unterhielt ich mich schon seit zwei Monaten täglich nur mit mir selbst und den Hunden, was es mühsam machte, eine wirkliche Konversation mit anderen Menschen zu führen – mich auf das, was mir meine Eltern und Freunde erzählten, einzulassen und sofort eine Antwort parat zu haben. Außer mit meinen Eltern telefonierte ich kaum noch mit jemandem, sondern verließ mich lieber auf E-Mail, wo ich in meinem eigenen Tempo denken und schreiben konnte.

Im eisigen Griff der Kältewelle

Das Funkgerät dagegen verbrauchte nur wenig Strom. Gelegentlich redete ich mit einem Funkbekannten, der im Yukon in der Wildnis lebte. Da auch Johns Welt nur aus Eiskristallen, Spuren im Schnee und seinen eigenen Gedanken bestand, fielen mir diese Gespräche leichter. Endlos lange erörterten wir wichtige Neuigkeiten wie Karibuspuren: Woher die Tiere gekommen waren, wie viele es waren, wohin sie wollten, warum sie gerade dort waren, wie sich das Winterwetter auf sie auswirkte, inwiefern es anders als in den vorigen Wintern war und ob Wölfe ihrer Spur gefolgt waren.

„Bei mir ist schon seit ein paar Wochen gar nichts mehr an Tieren da", beschwerte ich mich. „Mein Rabe kommt auch nicht mehr. Du hast es echt gut mit den Karibus!"

„Ja, mir gefällt das auch. Aber es geht doch immer so zyklisch, oder? Entweder man kann sich kaum vor den Viechern retten oder es ist wie ausgestorben", sagte John. „Die kommen bei dir bestimmt bald wieder."

„Ich hoffe es! Vielleicht zeigt sich ja zu Weihnachten was. Machst du irgendwas zur Sonnenwende?" Die Wintersonnenwende war mein wahrer Winterfeiertag, mein Neujahr, der Angelpunkt, um den sich die Jahreszeiten und das von ihnen so geprägte Leben drehten. Auch wenn bis weit in den März hinein immer wieder mit Perioden sehr kalten Wetters zu rechnen war, hatte ich die Zeit des Nebels und Sonnenentzugs nun fast hinter mir. Zuerst würde sich das Tageslicht nur unmerklich verlängern, später im Januar schon spürbar schneller, bis die wunderschön verschneite, sonnenüberflutete Zeit der Tag- und Nachtgleiche im März kam.

„Nichts weiter", meinte John. „Es ist hier dermaßen windig und so saukalt, dass ich nur kurz zum Holz- und Wasserholen rausgehe. Willst du ein Lagerfeuer machen oder was?"

„Nee, wahrscheinlich auch nicht. Zu kalt. Ich wache zurzeit immer um drei Uhr morgens auf, weil es so kalt in der Cabin ist und lege Holz nach. Mann, es ist auch echt mühsam, die Asche aus dem Ofen zu schaufeln! Ich verbrenne ja hauptsächlich Pappeln – damit ist der Ofen im Nu halbvoll mit Asche und ich kriege kaum noch dickes Holz reingezwängt. Jetzt muss ich alle zwei Tage das Feuer herunterbrennen lassen, damit ich die Asche rausschaufeln kann. Bei minus 45 Grad, wie bei dir da oben, müsste ich mich nur noch um den Ofen kümmern."

„Tja, das Problem hab ich nicht so, ich heize fast nur mit Fichte. Und mein Ofen ist ein altes Ölfass, da dauert es fast bis zum Frühling, bis der mit Asche voll ist! Wie sieht's denn essensmäßig bei dir aus, hast du was Leckeres geplant für die Feiertage?"

Ich grinste. „Na ja … Drei Tomaten hab ich noch, allerdings sind die so schrumpelig, dass es wohl nicht so das Geschmackserlebnis sein wird. Joghurt müsste ich nochmals ansetzen, mit Marmelade drin könnte ich da eigentlich so eine Art Joghurteis draus machen. Ich bin sowieso nur noch am Essen bei den Temperaturen."

John lachte. „Ja, geht mir auch so, ich bin inzwischen bei fünf Mahlzeiten angelangt. Irgendwie hält man sich doch noch wie ein Tier warm. Was steht bei dir denn sonst noch auf dem Plan für Weihnachten?"
„Ach, nichts weiter. So nobel wie möglich essen, mit den Hunden spazieren gehen ... Ansonsten hab ich nichts weiter vor, das Übliche halt." Meine tägliche Routine wurde immer rigider in meiner Zeit allein: Nach dem Frühstück war der Hundespaziergang dran, dann das Wasserholen. Alle zwei, drei Tage zog ich nachmittags auf Schneeschuhen mit der Kettensäge und dem Rodelschlitten los, um ein paar tote Bäume für Brennholz zu fällen und zersägen. In der Abenddämmerung füllte ich die Öllampen neu auf und spaltete mir einen Brennholzvorrat bis zum nächsten Tag. Wenn mir rebellisch zumute war, änderte ich meinen Rhythmus und füllte die Lampen schon am Vormittag, holte das Wasser am Abend und spürte einen seltsamen Triumph, mich selbst ausgetrickst zu haben.
„Ja, ich hab sonst auch nichts weiter geplant. Mal sehen, ob meine Nachbarn über die Feiertage kommen", sagte John. In seiner Nähe war ein Blockhaus, das hauptsächlich im Sommer von Leuten aus Whitehorse genutzt wurde.
„Na, das wär doch was! Echte Menschen! Hoffentlich bringen sie dir ein paar frische Lebensmittel mit, falls sie kommen."
„Werde nur nicht allzu neidisch! Bringt Chris nicht auch Obst und Gemüse mit, wenn er wiederkommt?"
„Glaube ich nicht, er will ja über die Seen reinlaufen. Wenn das Eis bis dahin noch nicht gut genug ist und er den Hubschrauber nehmen müsste, dann sicherlich, aber so ... Und das ist ja eh noch um die sechs Wochen hin."
„Ach so. Gut, du, sonst gibt's hier auch nicht viel Neues zu berichten. Ich wünsche dir noch einen schönen Abend und bis die Tage wieder, ja?"
„Ja, gleichfalls. Frier nicht ein! Bis dann!" Ich schaltete das Funkgerät ab und blies das Teelicht aus, das meine einzige Lichtquelle im Loft war. Zeit, zum gemütlichen Teil des Abends überzugehen: Lesen, schreiben, Radio hören, mit den Hunden kuscheln oder in unseren Sachbüchern über Heilpflanzen und Wildtiere stöbern – langweilig war mir bisher noch nie geworden, auch wenn im Dezember der Abend schon um kurz nach vier Uhr nachmittags begann.

Zur Wintersonnenwende schob sich die blasse, kleine Sonne um Viertel vor elf widerwillig über die Berge und kroch nur eine Handbreit über den Gipfeln entlang. Das tiefstehende Licht warf dreißig Meter lange Schatten, die den ganzen Tag wie einen Spätnachmittag wirken ließen. In meinen dicken Daunenparka gehüllt,

Vermummt gegen die Kälte

Im eisigen Griff der Kältewelle

die Kapuze tief über meine Fleecemütze gezogen, stapfte ich im Schnellschritt zum Plumpsklo. Der festgetretene Schnee quietschte laut unter meinen Stiefelsohlen, während die Kälte wie eisige Nadelspitzen durch meine Fleecehosen und die Thermounterwäsche in meine Haut stach. Ich warf einen prüfenden Blick auf den Fäkalienturm in der Grube, der jeden Tag höher wuchs, wenn die neueste Ladung auf der vorigen gefror – aber er hatte noch keine kritische Höhe erreicht. Wenn es soweit war, hieß es, ihn mit einem kräftigen Stock umzustoßen. Strategisch legte ich nur so viel Haut wie gerade nötig bloß und breitete den Parka wie ein kleines Zelt um mich über den Styroporsitz, der mir meine Körperwärme sofort anheimelnd wiedergab. Mit dem kleinen Lagerfeuer, das ich aus dem gebrauchten Klopapier in einer alten Kaffeedose zu meinen Füßen entfachte, war es fast ein gemütliches Ambiente. Ohne das Klopapier füllte sich auch die Grube nicht so schnell und es stank im Sommer weniger.

Meine Wangen glühten feuerrot, als ich in die Cabin zurückkehrte, um mir noch eine weitere Schicht Kleidung anzuziehen und die Hunde für einen Spaziergang auf dem Eis hinauszulassen. Im diesigen Himmel stand links und rechts neben der Sonne jeweils ein *sun dog*, eine helle Luftspiegelung, an einen kleinen Regenbogen gelehnt. Winzige, glitzernde Eiskristalle schwebten wie Diamantenstaub in der Luft. Die Hunde hüpften kaltfüßig vor mir her, hoben immer wieder die Pfoten und sahen mich klagend an. Kein Wunder bei minus 31 Grad!

Mit dem Schal bis unter die Augen hochgezogen und der Windhose über den dicken Fleecehosen war mir nun aber angenehm warm. Locker rutschten mei-

Spaziergang auf dem See

Im eisigen Griff der Kältewelle

ne Füße in den *Mukluks* umher – von kalten Zehen keine Spur. Die kniehohen Mokassins aus Elchleder, die am Fuß gar nicht verschnürt und lediglich durch um die Wade gewickelte Bänder am Bein gehalten werden, stellten mit doppelten Filzsocken getragen jeden kommerziellen Winterstiefel in den Schatten. Vorausgesetzt, dass die Temperaturen kalt genug waren, denn wasserfest waren sie nicht. Da sich keine Feuchtigkeit darin aufstaute und die Füße frei umher rutschten konnten, blieben sie wunderbar warm und trocken. Vor mir breitete sich die weite, verschneite Eisfläche aus, eingerahmt von den Bergen. Die rotgelben Sonnen, die ich auf die *Mukluks* gestickt hatte, blitzten bei jedem Schritt fröhlich aus dem Schnee.

„Ja, laufen müsst ihr, dann wird euch warm, nicht immer anhalten!"
Koyah leckte sich erst eine Vorderpfote, dann nahm er auch noch die andere hoch und machte Männchen. Mit hängenden Lefzen sah er mich traurig an.
„Ihr Weicheier! Andere Hunde müssen bei dem Wetter draußen schlafen! Los, kommt!" Während viele Leute im Norden Huskys besaßen, die oft auch draußen gehalten wurden, lief in den Adern unseres Rudels nur wenig bis gar kein Schlittenhundblut. Auch wenn es in vieler Hinsicht praktisch wäre, Arbeitshunde zu halten – die meisten Huskys haben einen so starken Jagddrang, dass es ein Ding der Unmöglichkeit wäre, sie wie unsere vier ständig frei laufen zu lassen. Von Bekannten hörten wir immer wieder Schauergeschichten über ihre Huskys, die tagelang im Wald verschwanden, teils nie wiederkamen oder sich nach einem Angriff auf ein Stachelschwein gespickt wie ein Nadelkissen nach Hause schleppten.

Koyah hat kalte Pfoten

So gut es in meinen Kleidungsschichten ging, sprintete ich voran, um die Hunde zum Laufen zu animieren. Willig gingen sie auf mein Anfeuern ein, auch wenn sie erst noch dreibeinig wie ein Rudel Beinamputierter liefen. Als sie schließlich normal auf allen vier Pfoten rannten, drosselte ich mein Tempo und nahm die nun völlig vereiste Sonnenbrille ab. Immer das gleiche Problem: Wenn ich in den Schal atmete, kondensierte und gefror mein Atem auf der Brille. Also doch wieder die Augen zukneifen.
Als wir aus dem Windschatten unseres Hügels herauskamen, bemerkte ich den leisen messerscharfen Hauch – eigentlich keinen Wind, dafür war es viel zu schwach, nur eine Luftströmung, die aber selbst durch meine Windhose stach. Es würde wohl kein allzu langer Spaziergang werden, denn auf dem Rückweg würde uns dieser Atem der Arktis genau ins Gesicht wehen.
Silas und Koyah verlangsamten ihr Tempo und drehten mit eingezogenem Bauch zum Ufer ab, die Pfoten hoch anhebend: *overflow*. Tatsächlich sah der Schnee

dort verräterisch grau aus – charakteristisch für Wasser, das durch die dünnen Spalten im Eis hochgedrückt wurde und sich unter dem gut isolierenden Schnee sammelte. Bei den Temperaturen! Dann spürte auch ich das typische Wackelpuddinggefühl unter meine Sohlen, als ginge man auf Schlamm, der nur oben leicht verkrustet ist und unter einem nachgibt.

Overflow

In meinen *Mukluks* wollte ich mir tunlichst keine nassen Füße holen und folgte den Hunden ans Ufer, bis wir an der nassen Stelle vorbei waren. Aufgeregt schnüffelten die Hunde an Spuren im Schnee: Drei Wölfe! Silas veranstaltete eine große Pinkelprozedur, die er mit beeindruckendem Scharren seiner Hinterpfoten beendete.

„Ja, da haben die Wölfe sicher Angst vor euch! Kann man nur hoffen, dass sie nicht gesehen haben, wie ihr vorhin alle so kalte Füße hattet!"
Wolfsspuren waren selten. Ich scheuchte die Hunde von den Fährten weg und schaute mir die Größe der Tatzenabdrücke an. Zwei waren nur etwas größer als die Hundespuren, doch die Tatzen des dritten Wolfes waren so groß wie meine ausgestreckte Hand.

Wir gingen den Wolfsspuren nach, bis ich die runden Zehen- und Ballenabdrücke eines Flussotters entdeckte. Sie waren gefolgt von einer einen Meter langen Schleifspur, danach kamen wieder die zusammengedrängten Pfotenabdrücke. Fröhlich sahen die Spuren aus, die Sprung- und Rutschbewegung des flinken Tieres wie eine Reihe von Ausrufungszeichen in den Schnee geschrieben. Doch als ich den Spuren folgte, sah ich, dass der Otter ganz von der anderen Seite des Sees gekommen war – er musste wohl auf der Suche nach offenem Wasser sein. Gerne würde ich ihm ein Wasserloch vor der Cabin freihalten im Austausch gegen etwas Unterhaltung und Freundschaft, doch aus meinen Hausotterfantasien wurde nichts, denn er war bald in den Wald abgetaucht.

Auch die Wölfe hatten die Otterfährte untersucht, dann anscheinend eine Weile im Schnee herumgetollt und sich wieder auf den Rückweg gemacht. Eine gute Idee. Ich pfiff den Hunden zur Umkehr. Mit der Sonne im Rücken, die keine registrierbare Wärme abgab, marschierten wir im Stechschritt zur Cabin zurück. Der eisige, schneidende Lufthauch betäubte die paar Quadratzentimeter meines Gesichts, die frei lagen, und von meiner feuchten Atemheizung bildeten sich spektakuläre Eiskristalle an meinen Wimpern. Die Hunde liefen mit gesenkten Köpfen, die Augen zusammengekniffen, trugen an den Schnurrhaaren ebenfalls Schmuck aus Raureif. Ich band die Ohrenklappen meiner Fleecemütze noch

Im eisigen Griff der Kältewelle

enger zu, verschnürte die Kapuze meines Parkas soweit es nur ging, und hielt meinen Blick gebannt auf den Boden gerichtet. Vor mir schob ich meinen gigantischen Schatten her, die Beine wie Mammutbäume und das winzige Murmelköpfchen in weiter Distanz. Mit dem Windhauch mochten es wohl um die minus 40 Grad sein.

Kaum vier Stunden später, als sei das Scheinen zu viel Mühe gewesen, ließ sich die Sonne schon wieder hinter die Berge sinken, den gemäßigten Breiten entgegen. Aber wie ein wehmütiger Abschiedsgruß hing ihr Licht noch gute anderthalb, zwei Stunden lang über dem kalt erstarrten Land.

Schattenwurf

109

Winterlicher Sonnenaufgang

Bin ich noch normal?

Tagish Lake, 3. Januar: Neumond.

In der klaren Nacht pulsierte der Himmel mit flimmerndem Sternenlicht. Gebannt von ihrer Sonne kreiselte die Erde durch das All, gleichgültig beschienen von den unzählbaren Punkten toten Lichts. Ohne eine Stadt und Neonlampen in der Gegend schien auch das schwache Licht der fernsten Sterne auf mich nieder. Kein Ton drang an mein Ohr, es war, als sei jeder Laut und jedes Lebewesen verschwunden, hinausgesogen in den großen Sternenhimmel über mir. Winzig und verloren fühlte ich mich, mein Leben pochend und gurgelnd gehortet in meiner Haut.

Ein fernes Grollen am Himmel kündigte Menschen an. Blinkend wie ein Herzmonitor bewegte sich das Leuchtfeuer des Düsenjets mit seiner Fracht durch die Luft. Filme schauend, einen Kaffee trinkend, auf den unbequemen Sitzen hin und her rutschend – vielleicht einen Blick auf die dunkle Bergwelt unter sich werfend zogen meine Artgenossen über mich hinweg.

„Hallo", sagte ich leise. Für einige lange Sekunden waren wir Nachbarn, stieg die Bevölkerung in meinem Umkreis auf vielleicht zweihundert Menschen. Dann waren sie schon über Atlin und verloren sich in der Nacht, ihr Turbinengedröhn im Schlepptau. Die Stille der gefrorenen Sternennacht breitete sich wieder aus und ich war allein, der kurze Besuch vorbei. Ich zog mich in die Cabin zurück, meine Höhle aus warmem Licht und Feuer, in der das Radio noch die Achtzehn-Uhr-Nachrichten brachte, die Geschehnisse aus der unwirklichen Welt. Auf dem Sofa beim Ofen lag mein Buch, ein weiterer Band über die historischen Fehlversuche, die Nordwestpassage zu durchqueren. Wie viel einsamer und kälter als ich hatten es die Seemänner gehabt, die an Hunger, Kälte und Skorbut in einer Landschaft starben, die die Inuit seit Tausenden von Jahren am Leben erhalten hatte.

Gedankenverloren saß ich auf dem Sofa, das Stimmengeplätscher des Radios im Hintergrund. Ging es uns nicht immer noch wie den Seemännern damals? Waren wir nicht alle getrieben von persönlichem Ehrgeiz, auf der Suche nach finanzieller Sicherheit, Statussymbolen und Anerkennung, ohne ein wahres Verständnis und Bezug zu der Natur um uns? Das Land lediglich eine Ansammlung von Ressourcen, ein Vehikel des Konsums, mythenlos – und damit bedeutungslos?

In der winterlichen Einsamkeit spann ich meine Gedanken und Ideen auf Geratewohl aus. Ohne jegliche Unterbrechungen konnte ich einem Thema stundenlange Aufmerksamkeit widmen, es drehen und wenden, auf den Kopf stellen, bis auf das erste Wort, das mich überhaupt auf die Idee gebracht hatte, zurückverfolgen. Mit einem wahren Feuereifer von Begeisterung überschlugen sich an manchen Tagen meine Gedanken, sprangen hin und her, verbanden eine Idee mit etwas

Bin ich noch normal?

gerade Gelesenem, spannen dies weiter aus in ganze Thesen und Philosophien. Ich war mir meiner leicht manischen Besessenheit durchaus bewusst – und später auch der Banalität meiner so gewonnenen Einsichten, die mich am Vortag noch berauscht hatten.

Moldy und Silas

Angst machte das mir nicht, vielmehr hielt ich die Hyperaktivität in meinem Kopf für eine gesunde Anpassung an ein Leben, das nicht normal war, für das wir nicht geschaffen sind. Ich musste in diesen Monaten der Einsamkeit von der Außenwelt loslassen können, um glücklich zu sein. Mich nicht nach Menschen sehnen, sondern mir genug sein. Mich lossagen von den zahllosen käuflichen Dingen, um die sich unsere ganze Kultur dreht und die in der Wildnis sowieso zumeist bedeutungslos sind. Mangels Anregungen durch Chris und andere Menschen suchte ich mir automatisch meine geistige Unterhaltung selbst zusammen. Im Kopf führte ich vollständige Gespräche und heftige Diskussionen mit Freunden und Chris. Ich konnte mich nur schwer dem Bann der neuesten Gedankenkette entziehen, aber hatte gleichzeitig genügend inneren Abstand, etwas darüber zu lachen. Wie eine Mutter kam ich mir vor, die ihren davon tollenden Kindern nachsieht: Geht schön spielen, dann seid ihr nachher ausgetobt und müde.

So still und begrenzt war meine Umgebung, mein Alltag, in dem sich alle Eindrücke nur in mir sammelten, da ich sie mit niemandem teilen konnte, dass jedes nur etwas aus dem Rahmen fallende Ereignis, wie eine besonders sternenklare Nacht oder ein nicht Ruhe gebender Hund, mich schier zum Überfluss füllten – meine Stimmung schwankte wild hin und her.

Es gab kaum jemanden außer John, mit dem ich mich über diese Sonderheiten der Einsamkeit austauschen konnte. Wer erlebt so etwas heutzutage noch? Aus Büchern entnahm ich, dass andere Menschen, die Gelegenheit hatten, für lange Monate ohne Unterbrechung ganz allein zu sein, dieselben Änderungen an sich wahrzunehmen schienen.

Es schien mir mittlerweile logisch, dass sich Zeiten der Abgeschiedenheit als etwas Besonderes durch die Geschichte der Menschheit ziehen. Philosophen, Mönche, Schamanen, die Suche nach einer Vision auf der Schwelle zum Mannesalter – all dies lebt vom Entbehren der Gesellschaft, den wilden Flügen der Gedanken, der ausfernden Gefühle, der Belebtheit einer Landschaft, die man sonst nur als Hintergrund wahrnimmt.

Bin ich noch normal?

Morgensonne auf den Bergen

Vielleicht war es diese Intensität, die mich nach meinen einsamen Wintermonaten süchtig machte. Wie es mir gefiel, konnte ich die Isolation entweder über den Funk und das Internet eindämmen oder das Leben ohne jegliche Einflüsse und Ablenkungen genießen: Existenz pur.

Ein lautes Rauschen machte mir plötzlich bewusst, dass das Radiosignal verschwunden war. Ich stand auf, um das Gerät auszumachen, da ich nun sowieso lesen wollte, doch plötzlich dröhnte mir laute Rockmusik entgegen. Aus dem Radio – aber da waren doch noch die Nachrichten im Gange? Und wir bekamen ja nur den einen öffentlichen Sender herein. Ich drehte am Frequenzrädchen. Sofort kam die Werbung eines Autohändlers in Calgary. Calgary?!

Ich trat einen Schritt zurück. Als nächstes folgte die Werbung für ein Möbelhaus – ebenfalls in Calgary. Irgendetwas stimmte hier nicht. Ich drehte noch mal an der Frequenz, um wieder CBC North hereinzubekommen, doch stattdessen wimmelte es nur so von anderen Sendern aus Alberta und Saskatchewan – über ein-, zweitausend Kilometer weit entfernt. Rockmusik, Werbung, Countrymusik, eine Talkshow. Das bildete ich mir doch nicht ein! Ich schaute mich ratlos in der Cabin um und sah, dass es draußen heller wurde. Um achtzehn Uhr bei Neumond? Fing ich etwa doch an zu spinnen?

Ich zog wieder die Stiefel und Jacke an, um nachzuschauen, was zum Teufel draußen für Licht sorgen könnte. Der Sternenhimmel schien verblasst und riesige rote Schleier wehten wie der Schal eines unsichtbaren Giganten über den Himmel.

Bin ich noch normal?

Als würde der Atemhauch der Galaxien einen leichten Stoff aus Spitze bewegen, fächerte das Nordlicht über die Berge. Immer tiefer rot färbte es sich im Osten, verblasste zu rosa am gegenüberliegenden Horizont und teilte sich in pulsierende Finger auf. Zu einem stummen Rhythmus bebten die Lichtbahnen in zitterndem Tanz aus der Erdatmosphäre hinunter, zeigten erst auf diesen Berg, dann jenen, dann auf den See, bis sie immer durchsichtiger wurden.

Doch es sammelte sich schon eine große Lache roten Nordlichts direkt über mir, das plötzlich zwei lange Strahlen von sich schoss, bis der gesamte Himmel von Ost nach West mit einem Bogen roten Lichts überspannt war. Leise lösten sich Fahnen davon ab, die weit über den Himmel strömten. Grüntöne mischten sich nun darunter, während das Rot zu einem dunklen Lila gerann. Einzelne Strahlenbündel fielen wie Mikadostäbe aus dem Himmel hinab.

Mit der Zeit wurde mir bewusst, dass meine Ohren eiskalt waren – ich hatte ja keine Mütze aufgesetzt, hatte nur kurz nachsehen wollen, was los war. Doch ich konnte mich nicht loseisen von dem geisterhaften, verzauberten Licht, das in solcher Intensität nur selten zu sehen war. Sobald es an einer Stelle verblasste, sammelte sich etwas weiter bereits eine neue Aurora, die in wieder anderen Formen über den Himmel strich. Ich legte mir die Hände über die Ohren, meine Gänsehaut nicht nur in der Kälte begründet, und hatte Tränen in den Augen vor der Größe der Nacht. Das Rot verblasste immer mehr, bis nur noch neongrünes Licht in weiten Bannern wehte. Langsam, verträumt schwebte es nun den Himmel entlang, zärtlich über das wilde Land streichelnd. Mein Herz hämmerte laut in meiner Brust, voller Verlangen, meiner Berührung und Ehrfurcht einen Ausdruck zu geben. Doch unsere moderne Kultur hatte mir nichts mitgegeben, das hier passend wäre, keine Erklärung, die das Nordlicht wirklich erfasste.

Von der Sonne geschleuderte Helium- und Wasserstoffatome, deren Zusammenprall mit Stickstoffmolekülen und Sauerstoffatomen in der Erdatmosphäre zu elektrischen Entladungen und Licht führte – ich lachte hohl vor mich hin; auch Radiowellen können so überbrückt werden, fiel mir ein. Trotzdem, du westliche Wissenschaft zerbröselst nur wieder das Ganze in seine messbaren, aber separat bedeutungslosen Einzelteile. Er straft dich Lügen, der Lichtervorhang dieser Nacht.

Das intensive Nordlicht läutete das Ende der Kältewelle ein. Dank unserer Nähe zum Pazifik war wochenlanges Wetter unter minus 25 Grad selten. Wiederholte Kälteeinbrüche mit tiefsten Minustemperaturen gab es den Winter über mehrmals, aber sie hielten selten länger als fünf Tage am Stück an. Widerwillig schmolzen die dicken Eiskrusten an den unteren Kanten der Fensterrahmen, die Hunde lagen morgens nicht mehr ganz so eng zusammengerollt auf ihren Kissen, und ich konnte den Generator laufen lassen und damit mein eingefrorenes Kommunikationssystem in Gang bringen, wieder mit der Welt in Verbindung treten, sooft ich wollte.

115

Bin ich noch normal?

Die Landschaft wirkt leblos vor Kälte

Erfrischt und energiegeladen nahm ich Kontakt mit der Außenwelt auf. Meine Vermutung, dass der Atlin Lake inzwischen auch gefroren war, da die graue Nebelwand schon seit einer Woche nicht mehr über den Bergen in Richtung Ort hing, fand ich in den E-Mails von Freunden bestätigt.

Fröhlich vor mich hin summend schaute ich im *Homesteading*-Forum nach Neuigkeiten, wo sich Gärtner, Kleinbauern und solche, die es werden wollten, austauschten. Anscheinend hatten sie alle Straßenanschluss, aber Gemüseanbau, Solarzellen und Hausbau waren auch meine Themen. Die Frau in Alaska, die mit ihrem Mann in die Wildnis ziehen wollte, hatte dort nie wieder etwas geschrieben.

„Wir leben auch sehr einfach", mailte mir stattdessen eine Frau vor Kurzem. „Fast wie du."

„Ja, aber ihr seid immer noch aktiv in die Gesellschaft eingebunden und seht regelmäßig Leute, setzt euch mal eben ins Auto", hatte ich ihr geantwortet. „Es ist schwer zu erklären – wenn man wochenlang, monatelang außer sich selbst im Spiegel keinen Menschen sieht, dann nimmt man die Natur ganz anders wahr. Wie wirklich alles vor Leben vibriert, wie die Berge und das Wasser ihre Stimmungen haben, wie das Licht einen fast wie eine Hand berührt. Das ist so intensiv, allein. Wenn man Menschen um sich hat oder nur kurz allein ist, schärfen

Bin ich noch normal?

Winterfarben

Bin ich noch normal?

sich die Sinne nicht so extrem dafür."

Eine neue Nachricht war von ihr da – nein, das stimmte, das konnte sie sich doch nicht so recht vorstellen. Ich seufzte. Es klang wohl auch etwas esoterisch. Eine Schwierigkeit des Lebens in der Wildnis war, dass man seine Freunde in der Zivilisation zurückließ und sich durch das völlig andere Leben über die Jahre immer weiter von ihnen entfernte. Man selbst bohrte sich tiefer in die Natur und Wildnis hinein, die feinen Unterschiede der Elchkinnlappen, welche Umstände das Eis zum Singen brachten, das intuitive Spüren der Gegenwart eines Tieres im Wald, selbst wenn man es nicht sah – Dinge, die andere Menschen zuerst exotisch und auf die Dauer doch eher langweilig fanden, wenn es die einzigen Themen waren, die einen wirklich bewegten. Über die Jahre werden die Gemeinsamkeiten, die man mit den Menschen der Außenwelt teilt, immer geringer; in einem extremeren Grad, als es in der Zivilisation der Fall ist, da es kaum noch Lebensbereiche und Ereignisse gibt, die sich mit denen anderer Menschen überschneiden. Schwierig, sich das im Voraus vorzustellen.

Meine treuen Freunde

Nachdem ich meinen Kontakt mit der Außenwelt wiederhergestellt hatte, testete ich das Seifenwasser, in dem meine Unterwäsche auf dem Holzofen vor sich hin dampfte. Heiß genug. Mit einem Holzlöffel rührte ich noch einmal kräftig durch und nahm den schweren Topf vom Ofen.

„Wollt ihr Wasser holen kommen?"

Kaum, dass ich nach den Stiefeln griff, waren die Hunde auf den Beinen. Ich nahm mir die zwei Kanister und holte den Rodelschlitten hinter dem Haus hervor. Wie ich das Wäsche waschen hasste! Allein die Unmengen an Wasser, die ich dafür heranschleppen musste. Aber außer der Unterwäsche musste ich endlich auch ein paar Pullis und Fleecehosen waschen. Meine Strategie, mir eine Unmenge an Kleidungsstücken zuzulegen, um dann nur sporadisch waschen zu müssen, funktionierte eben auch bloß für eine begrenzte Zeit.

Bin ich noch normal?

„Passt auf, ich komme!" Am Hügel, der zum See abfiel, setzte ich mich schnell mit den leeren Fässern auf den Schlitten und stieß mich ab. Wild kläffend jagte Moldy direkt vor mir her.

„Weg da!", schrie ich und drohte ihm mit einem Kanister, steuerte nach links, um ihn nicht zu überfahren und schoss vom vereisten Pfad mit einer Affengeschwindigkeit auf den See hinaus. Moldy, Silas und Koyah rasten neben mir hier, spielerisch nach dem Schlitten schnappend. Blizzard dagegen war das alltägliche Schlittenspektakel die Aufregung nicht wert – königlich am Pfad liegend, ließ er den Blick über sein Reich schweifen. Ich bremste den Schlitten aus und warf Schnee nach den kläffenden Hunden.

Nachdem ich den Schnee vom Styropordeckel des Wasserlochs geschaufelt hatte, rückte ich ihn beiseite und hackte durch die einen Zentimeter dicke Eisschicht. Mit der Schaufel fischte ich kleine Eisbröckchen aus dem dunklen Wasser, kniete mich neben das Loch und schaute hinein. Verschwommen flackerte mein Gesicht im Wasserspiegel, bleich wie Winterfüße. Konzentriert starrte ich in das nasse Dunkel, eine Art paralleles Universum, in dem nicht alles gefroren war, wo der Herbst versiegelt lag. Ich konnte keine Steine am Grund erkennen, nur meine eigene Reflektion und die Eiswände des Wasserlochs. Es übte eine seltsame Faszination aus, dies Fenster in eine ungefrorene Welt. Probehalber zog ich einen Handschuh aus und steckte die Hand ins Wasser: Ein kleiner Teil von mir war nun im Herbst, der Rest im Winter.

Mit dem Zufrieren des Atlin Lake hatte sich meine direkte Verbindung zur Zivilisation hergestellt: Der Weg über das Eis. Die verwunschene Saison des Nebels und der Eisgesänge, der Abgeschiedenheit, in der ich keine Menschenseele sah, neigte sich allmählich dem Ende zu. Komischer Gedanke, aus der Verschwiegenheit mit dem Land und den Tieren in ein paar Wochen wie ein Bär aus dem Winterschlaf aufzutauchen und Chris, vielleicht sogar den ersten motorisierten Verkehr, in meinem Leben wiederzufinden.

Ich tunkte meine Kanister ein und deckte das Loch sorgsam wieder ab. Den einzigen Vorteil, den ich in dem Erreichbarwerden der Zivilisation sehen konnte, war, dass Chris wie geplant von Atlin aus über das Eis nach Hause laufen und ich mir teure Hubschrauberflüge sparen konnte, falls ich doch noch vor dem Sommer zum Zahnarzt musste. Aber seitdem ich nur noch auf der anderen Seite kaute, hatte sich die Plombe nicht weiter gelockert. Keuchend zog ich meine vierzig Kilo schwere Wasserladung den Hügel hoch, gefolgt von den nun sehr viel weniger begeisterten Hunden. Kein Spaziergang?

Nachdem ich zwei Plastikkisten in der Cabin mit Wasser gefüllt hatte, in dem Eisbröckchen umhertrieben, zog ich mir Gummihandschuhe an, um den Spülgang erträglich zu machen. Auf dem harten Boden kniend spülte ich meine Unterwäsche erst in der einen, dann der andern Kiste aus, während eine Ladung schmutziger Socken in der heißen Seifenlauge vor sich hin dampfte. Die Cabin nahm eine tropisch feuchte Atmosphäre an, als ich in einem zweiten großen Topf

Bin ich noch normal?

Wasser für die Pullis und Fleecehosen warmmachte. Mein Blick wanderte über die Wände aus Baumstämmen, die selbstgezimmerte Küchenzeile, das Elchgeweih, an dem meine Unmengen von Jacken, Windhosen, Schals und Mützen hingen.

Aufräumen musste ich, bevor Chris in ein paar Wochen wiederkam. Wenn er schon zu einer verwilderten Freundin heimkehrte, dann sollte wenigstens das Haus einen halbwegs zivilisierten Eindruck machen. Auf dem Sofa mit der karierten Fleecedecke lagerten ganze Stapel von Büchern, Katalogen und Zetteln, die Küchenanrichte war vollgestellt mit Geschirr, und auf dem Sessel im Anbau lagen Schichten von Kleidungsstücken, die noch nicht unbedingt gewaschen werden mussten, die ich aber auch nicht ins Kleiderregal zurücklegen wollte. Ein anthropologisches Wunderland: Hier könnten sich Wissenschaftler durch meine Unordnung graben und daran meine einsamen Monate analysieren.

Innenleben der Cabin nach über drei Monaten Einsamkeit

Schmatzend wurde die Seifenlauge durch das Gewebe meiner Wollsocken gesaugt, als ich sie kräftig mit dem Pümpel bearbeitete. Eigentlich zum Abflussentstopfen gedacht, leistete mir die Gummiglocke beim Wäschewaschen gute Dienste. Wenn Chris zurück war, würde sich in meinem Leben wieder mehr bewegen, ich endlich jemanden zum Reden, Anschauen und Anfassen haben. Das Einzige, das ich im letzten Vierteljahr von Menschen gesehen hatte, waren meine Arme und Beine, mein Körper gewesen. Alle paar Tage ein Blick in den Spiegel, um auch ein Gesicht zu sehen. Grimassen schneiden, um verschiedene Gesichtsausdrücke anschauen zu können: fröhlicher Mensch, wütender Mensch, trauriger Mensch. Nachdenklicher Mensch, alberner Mensch. So sehe ich aus. Ein Mensch.

Aber was war ich ohne jegliche Artgenossen? Bloß ein Lebewesen, das sich um Hunde kümmerte, umständlich Holz und Wasser zu seiner Behausung schleppte, manchmal Töne von sich gab, auf die hier niemand antwortete. Losgelöst, irrelevant. Frei.

Ich weichte drei Pullis im warmen Wasser ein und ging mit der Kiste nach draußen, das dreckige Wasser entleeren. Griesgrämig sah ich es im Schnee versickern:

Bin ich noch normal?

Gleich würde ich vom See Nachschub holen müssen. Mühsam wrang ich die Kleidungsstücke aus, so gut es ging, und drapierte sie zwischen den Pappeln über die Wäscheleine. Ich musste schnell sein, da sie in der Kälte im Nu gefroren. Etwas Wasser verflüchtigte sich draußen doch, tropfte ab und gefror zu Eiszapfen, die ich abbrechen konnte, bevor ich die Wäsche in ein paar Tagen zum Trocknen hereinholen würde.

Jetzt öfter an Chris zu denken war wichtig – auch, um mir die Umstellung leichter zu machen, wenn er wiederkam. Ich freute mich auf ihn, gleichzeitig trauerte ich meinen einsamen Monaten bereits etwas nach. Es war eine Art Üben, mir vorzustellen, wie wir unsere Tage verbringen würden, wo er in der Cabin sitzen würde, was er sagen würde. Seine blauen Augen mit den Lachfalten, die breiten Schultern, der Redefluss, seine energiegeladene Körpersprache.

Und wie sah ich aus? Ein paar saubere Sachen zum Anziehen würde ich immerhin haben. Kreidebleich war ich, dank der vielen Nebelwochen und des kurzen Tageslichts. Und sonst – war ich sonst noch halbwegs normal?

Der erste Zweibeiner

Noch ist es einsam am Tagish Lake

Der erste Zweibeiner

Tagish Lake, 4. Februar: minus 19 Grad, Sonnenschein!

Die weiße Schneedecke des Sees ruhte starr unter der Wintersonne, leblos, tiefgefroren. Nur in der alten Elchspur geronnen bläuliche Schatten. Der dunkelgrüne Nadelwald am andern Ufer wirkte wie gelähmt im Kreis der Berge. Immer wieder schaute ich nervös aus dem Fenster, auf der Suche nach einem dunklen, sich bewegenden Punkt. Falls Chris es am Vortag geschafft hatte, ungefähr die Hälfte der Strecke von Atlin zurückzulegen, würde er auf unserem Teil des Sees wohl gegen vierzehn Uhr um die Ecke biegen, schätzte ich.
Unruhig hatte ich den Vormittag verbracht, ständig Blicke auf die Uhr und aus dem Fenster geworfen. Jetzt war es fast zwei Uhr. Unfähig, noch länger untätig herumzusitzen und zu warten, stieg ich in meine Stiefel, packte eine Thermoskanne Tee in den Rucksack und zog mir Jacke, Schal und Mütze an. Gerade, als ich noch einmal hinausschaute, sah ich weit am anderen Ufer eine Bewegung. War er das? Oder nur ein Elch? Mein Herz raste, als ich nach dem Fernglas griff – wo war er nun hin? Da, dort: eindeutig – kein Vierbeiner!
Hektisch, obwohl Chris noch eine gute Dreiviertelstunde entfernt war, scheuchte ich die Hunde hinaus. „Chris kommt! Wo ist er denn, hm? Wer kommt da?" Sofort hatten sie alle die Ruten steif in der Luft und das Nackenfell gesträubt: Dass jemand kam, verstanden sie. Nur nicht, wer und von wo. Steifbeinig, mit großen Augen, sprangen die Hunde vor mir her, immer wieder die Landschaft nach dem vermeintlichen Eindringling absuchend. Fragend guckten sie mich an.

Chris kommt zurück

Der erste Zweibeiner

„Na, euer Herrchen! Chris! Ach egal, das merkt ihr schon. Los, voran!" Wir stapften durch das gleißende Licht am Wasserloch vorbei, weiter hinaus aufs Eis. Die Hunde konnten Chris weder sehen noch wittern und tollten ausgelassen wie auf jedem Spaziergang vor mir her. Ich winkte ein paar Mal. Plötzlich – oh, er hat mich winken gesehen! – hob die weit entfernte Gestalt dort draußen auch einen Arm. Ich lachte vor Aufregung. Seit dreieinhalb Monaten hatte ich zum ersten Mal wieder visuell mit einem Menschen kommuniziert!

Endlos dauerte es, wir schienen einander gar nicht näher zu kommen. Langsam, unendlich langsam nur konnte ich mehr Details erkennen. Hinter seinem Kopf ragte der Rucksack hervor, die Skistöcke bewegten sich in seinem Gehrhythmus. Immer wieder machte er eine kurze Pause und beugte sich vor, müde von seinem beladenen, langen Marsch durch den ungespurten Schnee. Dann stach er erneut einen der Stöcke vor sich und bewegte sich auf den Schneeschuhen voran.

Moldy freut sich, dass Chris wieder da ist

Mein Kopf war wie leergeblasen von Gedanken, unzusammenhängende Fetzen jagten sich, während ich mich um Fassung bemühte. Irgendwie war es mir jedes Mal wichtig, natürlich und ungezwungen, „normal" zu wirken, wenn ich nach so langer Zeit allein den ersten Menschenkontakt hatte. Aber es war doch für mich kein normales Ereignis – einem Elch oder Luchs zu begegnen, ein paar Karibus anzutreffen, das war normal. Aber plötzlich ein Mensch?!

Als uns nur noch einige hundert Meter trennten, kniete Chris sich in den Schnee und pfiff den Hunden, die immer noch nichts bemerkt hatten. Sofort rannten sie mit einer Salve lauten Bellens voran, nur Blizzard war halbherzig bei der Sache, da er den Grund für die Aufregung verpasst hatte. Er wurde auch gleich wieder langsamer und trottete gesenkten Kopfes vor mir her. Sollten sich doch die jüngeren Hunde darum kümmern – was auch immer es war.

Der erste Zweibeiner

Die anderen drei rannten wild auf Chris zu, sich ab und zu umdrehend, um sich zu vergewissern, dass der Rest des Rudels auch mitkam. Hundert Meter vor Chris hielten sie an, unsicher, schauten nach mir – solche Feiglinge! Chris pfiff und rief erneut, darauf gab es erneut lautes Gebelle und steifbeiniges Umhergespringe, bis sie sich ein Herz fassten und auf ihn zu rasten.

Erst als sie seine Witterung aufgenommen hatten, erkannten sie ihn. Ausgelassen sprangen sie Chris an, drängten sich gegen seine Beine, leckten seine Hände, während er versuchte, gleichzeitig alle drei Vierbeiner zu streicheln. Schnell wurde aus der stürmischen Begrüßung ein ausgelassenes Getobe, in dem die Hunde sich gegenseitig durch den Schnee jagten. Blizzard hatte weiterhin nichts bemerkt und war nun hinter mich zurückgefallen, in die Gedanken versunken, die einen alten Hund beschäftigen.

Endlich sah ich Chris' strahlendes Gesicht.

„Hey Sweetie!" Rufend lief er auf mich zu und dann hielten wir uns, dick vermummt in unseren Wintersachen, in den Armen. Schüchtern fühlte ich mich trotz meiner Freude – es war so viel auf einmal, ein ganzer großer Mann lebendig an mich gedrückt. Jemand, dessen Körpersprache ich wirklich verstand und der redete, der mich nur so überschwemmte mit Signalen. Kein simpler Austausch von „Freund oder Feind?" wie mit den Wildtieren.

Sanft küsste Chris mich, seine Augen überströmend vor Freude. „Na, du Einsiedlerin? Das ist komisch, was?", lachte er über meine Scheuheit.

„Ja ...", brachte ich heraus, suchte nach mehr Worten und fand keine.

„Blizzard hat mich noch gar nicht begrüßt", beschwerte sich Chris.

Wieder vereint

„Er sieht jetzt auch nicht mehr so gut, hab ich den Eindruck", erklärte ich das Verhalten meines alten Hundes, der nur wahrgenommen hatte, dass keiner mehr weiterging. Seelenruhig war er bereits wieder umgedreht und hatte sich auf den Heimweg gemacht. Sein verfilzter blonder Schwanz wippte im Takt seiner Schritte übers Eis, der Kopf hing auf Halbmast und zeigte heimwärts.

„Na warte ... He! Blizzy! Alter!" Chris rannte hinter dem Hund her, der ungerührt weitertrottete und nichts hörte.

„Blizzard!", rief Chris keuchend, mühsam in den Schneeschuhen sprintend, bis er ihn endlich eingeholt hatte und am Fell zupfte. Ein erschrockener Ruck ging durch den armen alten Hund, die Augen quollen ihm fast aus dem Kopf vor Schreck. Zögernd reckte er die Nase der großen Gestalt neben sich entgegen und schnüffelte vorsichtig an Chris' Hand. Plötzlich erkannte er ihn und drängte sich in den höchsten Tönen winselnd an ihn heran. Immer wieder nahm er die behandschuhte Hand von Chris ins Maul, in Soprantönen sein Wiedersehenslied singend, während Chris neben ihm niederkniete und ihn streichelte.

„Er hat mir sogar ein Küsschen gegeben! Damit ist er freigiebiger als sein Frauchen!"

„Na, da hast du aber Glück. Das macht er doch so gut wie nie." Verstohlen wischte ich mir über die Augen, gerührt von Blizzards Freude. Ob er im nächsten Winter wohl noch leben würde, um Chris zu begrüßen? Mich plagte schon seit gut einem Jahr die Angst vor dem Tag, an dem es mit ihm zu Ende gehen würde. Ein Tierarzt war auf die Schnelle nicht erreichbar. Es bliebe uns nur das Gewehr. Aber noch ging es ja. Besser nicht dran denken.

Langsam richtete Chris sich auf, mit einer Hand das dichte blonde Fell von Blizzard liebkosend. „Mensch, es ist so wunderschön hier, Sweetie! Du weißt gar nicht, wie gut wir's haben."

„Oh doch. Drum zieht mich hier auch nichts weg. Wie hat denn das Reinlaufen geklappt?" Ich nahm seine abgeleckte Hand in meine. Langsam setzten wir uns alle in Bewegung.

Blizzard

„Gut, aber ich bin jetzt echt geschafft. Letzte Nacht war's ganz schön kalt. Keine einzige Schneemobilspur auf den Seen bisher und teils ein ziemlicher Matsch an Schnee und *overflow*. Ich hab den Schlitten und ein paar Sachen am Waldrand gelassen, war ja nicht mehr weit bis hier. Ich bin echt k.o. jetzt."

„Drum – ich hab mich schon gewundert, dass du so wenig dabeihast."

„Ja ... das wollt ich jetzt nicht noch ganz nach Hause schleppen. Luchsspuren hab ich unterwegs gesehen – ach, und von einem Vielfraß auch welche. Sonst bloß ein paar alte Elchspuren. Scheint nicht viel los zu sein."

„Hm, hier war's auch ruhig in letzter Zeit. Vor zwei Wochen hab ich drei Karibus über den See laufen gesehen, aber das war's. Die müssen wohl alle woanders sein. Nur Schneehasen gibt's recht viele diesen Winter. Und die Raben kamen ein paar Mal gucken, ob bei der Cabin was rumliegt."

„Meinst du, da war der dabei, den du gefüttert hattest?" Chris' knallblaue Augen strahlten mich an, sodass ich schnell wieder den Blick abwenden musste. „Das eine Mal wohl schon, da hab ich einen mit einem Loch im Flügel gesehen."

Der erste Zweibeiner

Chris stahl sich noch einen Kuss. „Und wie ist's hier mit *overflow*?"
„Geht so, aber ich bin noch nicht viel auf dem See gegangen, außer dem Pfad hier. Zum Felsen hin scheint eine große Stelle zu sein."
„Na, ich denke, ich werde morgen das Schneemobil in Betrieb nehmen und anfangen, eine Spur reinzufahren ... oder vielleicht übermorgen."
Typisch Chris! Noch nicht zu Hause und schon voller Pläne, was alles gleich gemacht werden muss. Da geht sie hin, meine schneemobillose Zeit, dachte ich etwas wehmütig und seufzte.

Verschneiter Tagish Lake

„Hast du Hunger?", fragte ich Chris, als wir in der Cabin ankamen. Eng kam es mir darin auf einmal vor mit noch einem Menschen.
„Tee wäre besser, ich hab unterwegs nicht genug getrunken." Er schaute sich lächelnd in der Cabin um, noch ein bisschen wie ein Gast nach seiner langen Abwesenheit. Vollgestopft, dunkel und muffelig war die Blockhütte wohl, empfand ich plötzlich, als ich Chris zusah, wie er nach genügend Möglichkeiten suchte, seine durchgeschwitzten Sachen aufzuhängen. Allein die vier Hundekissen trugen eine definitive Duftnote zur Luftqualität bei.
„Ach Mensch, ich hatte doch extra Tee dabei! Da hab ich gar nicht dran gedacht in der Aufregung." Ich hängte meine Jacke ans Elchgeweih und schenkte uns beiden Tee ein.

Der erste Zweibeiner

Chris erzählte mir das Neueste aus Atlin, zwischendurch etwas von seiner Wanderung über die zugefrorenen Seen, dann von Südamerika. Meine Aufmerksamkeit, die sich in den letzten Monaten den kleinsten Dingen für endlose Stunden hatte widmen können, schleppte sich nun schwerfällig von einem Thema zum andern. Ich fragte nach, steuerte Dinge bei, die mir einfielen und war nach zwei Stunden ganz und gar erschöpft. Der Hals tat mir vom vielen Reden weh. In den letzten Monaten hatte ich pro Tag vielleicht insgesamt eine halbe Stunde, wenn nicht noch weniger laut geredet. Mein Kopf pulsierte schwer vor Neuigkeiten und Eindrücken. Ich wurde immer schweigsamer, bis Chris schließlich sagte: „Das ist alles etwas viel auf einmal, was? Vielleicht packe ich den Rucksack aus und gucke schon mal nach den Schneemobilen, dann hast du etwas Ruhe."

Unser Blockhaus hat wieder zwei menschliche Bewohner

Enttäuscht sah ich ihn an. Schon wieder allein bleiben? Das wollte ich nicht, aber etwas Abstand, eine Atempause brauchte ich doch, um alles zu verarbeiten. „Ja, mach das. Ich fange schon mal mit dem Essenkochen an, oder? So langsam kriege ich Hunger. Hast du Lust auf Elchchili?"
„Klingt gut." Chris war schon dabei, im Anbau seine Sachen zu sortieren und sich in der Cabin wieder einzurichten.

Am nächsten Morgen blieb ich noch gemütlich in meine warmen Decken gekuschelt liegen, während von unten die wohligen Geräusche der Zweisamkeit zu mir hochdrangen. Die Haustür klappte, dann hörte ich das Quietschen der Ofentür und das Poltern von Holz, als Chris das Feuer neu aufbaute. Wasser plätscherte in den Kessel und Kaffeebohnen klapperten in die Handmühle, danach hörte ich das Ticken und Prickeln der sich erwärmenden Ofenröhre und das Rauschen, als das Feuer zu ziehen begann. Die Sofafederung knarrte und das rhythmische Mahlen der Kaffeemühle drang zu mir hoch. Probeweise öffnete ich ein Auge und sah den diffusen gelben Lichtschein der Öllampe, der durch die Bodenlu-

Der Platz am Ofen muss nun geteilt werden

Der erste Zweibeiner

ke zu mir in die Dunkelheit fand. Himmlisch. Wenn ich noch gute zwanzig Minuten wartete, würde es unten schon angenehm warm sein.

Der Nachteil des Aufstehens als Zweite war, dass Chris den wärmsten Platz direkt am Ofen ergattert hatte.

„Morgen, Sweetie! Mann, ist das schön, wieder hier zu sein", strahlte mich Chris an. „Ich glaub, ich hole nachher mit dem *Skidoo* meinen Schlitten vom Waldrand. Vielleicht fahr ich gleich einen Trail bis Golden Gate rein. Hast du Lust mitzukommen und den Trail zu markieren? Sonst muss ich für jede Markierung anhalten."

„Hm ... ja ... aber lass mich erst mal frühstücken und wach werden." Ich gab ihm einen Kuss. Ganz bis nach Golden Gate wollte er? Dort zweigte ein Seitenarm des Tagish Lake in Richtung Atlin ab. „Aber auf eine Runde mit den Hunden kommst du schon noch erst mit?" So einfach wollte ich mir meine Eremitenroutine nicht umkrempeln lassen. Erst frühstücken, dann waschen, Hunde füttern und spazieren gehen – über alles Weitere ließ sich reden. Wir drängten uns beide in die kleine Küchenzeile, jeder mit seinem Kaffeepulver beschäftigt.

Chris beim allmorgendlichen Kaffeemahlen

„Na klar! Ich will doch schließlich Zeit mit dir verbringen. Ist schon blöd genug, dass ich so bald wieder raus muss."

„Mhm." Mir schwirrte der Kopf vor lauter Eindrücken und Plänen für den Tag, die nächsten Tage. Ich schlängelte mich an Chris vorbei und stellte meine Kaffeedose zurück ins Küchenregal.

„Wenn ich nicht auf das *Ranger*-Manöver müsste, hätte das auch noch mehr Zeit. Aber das ist ja schon in zwei Wochen, und so hab ich wenigstens einen Teil schon gespurt, weißt du? Jetzt sind die Eisverhältnisse ganz gut, und das kann sich ja immer so schnell ändern." Die *Canadian Rangers* sind eine freiwillige Militäreinheit Nordkanadas, deren Hauptfunktion der Such- und Rettungsdienst und der Erhalt der kanadischen Souveränität in abgelegenen Gebieten ist. Die Teilnahme am jährlichen Wintermanöver brachte Chris etwas Geld ein.

„Hast du schon gehört, wo ihr diesmal seid?" Ich wanderte mit meiner vollen Kaffeetasse zurück zum Sofa und setzte mich unauffällig an den kuscheligen Platz am Ofen. Chris prüfte die Milchtemperatur in seinem Schäumer und begann, die Milch für seinen Latte zuzubereiten.

„Nee, keine Ahnung. Ich muss nachher meine E-Mails checken, vielleicht hat Stephen inzwischen geschrieben, wo wir hinfahren. Wahrscheinlich wird es

Der erste Zweibeiner

wieder arschkalt und auf einem Weg bleib ich mit dem Schneemobil garantiert im *overflow* stecken! Mit einer großen Maschine wäre das ja kein Problem, aber so ... hey! Du hast meinen Platz geklaut!"
Schuldbewusst grinsend rückte ich dreißig Zentimeter weiter zum kalten Fenster hin. „Na ja, wenn wir jetzt die Spur bis Golden Gate reinfahren, hast du da schon mal keine *overflow*-Probleme." Das Schneemobil würde den isolierenden Schnee in das darunterliegende Wasser pressen, woraufhin der so entstandene Matsch hart gefrieren konnte.
Wir nippten an unseren Kaffeetassen. Langsam regten sich auch meine Lebensgeister. Mein stiller, gemächlicher Alltag als einsames Waldweib verblasste dank Chris' Enthusiasmus und Tatendrang in atemberaubender Schnelle.
„Wenigstens bist du schon abgehärtet vom Reinlaufen. Dagegen sind eure beheizten Leinwandzelte auf dem Manöver doch Luxus!"
„Ja, aber wahrscheinlich schnarcht wieder irgendwer und ich kann nicht schlafen. Na, was soll's, sind nur zehn Tage und ist ja gut bezahlt. Dann kann ich auf dem Heimweg mit dem Schneemobil deine Post und ein paar frische Sachen reinbringen. Obst, was hältst du davon?"
Ach, Obst ... schon ewig entbehrt. Richtige Früchte, nicht nur Apfelmus und geschmacklose Pfirsiche aus der Dose! Inzwischen war ich so lange ohne frisches Gemüse und Obst ausgekommen, dass es mir fast schwer fiel, mich jetzt dafür zu begeistern. Solange ich im Winter Multivitamintabletten nahm, bekam ich keine allzu schlimme Sehnsucht nach etwas Frischem. Obwohl, Tomaten ... Mir lief das Wasser im Mund zusammen. Endlich könnte man was anderes kochen.
„Ui, das wär schön!" Ich gab meinem energiegeladenen Freund einen Kuss. Was für eine Vorstellung, nicht jeden Tag dieselbe müde Auswahl an Essen zu haben: eingemachtes Elchfleisch mit Dosengemüse, Reis, Kartoffeln oder Nudeln – oder Nudeln mit Soße. Mit zwiespältigen Gefühlen dachte ich daran, dass der Weg nach Atlin wieder offen sein würde. Zwei Tage zu Fuß, anderthalb Stunden oder länger per Schneemobil, solange die Eiskonditionen gut genug waren. Entfernungen in der Wildnis lassen sich nicht realistisch mit Kilometerangaben erfassen. Je nach Tages- und Nachtzeit, Jahreszeit und momentanen Wetterverhältnissen schrumpfte und dehnte sich die Nähe zum Ort. An einem Spätnachmittag im Dezember, wenn es schon dunkel und die Seen noch nicht sicher gefroren waren, könnte einem niemand helfen, bis es wieder hell und das Wetter gut genug für einen Hubschrauber war.

Nachdem wir eine Runde mit den Hunden gedreht hatten, nahm Chris das neuere unserer zwei Schneemobile in Betrieb, um den Rest seines Gepäcks abzuholen. Unter lautem Bullern und Motorengedröhn fuhr er auf den See hinunter, eine Fahne Abgase hinter sich herziehend, die statisch in der sterilen Winterluft hängenblieb. Er schrumpfte zu einem immer kleineren Punkt, bis er schließlich

131

in Richtung Golden Gate um die Ecke verschwand. Unwillkürlich musste ich grinsen. Es sah seltsam lustig aus, wie ein Trickfilm – so lange hatte ich auf dem See nichts Motorisiertes mehr beobachtet. So schnurgerade und mit steter Geschwindigkeit bewegte sich kein Tier. Karibus, ein Fuchs oder Elch verhielten sich auf dem Eis meist wie ein ängstlicher Fußgänger beim Überqueren einer Straße: ein paar Meter gehen, anhalten, in beide Richtungen schauen und wittern, überlegen, schnell weiterlaufen, anhalten, am Schnee schnüffeln, wieder in beide Richtungen sehen und dann nichts wie rüber.

Wo sich bislang nur das dünne Band meines ausgetretenen Pfades auf dem See gewunden hatte, zuerst umfächert von Hundefährten, die später alle in meinen Pfad einliefen, war nun die gerade, breite Spur des Schneemobils gewalzt. Wenn sie hart gefroren war, würde es sich darauf angenehm leicht und schnell laufen lassen.

Bald zieht sich eine Schneemobilspur über den See

Fröhlich vor mich hin singend ging ich von einem Weidenbusch zum nächsten und brach eine ganze Armvoll eleganter Gerten für die Wegmarkierungen auf dem See ab. Ich genoss das momentane Alleinsein, in dem ich meine Gedanken schweifen lassen konnte, während ich mir gleichzeitig seltsam wichtig vorkam. Ich sammelte die Zweige schließlich nicht für mich allein, sondern war im Auftrag meines Freundes unterwegs! Ich hatte wieder einen menschlichen Gegenüber, der sich darum scherte, was ich sagte und tat. Die tiefgefrorenen Weidenzweige ließen sich leicht abbrechen. Hellgrün wie ein verfrühter Gruß des Frühlings leuchtete mir das Mark der dünnen Ruten entgegen und verklebte mir mit seinem nach Aspirin schmeckenden Saft die Handschuhe.

Tannenzweige als Markierungen waren aus der Ferne zwar wesentlich besser sichtbar, hatten aber den Nachteil, dass Neuschnee auf ihnen liegenblieb, der sie über die Wochen auf das Eis hinunterdrückte. Es sei denn, man schüttelte regelmäßig den Schnee ab – kein Spaß auf einer kilometerlangen Strecke.

Je nachdem, wie die Lichtverhältnisse waren, konnte die Schneemobilspur von starkem Wind und Neuschnee schnell unsichtbar gemacht werden. Um sie nicht zu verlieren und den ganzen Winter dieselbe Strecke befahren zu können, die durch den komprimierten Schnee auch erst später anfangen würde zu schmelzen, halfen uns neben der Spur in den Schnee gesteckte Weidenzweige. Wir markierten allerdings nur die ersten fünf bis sechs Kilometer von uns bis in den nächsten Seitenarm des Sees hinein. Der Rest der Strecke wurde oft genug von Schneemobilfahrern aus Atlin befahren.

Von Weitem schon hörte ich Chris wiederkommen, in krassem Gegensatz zu seiner unmotorisierten Heimkehr, bei der ich gespannt den See beobachten musste, um ihn überhaupt wahrzunehmen. Knapp vor mir ratterte das Schneemobil zum Stillstand.

„So ..." Chris trug sein Gepäck an den aufgeregt schwänzelnden Hunden vorbei in die Cabin. „Ist gar kein Problem dies Jahr. Ein Stück *overflow*, aber nichts Dramatisches", rief er mir zu und schaute sich die Zweige an, die ich im Anhängerschlitten für das Schneemobil aufgetürmt hatte.

„Meinst du, das reicht?"

„Ach, ich denke schon. Sonst halten wir unterwegs noch mal und sammeln mehr. So, ihr Köter, rein in die Cabin! Koyah, los!"

Nachdem wir den Schlitten ans Schneemobil gekuppelt hatten, setzte ich mich zu den Weidenruten.

„Alles okay?" Chris drehte sich nach mir um. Ich nickte. Mit einem Ruck ging es los und wir sausten den Hügel zum See hinunter, wo Chris die Geschwindigkeit drosselte. Ich zog mir meine Mütze tiefer in die Stirn und den Schal über die Nase.

„Etwa alle 50 Meter", rief er über das Motorengeräusch. „Sag mir, wenn ich zu schnell bin!"

Nochmal nickte ich, dann stach ich den ersten Weidenstecken in den Schnee neben der Spur und fingerte gleichzeitig mit der anderen Hand nach dem nächsten.

Das Schneemobil ist nun wieder in Betrieb

„Langsamer!" brüllte ich, woraufhin Chris das Tempo noch mehr drosselte. Wie am Fließband stach ich einen Zweig nach dem andern in den Schnee, eingenebelt in den Tankstellengeruch der Maschine und aufstiebenden Schnee, gebeutelt vom Fahrtwind, der mich jedes Mal schneidend erwischte, wenn ich

Der erste Zweibeiner

Winterszenerie

mich mit dem nächsten Zweig zur Seite beugte. Es war erstaunlich holprig, hinten im Schlitten zu sitzen. Die im Sonnenschein gleißenden Berge verschwammen vor meinen tränenden Augen.

Schließlich erreichten wir die Stelle, an der Chris am Vortag durch den Wald abgekürzt hatte. Seine schlenkernde Spur, die Abdrücke der Schneeschuhe ausgelöscht von der Schleifspur des Rodelschlittens, auf dem er sein Gepäck hinter sich her gezogen hatte, verlor sich in der Ferne – ein dünnes Band, das von hier bis zum ganzjährig offenen Atlin River führte, die Portage entlang, und quer über den größten natürlichen See British Columbias bis hin zum Dorf. Wir waren wieder mit der Außenwelt verbunden.

Ich pflanzte meine letzte Rute in den Schnee, während Chris die Maschine noch mehr verlangsamte und kurz anhielt.

„Super, danke, Sweetie! Das reicht auch. Ich muss mal sehen, wo genau ich die Spur nach Atlin reinfahre. Aber bis ich raus muss, sind wahrscheinlich sowieso schon die ersten Leute hier rumgefahren."

Die meisten Schneemobilfahrer bogen hier gen Süden ab, wo es eine alte Gold-

Der erste Zweibeiner

mine gab, an der alle paar Jahre immer mal etwas gearbeitet wurde, sowie auch eine offene Schutzhütte. Von der Handvoll Leute, die stattdessen in unsere Richtung kamen, fuhr jemand jeden Winter absichtlich unsere Wegmarkierungen platt. Die Weidenruten dienten auch der Sicherheit und zeigten den Weg an einer Stelle mit gefährlich dünnem Eis vorbei. Falls wir einen Notfall hatten und Hilfe brauchten, konnten wir dank der Markierungen auch in schlechtem Wetter, bei dem man nicht einmal mehr das Ufer sehen konnte, die Spur finden und sollten in der Lage sein, ohne steckenzubleiben in den Ort zu fahren.
Aber das war vielleicht ein ungewohntes Konzept für Wochenendfahrer, die nur zum Spaß durch die Gegend sausten und sich selten bei schlechtem Wetter auf den Seen zeigten. Immerhin ließen sich die plattgewalzten Weidenstecken leicht wieder aufrichten.
Ich kletterte aus dem Schlitten und setzte mich hinter Chris auf den Schneemobilsitz. Langsam fuhren wir an, den elegant gezwirbelten Sunday Peak im Visier, während sich hinter uns die fremdartig lineare Schneemobilspur abspulte, jede Weidenrute wie ein Ausrufungszeichen im Schnee.

Der dem Wolf pfeift

Blick auf unser Grundstück

Der dem Wolf pfeift

Tagish Lake, 10. März: minus 21 Grad und Sonne, Sonne, Sonne.

Der scharfe chemische Geruch des Sekundenklebers biss aggressiv in meine Nase. Ich drehte den Kopf weg und lehnte mich zurück, während ich mit einem Auge auf die labbrige Gummisohle schielte, die ich mit der gelblichen Masse bestrich. Wie das stank! Mit halbem Ohr hörte ich der Unterhaltung zwischen Chris und unserem Funkbekannten John zu.

„... hatte ich Gemüse nach dem *Ranger*-Manöver reingebracht, aber inzwischen ..." Nun hieß es warten, dass die eingeschmierte Sohle trocknete. Vorsichtig testete ich die Unterseite meines reparaturbedürftigen *Mukluks* – dort war der Kleber schon fast trocken. Um den Vorgang an der Sohle zu beschleunigen, wedelte ich sie wie chemischen Weihrauch durch die Luft. Über mir hatte Chris aufgehört zu reden und John war am Erzählen – automatisch hielt man Monologe am Funk, da nicht beide Parteien gleichzeitig sprechen konnten.

„... gestern was erlebt, das war irre. So im Nachhinein – erst hab ich mir ganz schön in die Hosen geschissen! Ich habe ja öfter mal Wölfe hier, aber das war doch ..."

Schnell klatschte ich die Sohle unter den *Mukluk*, presste fest zu und überließ die Chemie ihrem Schicksal – die Wolfsgeschichte wollte ich auch hören! Flott kletterte ich nach oben und drängte mich neben Chris ans Funkgerät. Er lächelte mich an.

Selbstgemachte Mukluks aus Elchleder

„... mit Willow draußen und sah da diese dunklen Punkte auf der andern Seite vom See, aber konnte nicht sehen, was es war. Na, ich dachte schon, das sind wohl Wölfe, was sonst hätte es sein sollen? Jedenfalls hat der Hund nichts gemerkt und ich bin mit ihm dann weiter raus aufs Eis, um besser sehen zu können, was da los war." Es rauschte leise im Funkgerät – höflich gab uns John die Möglichkeit zu fragen oder zu kommentieren. Chris und ich wechselten einen Blick.

„Ja, und dann? Hattest du kein Fernglas dabei?" Chris ließ den Sendeknopf wieder los.

„Doch, doch, hatte ich. Aber man sieht ja trotzdem besser, wenn man näher dran ist. Dann war ich also vielleicht noch 800 Meter oder so von den schwarzen Punkten weg und hab durchs Fernglas geguckt: Ein Wolfsru-

Der dem Wolf pfeift

del an einem Riss, war wohl ein Elch gewesen. Mit Fressen waren sie aber schon fertig und lagen in der Sonne, ein paar haben gespielt. Ein großes Rudel! Dreizehn Tiere, alles dabei von fast schwarz bis fast weiß. Na ja, ich stand da mitten auf dem See und schaute sie mir durchs Fernglas an, so zwei, drei Minuten lang. Und dann standen ein paar auf und guckten zu mir rüber." Wieder rauschte der Funk. Komm, mach's nicht so spannend, dachte ich.

„Oh-oh", sagte Chris.

„Ja, ach, ich hab mir nicht viel dabei gedacht, weil der Wind nicht so stand, dass sie mich hätten wittern können und ich hab nicht gedacht, dass sie mich sehen. Aber dann waren sie plötzlich alle auf den Beinen, alle dreizehn in einer lang auseinander gezogenen Linie. Vor mir, von links nach rechts eine lange Reihe Wölfe, wie die Kavallerie im Film. Ich hab gedacht, jetzt nur nicht bewegen – wenn ich jetzt umdrehe, dann bemerken die mich erst recht. Und sie waren ja noch weit weg. Bloß haben sie sich dann in Bewegung gesetzt und sind auf mich zugekommen, ganz zielstrebig. Willow hat sie plötzlich gewittert und ist ganz nervös geworden. Mann, ich dachte, wenn die mir jetzt abzischt oder anfängt zu bellen! Mach Platz, hab ich ihr gesagt. Und die Wölfe kamen immer näher. Ich hatte ja nichts dabei! Kein Gewehr, gar nichts. Erst war es noch irgendwie faszinierend, aber dann hab ich echt Angst bekommen – dreizehn Stück! Selbst wenn die mir nur an den Hund wollen! Und wir waren ja wie auf dem Präsentierteller, mitten auf dem See." Schon wieder Rauschen. Aufgeregt kuschelte ich mich näher an Chris.

„Ja, und dann?"

„Na, die waren schließlich nur noch um die dreihundert Meter von mir entfernt und ich hab echt die Panik bekommen – mir haben sich die Nackenhaare gesträubt und alles, da kommst du dir vor wie Frischfleisch. Das Einzige, was mir einfiel, war die Hundepfeife zu blasen!"

Ich lachte und sagte schnell zu Chris: „Warum hat er nicht einfach gerufen? Wenn sie ihn nicht wittern konnten, wollten die doch sicher nur sehen, was es ist, das da rumsteht?"

Chris schüttelte den Kopf und fragte ins Mikrofon: „Die Hundepfeife? Und dann?"

„Tja, so gut dressierte Wölfe hast du aber noch nie gesehen! Einen Sekundenbruchteil lang standen sie alle stocksteif da – und dann haben sie kehrt gemacht und sind davongerannt wie die Wilden! Ich wär am liebsten sofort in die Gegenrichtung gerannt, aber meine Beine waren so weich, das ging nicht."

„Wow, das glaub ich dir! Dreizehn Stück, da hätte ich aber auch Schiss! Da nützen dir alle Statistiken nichts, dass wilde Wölfe keine Menschen töten. Ich glaub, in dem Moment fühlt man sich wie ein Steinzeitmensch und will bloß nicht gefressen werden", sagte Chris.

„Ja, genau so. Mann, war ich froh, dass die alle wegliefen! War schon irre, aber da fühlst du dich ganz schön verletzlich."

Der dem Wolf pfeift

„Kann ich mir vorstellen. Als ich letztes Jahr auf dem *Ranger*-Manöver in der Arktis war, haben wir ja auch Wölfe von ganz nah gesehen – die hatten fast gar keine Scheu vor Menschen und sind teils bis auf ein paar Zentimeter herangekommen, hatte ich dir ja erzählt, oder? Aber so ganz geheuer war mir das auch nicht, obwohl man gesehen hat, dass sie kein Interesse hatten zuzubeißen", sagte Chris. Neidisch dachte ich an die Bilder der arktischen Wölfe, die er mir gezeigt hatte – Nahaufnahmen, für die kein Teleobjektiv notwendig gewesen war.

„Ja, das weiß ich noch", meinte John.

„Also kann man dich jetzt 'Der dem Wolf pfeift' nennen, ja?", lachte Chris und lehnte sich zurück.

„Klar. Ich arbeite noch etwas an meinem Skript, vielleicht kann ich am Ende des Winters Vorführungen für Touristen geben. Na ja, jedenfalls war das mal ein Erlebnis ... wie sieht's denn bei euch aus mit Viechern?"

„Hier ist's ziemlich ruhig zurzeit. Mal sehen, wann ..."

Ich besann mich meines Sohlen-Kleb-Projekts und kletterte wieder nach unten – dreizehn Wölfe! Ich war gelb vor Neid. Vorsichtig testete ich meinen *Mukluk*. Abgesehen von ein paar kleinen Stellen am Rand schien die Sohle nun zu halten. Ich schmierte noch etwas mehr Kleber als Abdichtung um den Außenrand der Sohle und hängte den reparierten Stiefel in die äußerste Ecke des Anbaus zum Auslüften.

Die Stiege knarrte unter Chris' Füßen.

„Wow, das war ja mal eine Story, was?", sagte ich.

„Ja, kann man wohl sagen! Ich glaub auch, die Wölfe waren neugierig und wollten sich ihn nur mal angucken. Normalerweise stehen ja auf dem Eis nicht Leute mit Hund rum."

Ich machte die Tür zum Anbau zu, um den chemischen Gestank zumindest auf einen Teil der Cabin zu begrenzen. „Eben. Immerhin ist John nicht so drauf, dass er nun loszieht und auf Wölfe schießt, bloß weil er's mit der Angst bekommen hat."

„Ja, da wäre manch einer hier flott mit dem Gewehr unterwegs – super Ausrede, ein paar Wölfe zu töten. Werde ich nie verstehen, was die Leute für ein Problem mit Wölfen haben – das ganze Gerede, sie würden dermaßen die Elche und Karibus dezimieren! Als hätte sich das nicht alles Jahrtausende lang in Balance gehalten, bevor die Europäer hier aufkreuzten."

Ich musste an die Bisons denken, die von der Regierung in den siebziger Jahren im südwestlichen Yukon ausgewildert wurden. Bis vor etwa dreihundert Jahren hatte es Bisons in der Gegend gegeben. Die Biologen hatten erwartet, dass die neue Population von den Wölfen reguliert werden würde. Eine Erwartung, die sich nicht erfüllte: Da die Rudel vor Ort seit undenklichen Generationen keine Bisons gejagt hatten, wussten sie mit den neuen Beutetieren nichts anzufangen. Diese verhielten sich anders, als die Wölfe von Elchen und Karibus gewohnt waren, sodass die Bisons sich weit über die von den Biologen als „optimal" eingeschätzte Zahl vermehrten. Für die als blutrünstig verrufene Tierart Wolf wahrlich eine schwache Leistung.

„Das fluktuiert wie die Schneehasen- und Luchszahlen, oder? Mal gibt es viele Wölfe, wodurch die Karibu- und Elchzahlen gedrückt werden, woraufhin es weniger Wölfe gibt, sodass es wieder mehr Karibus und Elche gibt. Da hatte doch auch der Wolfsbiologe von der Yukoner Regierung neulich im Radio gesagt, dass da so viele Umweltfaktoren reinspielen – diese 'Wolfskontrollprogramme' mit dem Abschießen oder Sterilisieren bringen nur kurzfristig was. Dann gibt's mal extrem viel Schnee oder einen harten Winter, und die Elch- und Karibuzahlen gehen trotzdem runter."

„Das ist halt so eine Sache … Na ja. Jedenfalls einmalig, was der John da erlebt hat. Aber was ist jetzt, wollen wir noch eine Runde Feuerholz schlagen gehen?" Chris hielt nichts von meiner Methode, alle paar Tage zu Fuß mit dem Rodelschlitten Holz holen zu gehen. Zu zeitaufwendig, zu mühsam, zu ineffektiv. „Ein paar Stunden mit dem Schneemobil, da kriegen wir ordentlich was geschafft."

Unser Blockhaus

„Hm … ja …", seufzte ich. Nicht meine Lieblingsbeschäftigung und vor allem nicht für ein paar Stunden am Stück. Allerdings hätten wir dann einen größeren Vorrat da. „Na gut."

„Brauchst ja nicht mitzukommen; ich will bloß heute noch etwas schaffen. In die Sauna will ich auch noch, bevor es dunkel wird." Chris zog sich bereits die Schnittschutzhosen an. Sein Tatendrang, den er von seinen Besuchen in der

Der dem Wolf pfeift

Außenwelt heimbrachte, machte mir jedes Mal zu schaffen. Mein Gewissen mahnte mich, dass andere Leute acht Stunden am Tag auf der Arbeit verbrachten. Ich sollte nicht faul sein, wenn Chris etwas arbeitete, sondern mitmachen. Andererseits widerstrebte es mir, nur wegen ihm meinen Tagesablauf umzukrempeln. Schließlich kam ich in den Monaten ohne ihn auf meine Weise ja auch zurecht.

„Nee, ich komm schon mit", sagte ich zögernd. Wenn man keine Wölfe hatte, denen man pfeifen konnte, musste man sich eben mit den weniger spektakulären Aspekten des Wildnislebens zufrieden geben.

Ich suchte mir meine Arbeitskleidung unter den zahllosen Jacken und Hosen heraus. „Irgendwie hab ich damals schon gedacht, dass man im Busch mehr Tierbegegnungen solcher Art hat. Mann … dreizehn Wölfe! Weißt du noch, wie Silas damals bei Atlin fast Wolfsfutter geworden ist, als er abgehauen war und sich so ein großes Rudel an ihn herangeschlichen hat? Wenn der Trapper von nebenan die Wölfe nicht rechtzeitig gesehen und Silas nach Hause eskortiert hätte, wäre das wohl übel ausgegangen. Ich hab da ja nur die ganzen Spuren auf der verschneiten Straße gesehen, über die ganze Straßenbreite alles komplett voll mit Wolfsspuren. Der Trapper hatte das Rudel ja gesehen und meinte, es wären vierzehn gewesen." Ich zerrte die Sicherheitshose über meine Gummistiefel.

„Das weiß ich noch … streunende oder festgekettete Hunde fangen die Wölfe natürlich manchmal weg. Ich lasse schon mal das *Skidoo* an, okay?"

Ich hielt mich an Chris fest, als wir zu unserem Holzschlaggebiet losknatterten. Hinter der Maschine rutschten unsere Schneeschuhe, Kettensägen, Äxte und Keile im leeren Schlitten umher. Ich krallte meine Hände, die in den Arbeitshandschuhen bereits kalt wurden, auf und zu. Der Tankstellengeruch des *Skidoos* breitete sich um uns aus, als Chris anhielt und auf eine Gruppe toter Pappeln deutete.

„So … die da?"

„Okay." Zitterpappeln waren unter vielen Leuten als Brennholz verpönt, aber wir fanden, dass sie gut brannten. Selbst beim Bau unseres Blockhauses hatten sie sich bewährt: Im Gegensatz zu Nadelholz, das über die Jahre stark dunkelt, behalten Pappelstämme ihre helle Butterfarbe bei. Als tragendes Gebälk sollte man sie allerdings nicht verwenden, da das Holz weicher und anfälliger für Schimmel ist.

Wir schnallten uns die Schneeschuhe unter, um im gut sechzig Zentimeter hohen Schnee abseits des Pfades nicht zu versinken, und schwärmten mit den Kettensägen aus. Chris trampelte um seinen auserkorenen Baum herum den Schnee nieder, um die Säge so tief wie möglich ansetzen zu können.

Hm, welche Pappel war am besten? Ich fand es schwierig, sie in die gewünschte Richtung zu fällen, wenn sie kerzengerade wuchsen. Unschlüssig wanderte ich

Der dem Wolf pfeift

von einem Baum zum nächsten, legte den Kopf in den Nacken und versuchte, die natürliche Fallrichtung einzuschätzen. Gerade als ich meine Säge anlassen wollte, hörte ich Chris rufen.

„Sweetie! Hörst du das?" Er deutete zu den dunklen Tannen hinüber, die ein paar hundert Meter weiter wuchsen.

Ich schob meine Ohrenschützer zurück. Etwas, das wie ein riesiges, wütendes Eichhörnchen klang, schimpfte erbost. „Was ist das denn?" Schnell legte ich meine Säge in den Schnee, um Chris zu folgen. Das laute Gezeter wollte nicht aufhören.

„Guck mal, da oben!" Chris zeigte auf einen Ast. Dort saß ein so farbenfrohes Wiesel, wie ich es noch nie gesehen hatte. Statt wie seine Cousins in den üblichen braunen Pelz gekleidet zu sein, sah es fast wie ein Frettchen aus. Zwar waren seine Artgenossen auch zweifarbig mit verschiedenen Braun- und Beigetönen, die sich schön vom gelblich-cremefarbenen Bauchfell absetzten – aber der schlechtgelaunte Schimpfer in der Tanne übertraf sie alle mit seinen Farbschattierungen.

„Wow, ist der schön! Das muss das schönste Wiesel weit und breit sein." Ich hielt meine Hand vor die Stirn, um meine Augen von der Sonne abzuschirmen. Die tief dunkelbraunen Beinen und runden Ohren des Tieres standen in deutlichem Kontrast zu dem beige-goldenen Rückenfell und hell strahlenden Bauch.

„Der sieht ja fast wie ein Miniatur-Grizzly aus – weißt du, ein blonder mit so dunklen Beinen? Schau nur, der ist ja wirklich blond auf dem Rücken!"

„Hm, ein langschwänziger Miniatur-Grizzly", kommentierte Chris. „Ob der wegen uns so zetert?"

„Vielleicht ist da irgendwo noch einer. Wann paaren die sich denn?"

„Weiß ich nicht … vielleicht schon jetzt ungefähr?"

„Lass uns mal etwas zurückgehen."

Langsam traten wir den Rückzug an, den Baum genau im Auge behaltend. Immer noch laut schimpfend begann das Wiesel, sich von Ast zu Ast nach unten zu winden. Andauernd stoppte es, um eine neue Salve Schimpfwörter in den Wald zu schmettern. Behände hielt es sich mal am Stamm, mal an einem Zweig fest, bis es schließlich nur noch zwei Meter über dem Boden war.

„Er kommt", flüsterte Chris mir zu. Unbeeindruckt warf das Wiesel einen letzten langen Blick auf uns, sprang in den Schnee und huschte in langen Sätzen davon, seinen eleganten beige-goldenen Schwanz wie eine Federboa hinter sich her ziehend.

„Weg ist er … Nur gut, dass wir uns damals keine Trapperkonzession gekauft haben, als wir nach Land gesucht haben! Dann wären wir jetzt drauf aus, dem Wiesel da seinen Pelz abzuziehen." Ich starrte in die Tannen, in denen das Tier verschwunden war. Nur so tun, als ob man Fallen stellte, ging nicht: Man musste vorweisen, dass man tatsächlich Tiere erlegte, wenn man eine Konzession gepachtet hatte.

Der dem Wolf pfeift

„Ja, das wär nichts gewesen … wobei es natürlich auch eine Möglichkeit ist, im Busch Geld zu verdienen." Chris griff nach seiner Kettensäge.

„Ach … all das zu meucheln, das einem lieb ist? Ich finde schon die Elchjagd schwer genug." Ich verzog das Gesicht beim Gedanken an das Gewehr, das ich mir vor sieben Jahren gekauft hatte, um Chris bei der Jagd tatkräftig unterstützen zu können. Ich hatte Visionen von mir als eine mit allen Wassern der Wildnis gewaschene Waldfrau gehabt. Hart würde man sein müssen, hatte ich gedacht, nicht wegen jedem Zipperlein mit den Hunden zum Tierarzt gehen können und sich sein Fleisch erjagen müssen.

Das hatte sich zwar in vieler Hinsicht bewahrheitet, aber meine Beziehung zu den Wildtieren hatte sich genau in die entgegengesetzte Richtung entwickelt. Die Tiere, die die einsamen Wintermonate mit mir teilten, den Nebel und Eisgesang kannten und die Wiederkehr des Sonnenscheins feierten, töten? Nein, ich war auch so eine, die den Wölfen gepfiffen hätte. Und das war es ja eigentlich auch gewesen, was ich mir vom Wildnisleben erhofft hatte – stärker mit dem Land zu verwachsen, indem ich es über die Jahre hinweg kennenlernte.

„So, komm, lass uns jetzt endlich loslegen, sonst wird's heute wieder nichts mit der Sauna!", rief Chris mir zu und ließ seine Säge an.

Zwei Stunden später konnte ich mir nur mühsam ein Lachen über den Anblick von Chris verkneifen, dessen nackte Beine storchengleich unter seinem roten Bademantel mit dem aufgestickten Cocktailglas herausragten – aber nur ein Stück weit, denn seine Waden und Füße verschwanden in den klobigen Wintergummistiefeln. Auf seinem kahlrasierten Kopf thronte eine gestrickte Skimütze.

„Ich geh schon mal rüber, kommst du auch gleich? Es müsste schon warm genug sein."

„Ja, ich esse nur noch meinen Apfel auf", grinste ich. Moldy sah bittend die Tür an, als sie hinter Chris zuklappte. „Nein, du bleibst schön drinnen, sonst wimmerst du nur vor der Sauna herum, weil dir langweilig ist."

Saunaofen mit Lavagestein

Mit meinem Handtuch und einem Paar Sandalen in der Hand folgte ich den Spuren von Chris zur Sauna. Die schwere Tür quietschte wie im Horrorfilm, als ich sie aufwuchtete. Ein Schwall feuchter Wärme, nach nassem Holz riechend, schlug mir entgegen. Schnell presste ich mich durch den Spalt und machte die Tür hinter mir zu. Im schummrigen Licht, das durch das Fenster fiel, lächelte mir Chris von der oberen Bank zu: „So richtig heiß ist es noch nicht."

„Ach, so fällt man nicht direkt um." Ich zog die Stiefel und meine Kleidung aus und warf einen kritischen Blick auf die mit Mäuseköteln bestreute niedrige Bank. „Die sind aber wieder aktiv!" Mit einer Socke wedelte ich die braun glänzenden Pillen weg, bevor ich mein Handtuch zum Draufsetzen hinlegte.

„Ja, es wundert mich eigentlich, dass das Hermelin noch nicht auf den Trichter gekommen ist – wo es doch letztes Jahr seine Jungen hier drinnen zur Welt gebracht hatte", meinte Chris.

Aus dem verbeulten Blechofen schlug mir brennende Hitze entgegen, sodass ich meine Beine seitlich wegdrehen musste. Nur das Prasseln und Knacken des Feuers war zu hören. Langsam durchdrang die Wärme meine Haut, bloß meine Füße blieben weiterhin eiskalt.

„Siehst du, jetzt haben wir endlich einen vernünftigen Holzvorrat! Wir können die Tage noch so ein paar Ladungen sägen, hm?" Chris räkelte sich auf der oberen Bank. Die ersten Schweißperlen traten auf seine Stirn.

In der Sauna

„Ja, können wir machen." Genüsslich dehnte ich meine steifen Rückenmuskeln in der Wärme.

„Gut." Chris fuhr sich mit der Hand über das Gesicht. „Puh, bin ich froh, dass ich nun vor Juni nicht mehr raus muss! Das war jetzt doch irgendwie hektisch mit dem Reinlaufen, danach das *Ranger*-Manöver … Obwohl, vielleicht fahr ich noch mal im April nach Atlin und bringe den Müll raus, hole Benzin rein. Mal sehen, wie das Eis dann ist."

„Das sagst du immer – wie gern du hier bist, aber im Herbst wirst du dann doch wieder hibbelig."

„Ich genieße es ja auch total, wenn ich hier bei dir bin, aber ich brauche einfach mehr. Die ganze Zeit hier sein wie du, das könnte ich nicht. Aber dann kriege ich auch wieder Heimweh, wenn ich unterwegs bin, so nach anderthalb, zwei Monaten."

Ich grinste und drehte meine Beine in die andere Richtung. „Ist ja okay. Wenn wir beide immer hier wären, würden wir uns ganz schön auf den Keks gehen, glaub ich!"

„Ja, das halte ich auch für möglich", lachte Chris.

„Vielleicht ist das auch ein Grund, warum viele Leute auf die Dauer nicht in

Der dem Wolf pfeift

der Wildnis leben bleiben. Wenn man ständig aufeinander hockt, ohne andere Menschen zu sehen ..."

„Hm. Meist zieht wohl auch einer hauptsächlich wegen dem andern mit in den Busch, ohne da unbedingt leben zu wollen. Und ganz allein ... dazu muss man wirklich gemacht sein." Der schweißüberströmte Körper von Chris glänzte im fahlen Licht, als er aufstand, um Wasser auf den Ofen zu spritzen. Laut zischend verdampfte es, verdichtete sich in eine fühlbare Hitzewelle.

Auf meinem Bauch glitzerten kleine Bäche von Schweiß. Langsam wurden sogar meine Füße warm. „Das wäre auch nichts für mich. So die paar Monate allein zu sein finde ich klasse, aber permanent, wie der John ... das wäre mir zu einsam. Wobei, man kann es sich im Voraus eh nicht vorstellen, wie es eigentlich ist, oder?"

„Nicht so richtig. Ich glaube, oft kommen Leute auch direkt aus einem normalen Stadtleben in die Wildnis", sagte Chris und streckte sich aus, bis seine Fußsohlen die gegenüberliegende Wand berührten. „Haben sicher viel gecampt, vielleicht auch irgendwelche extremen Survivaltouren gemacht. Aber eben trotzdem keine Erfahrung mit dem Hausbau, Feuerholz beschaffen, permanent ohne Strom und fließend Wasser zu leben, keine Restaurants, Freunde, Werkstätten und Geschäfte in der Nähe zu haben. Auf Touren kommt man ohne das ja auch aus, aber halt zeitlich begrenzt. Dann ist man wieder daheim und kann seinen Nachholbedarf decken. Ich glaube, am leichtesten scheitert man an dieser Menge von täglichen kleinen Dingen, die für sich genommen gar nicht weiter schlimm sind – wenn man erst mal dran gewöhnt ist. Aber von heute auf morgen ist es einfach eine zu große Umstellung, die Isolation, und ohne Netz und doppelten Boden plötzlich lauter ungewohnte Sachen machen zu müssen. So viel Neues auf einmal lernen zu müssen. Das ist doch eine totale Überforderung!"

„Hm-m." Ich drehte mich weiter vom Ofen weg und wischte mir den Schweiß vom Gesicht. „Ich denke, wir hatten vielleicht durch die Jahre in Atlin nicht nur eine ganz gute Vorbereitung, sondern auch weniger Illusionen. Der Alltag ist ja nicht weiter spektakulär. Tagein, tagaus Wasserkanister zu tragen, Holz zu sägen und spalten, wochenlang ohne etwas auskommen zu müssen ... Es steht nicht ständig irgendein Wildtier vor der Tür, und mit einem Garten und Hunden ist man auch angebunden. Puh, ich muss mich jetzt aber echt abkühlen gehen, sonst zerfließe ich!"

Von der Hitze benebelt, angelte ich nach meinen Sandalen und nahm das Handtuch mit hinaus. Mein Körper dampfte in der kühlen Winterluft. Ich warf mein Handtuch auf den Holzstapel vor der Sauna und inspizierte den Schnee nach verstecktem Geäst, aber es schien alles sicher zu sein. Dann ließ ich mich rückwärts in den Schnee fallen.

„Aaaaaah! Oh, oh, ist das kalt! Aaaaah!" Wie tausend kleine Zecken biss die Kälte in meine Haut, brannte sich in meinen Rücken und die Beine. Im Nu

Der dem Wolf pfeift

stand ich wieder senkrecht. Die Saunatür quietschte auf und der krebsrote Kopf von Chris spähte hinaus.

„Du bist doch nicht ... hast du dich im Schnee gewälzt?"

„Gewälzt nicht, nur reinfallen lassen", keuchte ich. „Oh, oh, ist das kalt jetzt!" Bibbernd wickelte ich mich in mein Handtuch ein und hüpfte auf und ab. „Komm, du auch!"

„Ich spinne doch nicht! Ich wasch mich schön hier drinnen mit Wasser ab!" Chris zog die Tür wieder hinter sich zu.

Mein ganzer Körper fing an zu glühen. Ich nahm das Handtuch wieder ab, griff mir zwei Handvoll Schnee und rieb sie mir über die Haut. Sofort schmolz der Schnee und lief in Rinnsalen an meinen Beinen hinunter. Ich ließ das Wasser an mir verdampfen und drehte eine Pirouette nach der andern, bis ich trocken war – trocken und kalt. Schnell stapfte ich in die Sauna zurück. Angenehm warm kam es mir drinnen vor, überhaupt nicht heiß.

„Soll ich noch mal Holz nachlegen?" Chris saß sauber gewaschen auf der Bank und wartete darauf, dass er trocknete.

„Ach, ich glaub, das reicht mir eigentlich auch. Jetzt muss ich nur noch wieder warm werden."

Chris reckte sich und hüllte sich in seinen Bademantel, stieg in die Gummistiefel. „Ich geh dann schon mal rüber." Ein Schwall kalte Luft flutete in die Sauna, als er die Tür aufmachte.

„Brrr, lass sie doch nicht so lange ..."

„Da ist Verkehr!" Chris schmetterte die schwere Holztür ins Schloss und knirschte im Sturmschritt durch den Schnee davon.

„Was? Schneemobile?" Aufgeregt stürzte ich ans Fenster. Menschen! Ich konnte nur einen kleinen Ausschnitt des hinter Bäumen versteckten Sees sehen. Nirgendwo schien sich etwas zu bewegen, aber das Dröhnen von Motoren drang nun auch an meine Ohren. Hastig fuhr ich in meine Kleidung, die Stiefel, schnappte mir mein Handtuch und lief nach draußen.

In meinem Kopf überschlugen sich die Gedanken, mein Herz hämmerte wie wild. Bloß nicht herkommen, dachte ich, dann: Die fahren sowieso nur vorbei. Ich lief zur Cabin hinüber, meinen Blick auf den See geheftet. Chris stand bereits mit dem Fernglas vor den Augen und beobachtete die zwei Maschinen, die brummend gen Norden fuhren.

„Einer mit Schlitten dabei. Zwei Leute auf der andern Maschine", kommentierte er knapp. „Wahrscheinlich fahren die eine Runde von Atlin und durch den Moose Arm wieder zurück."

Hermetisch abgeriegelt gegen die klare Luft und Stille dröhnten sie in ihrer Wolke aus Lärm und Abgasen vorbei. Chris war ebenfalls unruhig, und ich ahnte, warum. Nachdem in einem Winter jemand nur wenige Kilometer entfernt von uns illegal Würgeschlingen ausgelegt und darin mindestens zwei Wölfe getötet hatte, nahmen wir nicht mehr automatisch an, dass aller Schneemobilverkehr

Der dem Wolf pfeift

Die Wolfsfalle eines Wilderers

ein harmloses Freizeitvergnügen war.
Es war legal, mit einer Jagdlizenz Wölfe zu erschießen, doch durfte man die Tiere nicht mit Schneemobilen hetzen, und das Schlingenlegen war einzig registrierten Trappern vorbehalten, von denen es bei uns keinen gab. Da der zuständige Wildhüter als einsamer Mann für ein Gebiet von mehreren tausend Quadratkilometern zuständig war, wurden Gesetzesverstöße nicht unbedingt bemerkt.

Ich war nicht überrascht, als Chris auf dem Weg in die Cabin sagte: „Ich fahr gleich mal raus um zu gucken, was die da treiben. Man weiß ja nie." Unsere Hundemeute drängelte sich an uns vorbei, als Chris die Tür aufmachte, und rannte bellend in Richtung Schneemobilverkehr los.

„Okay. Nimmst du das Funkgerät mit?"

„Ja. Ich will nur mal sehen, wo die hinfahren und ob sie irgendwas am Waldrand gemacht haben. Sicher ist sicher." Chris zog sich eilig seine Wintersachen an. „Wenn ich in einer Stunde nicht wieder da bin, mach mal das Funkgerät an. Wo hab ich meine Handschuhe? Ach, da." Er ging, um das *Skidoo* anzulassen. Ich wanderte unruhig in der Cabin umher, schaute aus dem Fenster, obwohl dort nur die übliche Aussicht auf den See zu sehen war: Das schön geschwungene Bergtal im Südosten, über das die Nachmittagssonne flutete, und die Bergzacken im Süden. Hoffentlich nicht wieder Wilderer. Mist. Die Außenwelt war da.

Von draußen kam das Gurgeln des Motors, als Chris am Anlasserseil zog, dann dröhnte das Schneemobil laut auf. Einen Moment später knatterte er am Fenster vorbei und den Hang zum See hinunter, wo seine Figur schnell kleiner wurde.

Ich holte Hefe und Mehl hervor und begann unruhig, Pizzateig fürs Abendessen zu machen. So war das, wenn man wieder mit der Welt verbunden war: Unser Eremitendasein bekam eine neue Dimension, die vielschichtig, kompliziert, fragwürdig war. Diese Veränderungen, die mit den Jahreszeiten einhergingen, machten mir Mühe – in der Wildnis, in deren Alltag nicht viel Neues geschah, war etwas Ungewohntes jedes Mal wie ein Schock. Ich stellte den Teig warm und kippte mir Wasser über die Hände, wusch die Mehlreste ab. Draußen sah alles so still und friedlich aus, als hätte es nie Schneemobilverkehr gegeben.

Chris war bald zurück. Nervös versuchte ich, von seinem Gesicht abzulesen, ob er gute oder schlechte Nachtrichten hatte.

„Die sind schon weg und haben nicht mal bei den Inseln angehalten. So viel Zeit haben sie ja auch nicht mehr, bis es dunkel wird." Er lächelte mir beruhigend zu, während er sich die Handschuhe auszog und seine Stiefel aufband.

„Na, dann ist ja gut." Erleichtert atmete ich auf und öffnete eine Dose Tomatenmark für die Pizzasoße. Mein verkrampfter Magen entspannte sich langsam wieder. Nur harmlose Freizeitfahrer!

„Kennen sich immerhin auch gut genug aus, um das dünne Eis zu vermeiden", sagte Chris. Nicht weit von uns waren zwei Stellen, an denen der See aufgrund einer starken Strömung nicht sicher gefror und wo ein schweres Schneemobil Gefahr laufen konnte einzubrechen. „Wo die wohl noch hinfahren?"

„Hm. Sehen wir ja. Zumindest die Spuren. Lass sie halt durch die Gegend brettern", sagte ich. Solange es keine Wilderer waren, die aus perversem Genussgefühl Wölfe töteten, interessierten mich die Details nicht. Wenn man wollte, ließ sich relativ leicht herausfinden, wer auf dem See unterwegs war, da die Leute entweder in Atlin oder im noch kleineren Tagish starteten. Bei so wenig Menschen in der Gegend kannte über drei Ecken jeder jeden und alles wurden von den Dörflern mit viel Interesse beobachtet – es trug sich ja sonst nicht viel zu.

Ich durchspielte die kurze Sequenz der vorbeifahrenden Schneemobile immer wieder, schob das Bild in meinen Gedanken hin und her, gewöhnte mich langsam daran. Verkehr. Es würde sicher noch mehr in den nächsten sechs Wochen vorbeikommen, bis das Eis zu tauen begann und zu gefährlich wurde. Dann würde für etwa anderthalb Monate Ruhe sein, bis sich schließlich die ersten Boote auf dem See einfanden. Etwas sehnsüchtig dachte ich an mein abgeschiedenes, unerreichbares Nebelparadies.

Auf dem Weg zur Spurensuche

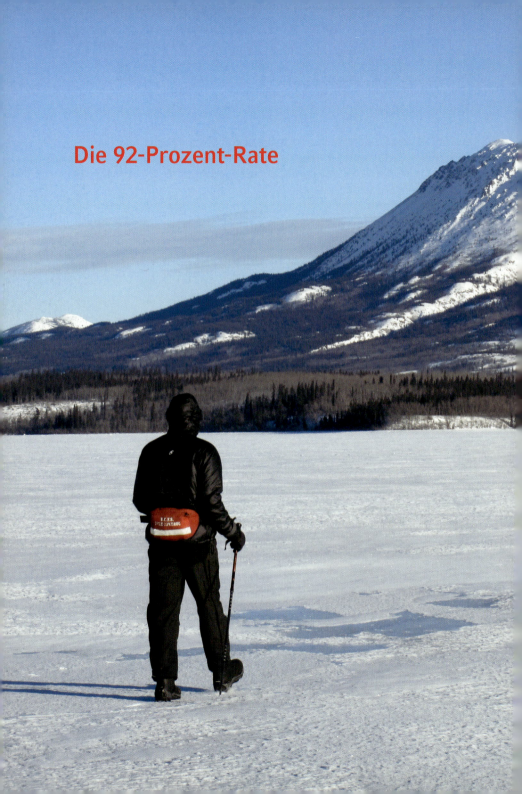

Die 92-Prozent-Rate

Spaziergang auf dem See

Die 92-Prozent-Rate

Tagish Lake, 10. April: Trompeterschwäne auf der Durchreise.

Angewidert blickte ich auf die winzigen Pfotenabdrücke, mit denen der Styroporsitz unseres Plumpsklos braun tätowiert war. Das Braun konnte nur aus der Grube darunter stammen, in der es jetzt wie überall tagsüber taute, und die Spuren waren die eines Hermelins. Beständig tröpfelte unter der inzwischen auf Wadenhöhe zusammengefallenen Schneedecke das Schmelzwasser zum noch immer solide gefrorenen See hinunter. In der Sonne, die nicht mehr blass und schwächlich wie im Dezember schien, sondern ihre Wärme durch unsere Kleidung bis auf die Haut spürbar machte, lag bereits all das Versprechen des Sommers.

Im Laufe der Nachmittage taute die oberste Schnee- und Eisschicht des Sees regelmäßig zu Schlammkonsistenz auf, nur um über Nacht erneut zu gefrieren. Unsere Morgenspaziergänge auf dem See waren herrlich: Unbehindert von *overflow* und Schnee konnten wir auf dem grobkörnigen Eis laufen, wohin wir wollten. Die Trampelpfade im schattigen Wald reizten uns nicht mehr oft. Wir waren sonnensüchtig geworden, konnten nicht genug bekommen von dem großzügigen Licht und gingen meist auf dem See spazieren. Der Nachteil der Schmelze war allerdings, dass wir ab der Mittagszeit kaum noch irgendwo hin konnten, da wir überall im weichen Schneematsch versanken.

Den Hunden erging es inzwischen auch nicht besser. Für ein paar kurze Wo-

Auf dem See kann man nun herrlich laufen

Die 92-Prozent-Rate

chen hatte sich in den Nächten, in denen es noch bis zu minus 20 Grad kalt wurde, auf dem Schnee eine harte Kruste gebildet, die ihnen das Laufen abseits der Pfade möglich gemacht hatte. Seit Dezember waren sie fast nur noch auf unseren festgetretenen Pfaden unterwegs und hatten plötzlich ihre Freiheit wiederentdeckt: Auf dem verharschten Schnee konnten sie plötzlich querfeldein durch die Bäume gehen. Beifallheischend hatten sie Blicke auf Chris und mich geworfen, während sie mit gebeugten Beinen und vorsichtig gespreizten Zehen wie Schmidtchen Schleicher ihre Runden zogen. Nun jedoch trug der Schnee auch die Hunde nicht mehr.

„Lecker." Mit gerümpfter Nase trat ich den Rückzug aus dem Plumpsklo an. Auf dem Weg zur Cabin schauten schon die ersten dunklen Steine und Felsen aus dem Schnee hervor, der sie seit fast einem halben Jahr bedeckt hatte. An sonnigen Südhängen versahen die ersten wilden Krokusse das Einerlei aus Braun und Weiß mit lila Farbtupfen.

„Das Hermelin hat den ganzen Klositz mit Scheiße beschmiert", sagte ich zu Chris, der am Computer saß. Missmutig griff ich mir einen Wassereimer und das Spülmittel.

„Mm, wie schön … ist richtig was los draußen! Eben wäre fast wieder eine Dachsammer gegen das Fenster geflogen." Chris' von hellen Kreisen umrahmte Augen hoben sich dramatisch von seinem gebräunten Gesicht ab. Die letzten zwei Monate hatten uns eine Skifahrerbräune beschert, da es ohne Sonnenbrille draußen kaum auszuhalten war – so grell warfen die schneebedeckte Landschaft und die Fläche des Sees, die durch keine schattenwerfenden Bäume aufgebrochen war, das Licht zurück.

Die Seidenschwänze kehren zurück

„Ja, die Invasion der Vögel … hast du noch lange am Internet zu tun?"

„Eigentlich nicht. Willst du gleich ran? Strom ist noch da, jetzt mit der vielen Sonne."

„Ja, ich mache nur kurz die Schweinerei im Klo sauber." Ein Schwarm Birken- und Fichtenzeisige stob von einem gelben Fleck im Schnee auf, als ich wieder hinausging. Die Stelle, an der Chris pinkeln ging, erfreute sich großer Beliebtheit unter den Vögeln, die daran so eifrig her-

Gefiederter Farbklecks

Die 92-Prozent-Rate

Sonniger Spaziergang

umpickten, als hätten wir Vogelfutter ausgestreut.

Jeden Tag kamen neue Zugvögel an. Der Wald und die Wildwiesen, die so lange nichts außer Rabengekrächze, Meisengezwitscher, dem Glucksen von Rebhühnern und Gekecker von Meisenhähern gekannt hatten, bevölkerten sich zunehmend mit Amseln, Juncos und Spatzen. Die Singvögel wurden von den großen Räubern beschattet, die sich von ihnen auf der Migration ernährten: Habichte und Bussarde, Adler und Falken kreisten über dem langsam aus seinem Winterschlaf erwachenden Land. Auch die Bären mussten allmählich wieder aktiv werden.

„Ist das was, wofür du bezahlt wirst?", fragte Chris, als ich mich nach getaner Putzarbeit an den Computer setzte. Er war dabei, CDs in die Fenster zu hängen, um die aufgeregte Vogelschar vor Genickbrüchen an den Scheiben zu bewahren. Unsere Gartensetzlinge, die wir aus Samen gezogen hatten, lehnten sich auf allen freien Flächen in der Cabin sonnenwärts: Tomatenschösslinge, dunkelgrüne Zucchini- und Kürbispflanzen sowie kleine Töpfe mit Blumenkohl.

„Nee, das sind bloß ein paar Bäreninfos für diese eine Survival-Webseite. Da sind sie schon wieder am Diskutieren, was für eine Knarre man am besten im Wald dabei hat." Ich loggte mich ein.

„Echt? Ich dachte, das sind alles welche, die auf primitive Überlebenstechniken

Die 92-Prozent-Rate

stehen? Die dürften doch gar keine Waffe dabei haben wollen?" Chris grinste.

"Ach, Quatsch." Ich schüttelte den Kopf und starrte auf den Bildschirm. "Die meisten Leute, die die Infos nutzen, scheinen ganz normale Wochenendcamper zu sein oder kurze Touren zu machen. Und da fragen eben immer welche, wie gefährlich denn nun die Bären sind und was für ein Gewehr sie am besten neben ihren Schlafsack legen sollen. Ich hatte ja gehofft, darüber vielleicht noch Leute zu finden, die auch im Busch leben, aber da war nur der eine Typ in Alaska, der Trophäenjagd macht. Mit dem hatte ich mir auch nichts weiter zu sagen." Ich klicke den Ordner an, in dem

Umzingelt von Technik

ich diverse Bärenstudien von Biologen gespeichert hatte. Unsere Freunde in Atlin hatten zwar in jüngeren Jahren auch eine Weile in der Wildnis gelebt oder interessierten sich sehr dafür, aber enge, ganzjährig aus Naturliebe im Wald lebende Freunde hatten wir nicht – nur ein paar lose Funk- und Internetbekanntschaften. Der Exotenstatus des Wildnislebens gefiel mir nicht; ich hätte gern mehr Menschen mit ähnlicher Einstellung dem Land gegenüber gekannt, die irgendwo in der Einsamkeit hausten und mit denen ich über die alltäglichen Dinge wie Gummistiefel flicken und Spuren lesen reden konnte. Aber da die Funkfrequenzen, in die man früher einfach reingehört und so andere Leute im Busch "kennengelernt" hatte, immer mehr verwaisten, war es äußerst schwierig, andere Waldbewohner ausfindig zu machen – geschweige denn in solchen Mengen, dass sich gute Freunde darunter finden ließen.

"Meinst du, das bringt was, wenn du irgendwelche Studien zitierst?" Chris setzte sich neben mich aufs Sofa und spähte auf den Bildschirm.

"Nö, so für sich genommen nicht. Aber es sind ja noch ein paar Leute in Nordkanada und Alaska öfter auf dem Forum, die noch viel länger als wir mit Bären ums Haus leben, und von denen befürwortet auch kein Einziger, sofort zum Gewehr zu greifen. Diese Vorstellung von der 'gefährlichen Wildnis' scheint hauptsächlich denen im Kopf herumzuspuken, die es ganz einfach gruselt. Oder es sind Leute, die denken, mit einem Gewehr sei es sicherer im

Die 92-Prozent-Rate

Wald. Den Studien selbst glauben die auch nicht unbedingt. Aber wenn da zum Beispiel der eine Typ aus Alaska erzählt, wie er jeden Frühling Grizzlys im Garten hat oder wie ihn ein Bär umgerannt hat und über ihm stand – und der als ehemaliger Buschpilot und Guide für Trophäenjäger sagt, er benutzt lieber Pfefferspray – das scheint schon einen Einfluss zu haben. Von daher hab ich mir gedacht, ich bring einfach beides zusammen – die Statistiken von Biologen und die persönlichen Erfahrungen. Untermauert sich ja gegenseitig."

„Hm." Chris sah skeptisch aus. „Ob das was nützt?"

„Keine Ahnung, ich bin ja auch keine Expertin", wehrte ich ab. „Aber jeden Frühling werden dieselben Bärenfragen gestellt."

Es ging mir hauptsächlich um Bärenpfefferspray, das in den meisten Begegnungen ein viel besseres Mittel zur Konfliktlösung ist als eine Schusswaffe. Bären wagen nur selten einen Angriff mit sofortigem Körperkontakt, sondern geben fast immer äußerst imposanten Scheinangriffen den Vorzug, wenn ihnen jemand zu nahe kommt, sie überrascht werden oder sich mehr Platz verschaffen wollen. In dem Moment jedoch, in dem ein wütender Bär auf einen losstürmt, würde wohl so ziemlich jeder zur Waffe greifen, der ein Gewehr oder Pistole dabei hat.

Die Brigham Young University hat Bärenangriffe und -begegnungen in Alaska zwischen 1985 und 2006 ausgewertet. Das vielleicht überraschende Ergebnis war, dass starkes Pfefferspray in 92 Prozent der Fälle die Situationen ohne gefährliche Verletzungen oder Todesfälle für den Menschen beendete. Dagegen ging es in nur 67 Prozent der Fälle, in denen auf den Bären geschossen wurde, ebenso glimpflich aus.

Zu einem Scheinangriff oder auch ernsthaften Angriff kommt es meist nur, wenn Mensch und Bär sich bereits nahe gegenüberstehen. Da ein Bär auf kurzen Strecken die Geschwindigkeit eines Rennpferdes entwickelt, ist kaum genügend Zeit da, mit einer Schusswaffe so zu zielen, dass ein einziger Schuss den Bären töten kann. Weil Bären selbst in Rage einen sehr langsamen Herzschlag haben, können sie sich auch schwer verletzt noch eine geraume Weile verteidigen.

Der Mensch, der schießt, erklärt dem Bären den Krieg – sagt eindeutig, dass er sich nicht auf einen Bluff einlässt und nimmt dem Tier zudem nicht, wie es das Pfefferspray tut, die Orientierung. Ein angeschossener Bär, mit seinem Aggressor klar vor der Nase und den Augen, verteidigt meist sein Leben – oft mit ernsten Konsequenzen für den schusswaffenbewehrten Menschen.

Pfefferspray hingegen greift die Augen und Atemwege an, ohne einen bleibenden Schaden anzurichten und verwirrt den Bären kurzzeitig, da sein Geruchs- und Sichtsinn eingeschränkt sind.

Ich lehnte mich zurück und sah Chris an. „Hm … Ein Bär verhält sich zwar, wie es für Bären typisch ist, aber er hat ja auch persönliche Erfahrungen gemacht.

Die 92-Prozent-Rate

Unsere Naturbuchsammlung wird immer wieder zu Rate gezogen

Ist vielleicht angeschossen oder von Menschen gefüttert worden und sieht uns entsprechend als Gegner oder Futterquelle ... und selbst ein Bär hat mal einen schlechten Tag und ist ungeduldiger oder aggressiver, als er es normalerweise wäre. Das muss man auch bedenken."

Chris überlegte. „Bei jungen, unerfahrenen Bären weiß man auch nicht so recht. Den ersten Sommer ohne ihre Mama bauen die schon am ehesten Unsinn. Oder ein mageres Tier – die sind natürlich potenziell gefährlicher, weil risikobereiter. Wenn sie sich nicht etwas zu fressen zu beschaffen können, haben sie keine Überlebenschance. Und in den Nationalparks oder Orten sind die Bären schon anders drauf, mehr an Menschen gewöhnt. Guck mal, was wir in Atlin für Probleme mit Bären hatten, im Gegensatz – "

„Hä, was für Probleme denn?", unterbrach ich ihn stirnrunzelnd.

„Na, du hattest den, der dir immer den Hühnerauslauf runtergetrampelt hat! Und einmal den, der in deinen Schuppen eingebrochen ist und da die ganzen Bücherkisten herausgeholt hat. Und bei mir hatte einer die Schneeziegenkeulen aus der Garage gestohlen. Außerdem noch der, der zweimal das Fenster in der Haustür eingedrückt hat!"

„Ja gut, aber ist ja nicht so, dass uns in den ganzen Jahren in Kanada jemals einer angegriffen oder auch nur ernsthaft gedroht hat!" Ich musste beim Ge-

Die 92-Prozent-Rate

Ein junger Schwarzbär

danken an meine lädierten Bücher lachen. Ausgerechnet den Einband einer Autobiographie über das Leben in Alaskas Wildnis hatte der Bär mit seinen Klauen zerkratzt. Eine passende Widmung.

„Das stimmt schon, ich meine nur – hier draußen haben wir bisher ja rein gar keine Schwierigkeiten gehabt. Toi, toi, toi. Und das, obwohl wir jeden Herbst die Elchkeulen hier hängen haben. Weil die Bären noch 'wild' sind, nicht so an Menschen gewöhnt und daran, dass in Häusern was zu holen ist. Und da weiß ich halt nicht, auf was für Bären die Leute von der Webseite stoßen würden." Chris wiegte bedenklich den Kopf.

„Hm ... aber dann hat man trotzdem noch die Körpersprache des Bären. Daran kann man ja sehen, ob der sich dominant, aggressiv oder wie auch immer verhält. Ist ja nicht anders als mit Hunden."

„Pfff ... wenn man zum ersten Mal einen Bären sieht?"

„Natürlich ist das nicht so leicht, aber es geht mir ja im Grunde nur darum, dass man sich nicht so gruseln muss, wenn man im Wald unterwegs ist! Eine Dose Pfefferspray dabei, keine Lebensmittel für Bären erreichbar aufbewahren und gut ist es. Und wie oft sieht man überhaupt einen Bären, wenn man ein paar Wochen lang auf irgendeinem Campingtrip ist? Ich gebe einfach noch ein paar Links zu andern Webseiten an, auf denen Videos von Bären mit Erklärungen dabei sind. Klar ist das trotzdem nur graue Theorie. Aber vielleicht besser als nichts."

Ich starrte wieder auf den Computerbildschirm. Wir tendieren so leicht dazu, Bären und andere Raubtiere durch unsere instinktive Angst vor ihnen zu interpretieren. Ganz wie jemand, der sich vor Hunden fürchtet und einen auf sich zu laufenden Hund meist als angriffslustig sieht, neigt man dazu, das Verhalten von Bären sofort als aggressiv abzustempeln, bloß weil man es nicht versteht und es einem Angst macht.

Dabei kann man ebenso wie Hunde und andere Tiere auch Bären besser verstehen lernen. Die Schwierigkeit besteht bloß darin, mit scheuen Wildtieren genügend Begegnungen zu haben, um ihr Verhalten entschlüsseln zu können. Inzwischen gibt es jedoch recht gutes Informationsmaterial, das mehr Hintergrundwissen über die Körpersprache und das Verhalten von Bären vermittelt. Wer sich darauf einlässt, Bären nicht als unberechenbare Raubtiere zu sehen oder (das andere Extrem) als kuschelige Teddys, und seine Bärenbegegnungen nicht mehr ausschließlich durch die eigene Angst zu interpretieren, dem eröffnet sich eine ungleich reichere Tier- und Erlebniswelt.

Ich schaue an den Tomatenpflänzchen vorbei auf den schneefreien Fleck vor der Cabin, wo acht kleine Spatzen mit lustigen weiß-schwarzen Käppchen auf dem Kopf nach Grassamen vom letzten Jahr in der Erde scharrten. Die Geschäftigkeit des Sommers lag bereits in der Luft. Der Winter verschwand, schmolz langsam dahin. Irgendwo dort draußen regte sich auch der Bär, dessen Spuren ich Ende Oktober noch im Wald gefunden hatte.

Bärenspuren

Das Eis beginnt zu schmelzen

Der Sommer lässt grüßen

Tagish Lake, 13. Mai: 17 Grad – Hitze!

Kritisch betrachtete ich mein verwildertes Haargestrüpp im Spiegel. Eine Anzahl von Strähnen hing mir in die Augen, hinten im Nacken zeigte ein Zipfel schief zum Kragen meines Pullis und an den Seiten standen Haare wie Flügel über den Ohren ab. Das Resultat jahrelanger selbstverpasster Haarschnitte war über den Winter hinweg zum Albtraum eines jeden Frisörs mutiert.
Je mürber das Eis auf den Seen wurde, desto näher rückte mein Stadt- und Zahnarztbesuch und lenkte meine Aufmerksamkeit auf mein arg vernachlässigtes Äußeres. Wenn ich jetzt zur Schere griff, würden die schlimmsten Löcher, die ich mir dabei unweigerlich verpasste, in den nächsten Wochen noch verwachsen. Mich ohne aufzufallen unter die Menschen zu mischen und so schnell wie möglich wieder zu verschwinden – das war meine Devise. Ich könnte theoretisch auch in Whitehorse zum Frisör gehen, aber dafür würde wegen der vielen Einkäufe einfach die Zeit nicht reichen. Und für die paar Tage im Jahr unter Menschen extra professionell die Haare schneiden lassen? Die Wildnis fragte ja nicht nach einer schicken Frisur. Chris zum Glück auch nicht.
Mit dem Rückspiegel meines alten Autos in der einen Hand und der Küchen-

Entlang der Ufer beginnt das Eis sich zu lösen

Der Sommer lässt grüßen

schere in der anderen kniete ich mich vor unseren großen Spiegel. Sich selbst eine Kurzhaarfrisur zu schneiden war gar nicht so schwer, nur das Schneiden am Hinterkopf war ein Ratespiel. Ich schielte in den Rückspiegel und schnippelte die erste Schneise.

„Sobald das Eis weg ist, fahre ich angeln und fange uns eine frische Forelle! Immer nur der Dosenfraß, ich kann es echt nicht mehr sehen." Chris räumte unsere Teller in die Küche. Wieder mal hatte unser Mittagessen aus Reis, eingemachtem Elchcurry und grünen Bohnen aus der Dose bestanden.

„Hm, da hätte ich auch Appetit drauf – frischen Fisch mit Zitronensaft ... in der Pfanne gebraten ..." Mir lief das Wasser im Mund zusammen.

„Mit Chilisoße! Hoffentlich hab ich noch genügend. Falls es die in Whitehorse diesmal gibt, kauf doch drei, vier Flaschen davon. Im Herbst hatten sie wieder gar keine."

„Kannst du mir das auf meine Liste schreiben? Die fliegt da irgendwo in der Sofaecke herum." Ich drehte den Kopf zur andern Seite und schnitt weiter.

„Und Schrauben haben wir fast keine mehr, außer den kurzen." Chris nestelte unter einem Stapel Bücher nach meiner Einkaufsliste.

„Hm-m." Ich seufzte. Wir teilten uns die Einkäufe auf, doch trotzdem blieb für jeden von uns viel zu besorgen – besonders mir kam es sehr viel vor, da ich im Gegensatz zu Chris nur zweimal im Jahr einkaufen fuhr. Jedes Jahr änderten sich Kleinigkeiten an der Liste, aber meist waren es nur die Mengenbeträge. In manchem Jahr aßen wir mehr Erbsensuppe als in einem andern, mal mehr Reis oder mehr Tomatenmark. Benzin, Propangas, Nägel und Schrauben sowie Lampenöl wollten immer neu gekauft werden, außerdem Material für etwaige Bauprojekte.

Bisher standen auf meiner diesjährigen Einkaufsliste 360 kg Trockenfutter für Koyah, Silas und Blizzard; 50 kg Spaghetti, 4 kg Reis, 30 Dosen Tomatenmark, 14 kg Müsli, 15 kg Haferflocken, 150 Dosen Kondensmilch, 5 kg Trockenerbsen, 2 kg Graupen, acht Gläser Rotkohl, 20 Dosen Spinat, 24 Dosen Erbsen, 24 Dosen grüne Bohnen, 20 kg Cheddarkäse, 10 kg Margarine, ein Kilo Honig, acht Gläser Nutella, sechs Gläser Marmelade, 7 kg Kaffee, 2 kg Erdnussbutter, 15 Kartons Kräutertee, zwei Liter Olivenöl, vier Liter Sonnenblumenöl, zehn Gläser Pesto, 40 kg Mehl, 1 kg Trockenhefe, 15 kg Schokolade, fünf Liter Zitronensaft, fünf Liter Essig, 2 kg Salz, fünfzehn Liter Fruchtsaft, Gewürze und Kräuter, Toilettenpapier, Zahnbürsten, Aspirin, Seife, Tampons, Shampoo, Joghurtkultur, Trockenobst, Nüsse, Papier, Kugelschreiber, Bücher, Schnürsenkel, Tesafilm, Sekundenkleber ... Und das war nur meine Hälfte des Einkaufs. Um den riesigen Warenberg nach Hause zu bringen, heuerte ich entweder ein Wasserflugzeug oder ein großes Boot in Atlin an, das fast die dreifache Ladung unseres Jetbootes transportieren konnte.

„Weißt du schon, wann und mit wem du nach Whitehorse fährst?" fragte Chris.

„Mit Heidi, die hat sich geopfert. Vielleicht nehme ich den Bus hoch für den

Der Sommer lässt grüßen

Die ersten Wildblumen

Der Sommer lässt grüßen

Tag, an dem ich beim Zahnarzt bin und fahre an einem andern Tag nochmals mit Heidi hoch. Aber ich bin mir noch nicht sicher." Mein Spiegelbild starrte mich mürrisch an, als ich die Haarlänge an meiner linken Kopfseite mit der rechten verglich.

„Zweimal nach Whitehorse? Du kannst doch auch noch im August einkaufen."
„Ja, aber wenn ich das meiste jetzt schon bekomme, habe ich beim zweiten Mal nicht so einen Stress! Oh Mann. Immer die blöde Einkauferei." Ich streckte mir die Zunge heraus.

„Aber Heidi siehst du ja auch! Da bleibst du doch sicher ein paar Tage, und Ann, Wayne und Cindy siehst du … Und auf dem Weg raus hast du deinen Kajakurlaub."

„Ach, die Besuche, da freue ich mich auch total drauf. Und aufs Paddeln! Wenn nur der Rest nicht wäre …" Während der ersten zwei Wildnisjahre war ich immer auf dem kürzesten Weg nach Atlin und heim gepaddelt, bis ich mir der Idiotie bewusst wurde, am atemberaubend schönen Südende von Atlin Lake vorbeizufahren, statt dort einen Urlaub einzubauen. Die von Gletschern, Inseln und Bergen geprägte Landschaft ist als Provincial Park geschützt. Da Chris und ich wegen der Hunde und des Gartens nie längere Touren gemeinsam unternehmen konnten, ohne erst einen Haussitter zu engagieren, kam das Kajakfahren außerhalb unserer direkten Umgebung viel zu kurz. So hatte ich schließlich begonnen, mir meine alljährlichen Fahrten in den Ort mit Solo-Kajaktouren zu versüßen. Es war ein wenig wie meine Zeit allein im Winter – nur ich und das Land.

„So, das muss erst mal reichen, sonst kriege ich noch einen permanenten Silberblick. Fühlt sich auf alle Fälle besser an!" Ich wuschelte mir über den Kopf und beobachtete, wie noch mehr Haare auf den Boden rieselten. Nun war ich schon fast stadtfein.

„Zeig mal … hm … schick!" Chris lachte und fuhr mir über den Kopf. „Wie schaut's aus, wollen wir den Garten bepflanzen gehen?"

„Okay. Warte, ich fege nur schnell die Haare zusammen. Die kann ich gleich mit rüber zum Kompost nehmen. Die Samen sind alle in dem großen Umschlag auf dem Tisch, kannst du die nehmen?"

Der noch immer gefrorene See wirkte wie ein verlorenes Überbleibsel der Eiszeit, umringt von saftig grünem Gras, jubilierenden Vogelstimmen und zum Bersten geschwollenen Knospen an den Bäumen. Der Sommer war schon fast im Gange, nur der See schlief noch – auch wenn sich jeden Tag als ein Zeichen des Tauprozesses die Farbe des Eises von weiß am frühen Morgen zu einem hellen flaschengrün am Nachmittag änderte.

Wir nahmen zwei Kanister mit zum Ufer hinunter, an dem sich das Eis immerhin schon von den Steinen abgelöst hatte, und füllten sie mit Wasser. Hinter uns kratzten die Hunde in der Erde und setzten einen würzigen Geruch von Wur-

Der Sommer lässt grüßen

Erste Gartenarbeiten

zeln und verrottetem Laub frei. Keuchend schleppten wir die schweren Fässer an ihnen vorbei den Hang zum Garten hoch – ein Weg, den wir jeder noch fünf Mal machen mussten, um genügend Wasser zur Hand zu haben. Über den sieben Hochbeeten, die wir kniehoch mit Baumstämmen und Brettern eingefasst hatten, staute sich die warme Frühlingsluft. Dichtes Pappelgestrüpp schützte den Garten wie eine Hecke vor dem kalten Gletscherwind, der über den See pfiff.
Chris wich mit dem Kopf einem in den Pfad reichenden Ast aus. „Sweetie, wir brauchen echt eine Wasserpumpe! Kein normaler Mensch bearbeitet einen so großen Garten, wenn man das Wasser eimerweise den Hang hochschleppen muss."
„Ja, eine Handpumpe." Dagegen hätte ich nichts einzuwenden. Chris dagegen schwebte eine Motorpumpe vor.
„Bei der Entfernung und dem Höhenunterschied! Da pumpst du dich aber blöd. Das ist dann genauso anstrengend wie die Kanister tragen. Vielleicht schaffst du das nicht mal! Und die Rohre sind auch teuer. Und im Winter müsstest du das jedes Mal wieder komplett abbauen, damit nichts kaputt geht. Das ist doch Schwachsinn."
Es nicht schaffen! Für wie schwächlich hielt er mich denn? „Aber mit einer rein mechanischen Pumpe hat man weniger Ärger, weil weniger bewegliche Teile drin sind. Es kann nicht so viel kaputt gehen, und ständig mit Benzin zu

Der Sommer lässt grüßen

füttern brauchst du sie auch nicht!" Verärgert setzte ich den Kanister im Garten ab und schüttelte meinen verkrampften Arm. Noch mehr Motoren mit ihrem Lärm und Gestank wollte ich in meinem Wildnisleben nicht haben. Der Generator und Fahrzeugpark von Schneemobilen und Booten waren schon schlimm genug.

„Na, dann versuch doch, mit der Handpumpe die Cabin zu retten, falls hier der Wald brennt! Das ist doch nicht mobil, so ein Teil. Wieso muss ich mich eigentlich immer nach deiner Meinung richten? Bloß weil du keine Motorpumpe willst, gibt's keine, oder was?" Mit Schwung knallte Chris seinen Wassercontainer neben das Gewächshaus, durch dessen Plastikbespannung sich schemenhaft die Tomatenpflanzen, Gurken, Zucchini und Kürbispflanzen ausmachen ließen. Chris' Augen blitzten mich ärgerlich an.

„Wenn der Wald neben der Cabin brennt, setze ich ganz bestimmt nicht mein Leben aufs Spiel, um ein blödes Haus zu retten, egal mit was für einer Pumpe!" Ich zitterte vor Wut. Was für ein dämliches Argument. Und wieso sollte ich mich nach ihm richten? „Ich lebe hier ja wohl auch noch! Du hast doch schon Motorboote, Generatoren, Schneemobile und deine Gefriertruhe! Wo sind denn da die großen Abstriche, die du machen musst?"

„Ja, die Gefriertruhe, ganz toll – die mach ich bloß wegen dir nur ein paar Tage im Jahr an für den Teil vom Elchfleisch, den ich nach Atlin bringe! Sonst hab ich da ja nichts von, weil du gleich immer ein Gesicht ziehst. So wie wir lebt doch heute keiner mehr auf die Dauer im Busch! Finde mal welche, die keinen Generator, keine Wasserpumpe und kein Geländefahrzeug haben! Andere Leute haben sogar noch 'n Fernseher und DVD-Spieler in ihren Hütten."

Entnervt sah ich Chris an, der die Augen verdrehte und pausenlos den Kopf schüttelte. Koyah bohrte nervös seine Nase in meine Hand, unglücklich darüber, dass wir uns stritten.

Ich wandte mich ab und sortierte mit fahrigen Händen die Samenpäckchen, in dem Versuch, mich zu beruhigen. Soll er doch mit seinen Motoren hingehen, wo der Pfeffer wächst. Was wollte er überhaupt in der Wildnis, wenn alles so wie im Ort funktionieren sollte? Okay, Mangold. Mangold in dieses Beet. Erstaunlich große Samen, im Vergleich zu Spinat. Wie weit auseinander zu säen? Ich schaute auf das Päckchen und las die Anleitung, ohne die Buchstaben wirklich zu registrieren. Wie ich diese Streits hasste! Und wir konnten uns weder aus dem Weg gehen noch uns bei Freunden den Ärger von der Seele reden.

Ich holte tief Luft. „Lass uns das ein andermal in Ruhe besprechen, ja?" Nicht, dass mir danach war.

„Pfff ..." Chris seufzte. „Tut mir leid, dass ich laut geworden bin. Aber nie können wir über eine Wasserpumpe reden, nie. Entweder, es passt dir grad nicht, oder wir kriegen uns in die Haare. Das ist doch völlig bescheuert." Im Gegensatz zu meiner Wut war Chris' Ärger schon verraucht.

Ich starrte weiter auf das Päckchen Mangoldsamen. „Weil ich nicht sehe, wie

Der Sommer lässt grüßen

Gewächshausbewässerung mit Schnee

wir uns einigen können. Jeder beharrt auf seinem Standpunkt, und was soll in diesem Fall der Kompromiss sein? Ich hab keine Lust, hier in einem Fuhrpark zu leben. Was hat das mit Wildnis zu tun? Da hätte ich auch in Atlin bleiben können."

„Ach Sweetie", seufzte Chris. „Vielleicht fällt uns ja noch was ein. Ich lieb dich doch und natürlich will ich, dass du hier glücklich bist. Aber ich will nicht mit siebzig immer noch Wasserkanister durch die Gegend buckeln müssen, bloß weil du keine Pumpe haben willst!"

„Das stimmt doch gar nicht", knirschte ich zwischen meinen Zähnen hervor. „Eine Handpumpe will ich doch! Jetzt fang nicht wieder damit an. Hier, willst du die Erbsen pflanzen?"

Chris nahm den kleinen Karton Erbsen aus meiner Hand und gab mir einen Kuss. Ich presste die Lippen zusammen und bohrte mit dem Zeigefinger Löcher für die Mangoldsamen in die Gartenerde. Koyah setzte sich dicht neben mich und beobachtete interessiert, wie ich die Samen in den Löchern verteilte.

„Wir brauchen mehr Erde", sagte Chris. „Wenn der Garten dreifach so groß wäre, könnten wir uns mit Gemüse so ziemlich selbst versorgen."

„Hm-m. Aber dann haben wir ein Problem mit dem Lagern. Ohne Erdkeller könnten wir so viel gar nicht aufbewahren. Und das alles einzukochen – da ist es am Ende billiger, Dosengemüse zu kaufen."

Der Sommer lässt grüßen

Da unser Grundstück sehr felsig war, mussten wir uns unsere Gartenerde buchstäblich im Wald zusammenkratzen oder aus Atlin importieren. Die Stellen, an denen man tief genug für einen Erdkeller graben konnte, waren alle zu weit vom Haus entfernt – unpraktisch und potenziell einladend für Bären.
Ich war mit dem Mangoldbeet fertig und säte im nächsten Beet Broccoli aus.
„Willst du schon mal bewässern?"
„Kann ich machen." Chris tunkte die Gießkanne in eine der Regentonnen, in der noch von der Sonne angewärmtes Wasser war.
Erschreckt zuckte ich vor einem lauten Summen zurück – eine Hornisse? Aber es war nur ein Kolibri. Für eine Sekunde stand der winzige grün-weiße Vogel neben mir in der Luft, den nadelgleichen Schnabel wie einen Zeigefinger auf mein Gesicht gerichtet, die sirrenden Flügel zu zwei Flecken verwischt. Plötzlich flog er ein Stück rückwärts und knatterte im nächsten Moment davon.
„Hast du das gesehen? Die kommen mir immer wie ferngesteuert vor, dir nicht? So ruckartig, wie die sich bewegen."
Chris füllte die Regentonne mit dem Eiswasser aus unseren Kanistern neu auf.
„Der hatte es wohl auf dein rotes T-Shirt abgesehen. So, das war's! Nur noch dein Broccoli. In der Gießkanne ist noch warmes Wasser."
„Prima, danke." Ich streckte langsam meinen Rücken gerade und wusch meine Hände in der Gießkanne, bevor ich auch das letzte Hochbeet mit Wasser berieselte.
Chris kam und nahm mich in den Arm. „Mann, wir haben es so schön hier und streiten uns über so was Blödes wie Wasserpumpen!"
„Hm-m. Garten mit Kolibri und Aussicht auf die Berge. Wenn du bloß nicht so stur wärst!"
„Ich?!"
„Na, immerhin ist der Garten bepflanzt", seufzte ich. „Vermutlich kannst du schon Salat essen, wenn ich in Atlin bin."
Der Sommer war da – der Garten und die damit verbundenen Bewässerungsprobleme, bevorstehenden Exkursionen in die Zivilisation und der furchtbare Jahreseinkauf. Und Wäsche musste ich auch dringend waschen, dachte ich griesgrämig. Ich hatte zwar ein paar stadtfeine Kleidungsstücke in Atlin gelagert, aber wie jedes Jahr war ich mir inzwischen nicht mehr sicher, ob es T-Shirts oder Pullis waren.

Zwei Kolibri umkämpfen den Nektar

Der Grizzlykampf durchs Eis

Der See bricht auf

Der Grizzlykampf durchs Eis

Tagish Lake, 14. Mai: 15 Grad. Das Eis wird mürbe.

Das Eis wird vom Wind ans Ufer geschoben

„Heute ist Badetag", verkündete ich. Hefegeruch durchzog die Cabin.
„Ja? Dann hüpf ich vielleicht nach dir auch noch in die Wanne." Chris kniete auf dem Küchenfußboden und stieß seine Faust in den klebrigen Brotteig. Eine kleine Wolke Mehl hing fast bewegungslos in der Luft und senkte sich dann auf die bebende Nase von Koyah, dessen Blick auf jede von Chris' Handbewegungen geheftet war.
Ich stieg ins Loft hoch und sortierte aus meinem riesigen Berg lang getragener Kleidungsstücke die ärgsten Sachen in einen Rucksack. Der Rest musste noch weiter vor sich hin müffeln; auf ein paar Tage oder Wochen mehr kam es nun auch nicht mehr an.
„So, kommt von euch Kötern wer mit raus? Ich bin dann unten am See, Sweetie." Chris legte ein Küchenhandtuch über die Schüssel mit dem Teig und stellte sie ans sonnige Fenster. „Ich komm in einer Stunde oder so, wenn der Teig gegangen ist."
An unserer direkt am Seeufer auf Steinen aufgebockten Badewanne setzte ich meine Ladung ab. Die heiße Luft flimmerte über dem weiß-grünen, mürben Eis. Paradiesische Zustände: Sonnig, warm, windstill – und noch keine einzige Mü-

cke! Ideal zum Baden, denn entweder die Knie oder der Oberkörper ragten dabei aus dem Wasser; mysteriöserweise ist die nordamerikanische Industrienorm für Badewannen auf Zwerge zugeschnitten.

Mit der Axt zertrümmerte ich die langen, morschen Eiskristalle bei den Ufersteinen, tunkte einen Wasserkanister ein und schleppte ihn zur Badewanne. Neben dem Wasser plätscherten lauter Eiskristalle heraus. Mit etwas Reisig und Pappkartonschnipseln kniete ich mich neben die Wanne und machte einen kleinen Scheiterhaufen darunter. Schnell begann das Feuer an der rußigen Unterseite meines Bade- und Waschzubers zu lecken.

„He, was fresst ihr denn da?" Die Hunde kratzten geschäftig in der Erde, aus der überall die saftigen Spitzen von wildem Schnittlauch ragten. Sie waren aber wohl mehr auf Erde und Graswurzeln aus. Im Wechseltakt schleppte ich mehr Wasser heran und fütterte das gefräßige Feuer mit Treibholz.

Da sich das Eiswasser nur widerwillig erhitzt, vertrieb ich mir die Wartezeit damit, den zarten wilden Schnittlauch abzuknipsen und in den Mund zu stecken. Ich hatte ebenso einen Heißhunger wie die Hunde nach etwas Frischem. Beim Gedanken daran, dass der erste Löwenzahn auf der Wiese bald groß genug zum Ernten sein würde, lief mir das Wasser im Mund zusammen. Und die jungen Schösslinge der Weidenröschen …

Ich zog meine Kleidung aus und legte die beiden Bretter ins Wasser, die dafür sorgten, dass man sich nicht den Rücken und noch sensiblere Teile an dem brühend heißen Emaille verbrannte. Vorsichtig drückte ich das eine mit dem Fuß nieder. Eine Spinnenleiche löste sich vom Holz und trieb träumerisch nach oben, gefolgt von einem Geschwader Holzsplitter. So gut ich konnte, fischte ich das Treibgut heraus und ließ mich vorsichtig auf das breite Brett nieder. Als ich mir das Zweite als Rückenlehne zurechtrückte, sah Koyah mich bekümmert an. Er mochte es nicht, wenn jemand nass war.

„Ist schon okay, ich mache das mit Absicht. Falls das Wasser jemals heiß wird, ist es richtig schön." Der Hund schnüffelte an meiner nackten Schulter und entschloss sich heldenhaft, mich zu retten: Er begann, das Wasser zu trinken.

„Ih, nee, hör auf! Koyah, nein! Hundesabber will ich nicht auch noch mit drin haben." Seine lange rosa Zunge schlabberte immer hektischer. Schuldbewusst hielt er seinen Blick von mir weggedreht, bis ich ihn fortstieß.

„Geh! Koyah, geh!" Eingeschnappt, dass ich seinen vorbildlichen Rettungseinsatz nicht zu würdigen wusste, trollte er sich. Ich wedelte mit den Händen im Wasser herum, um eine

Mannshoch aufgeschobenes Eis

Der Grizzlykampf durchs Eis

Sommerlicher Genuss – baden mit Aussicht

gleichmäßigere Temperatur zu schaffen. Kleine Bläschen stiegen vom Boden auf.
„Ist das denn schon heiß?" Chris kam mit seinem Handtuch über der Schulter den Pfad hinuntergeschlendert.
„Es wird so langsam, ich bin gerade erst rein gestiegen. Hast du das Brot schon im Ofen?"
„Ja. Vielleicht kannst du es ja rausnehmen, wenn du fertig bist." Chris setzte sich auf den Felsen hinter der Wanne und kraulte Moldy an den Ohren.
Mein Blick schweifte über die noch immer tief verschneiten Bergspitzen, zu denen sich die endlosen dunklen Wälder empor reckten. „Hoffentlich hält das Wetter für unseren Campingtrip an!" Wenn der See offen war und bevor ich nach Atlin aufbrach, wollten wir für ein paar Tage zelten gehen. Wohlig räkelte ich mich auf meiner Holzplanke und sah an Chris vorbei zum andern Ufer. „Du, was ist das denn? Da läuft was." Direkt gegenüber bewegte sich ein großes dunkles Tier. Ein wirklich großes.
„Ui, ein Bär! Grizzly, oder?"
„Ja ... ich glaub schon. Mensch, hoffentlich kommt der nicht auf dumme Gedanken und versucht noch, übers Eis zu gehen!"
„Wo du gerade gar gekocht wirst." Chris grinste mich an.
„Nee, aber das Eis hält den doch nicht mehr." Seit ein paar Tagen schon trauten wir uns zum Wasserholen nicht mehr auf das mürbe Eis. Stattdessen füllten wir unsere Kanister direkt am Ufer.
„Na, der wird dann auch ..."
Als hätte der Bär uns gehört, trat er plötzlich vom Ufer weg auf den See hinaus. Ich setzte mich kerzengerade in der Wanne auf und schnappte nach Luft. Für ein

174

Der Grizzlykampf durchs Eis

paar Meter ging es gut, doch dann brach er durch. Nur der Kopf ragte noch aus dem Wasser, bewegte sich auf und nieder. Mit wilden Schlägen auf den Eisrand eindreschend versuchte der Grizzly, wieder aus dem Wasser zu kommen, aber er zertrümmerte nur noch mehr von den morschen Eiskristallen, ohne einen Halt zu finden.

„Der muss da doch wieder raus kommen", sagte ich beklommen zu Chris, der ebenfalls gebannt zum andern Ufer hinüberschaute. Wir würden ihm nicht helfen können. Eine kurze Vision von einem Hubschrauberrettungseinsatz spukte durch meinen Kopf.

Mit wuchtigen Prankenschlägen zerbrach der Grizzly immer mehr Eis in Richtung Ufer, bis es ihm gelang, sich auf ein solides Stück herauszuziehen. In einer glitzernden Wolke schüttelte er Eiskristalle und Wassertropfen aus seinem braunen Pelz und setzte unbeirrt seinen Weg gen Süden fort, die massiven Beine alle Distanz fressend. Ganz dicht am Ufer hielt er sich nun, wo das Eis ihn noch trug.

„Wow, da siehst du mal, wie schwer das sogar für einen Bären sein kann, wieder raus zu kommen! Trotz der Klauen und Kraft!" Auch Chris konnte seinen Blick nicht vom Grizzly lösen, der sich schnell und stetig entfernte, als habe er ein festes Ziel im Sinn.

Nicht nur für Bären ist das mürbe Eis gefährlich

Erleichtert rutschte ich tiefer ins heiße Badewasser zurück und wusch mir den Schweiß von der Stirn. „Nur gut, dass er wieder raus gekommen ist! Das wäre ja schlimm mit anzusehen, wie ein Tier zugrunde geht." Einige Jahre zuvor hatten wir im April ähnliche Ängste um einen Elch ausgestanden, der vor unserer Cabin durchs Eis gebrochen war. Wir waren schon dabei gewesen, eine Rettung mit Seilen und Kettensägen zu planen, als sich das erschöpfte Tier endlich aus eigener Kraft an Land kämpfen konnte.

„Du bist krebsrot im Gesicht, soll ich vielleicht mal das Feuer etwas ablöschen?"
„Ja, jetzt werde ich doch so langsam gekocht. Mensch guck mal, was macht der denn jetzt beim Kliff da unten?"

Ich lehnte mich vom beißenden Rauch weg, den das Feuer auf die Wasserbenetzung hin von sich spie. Der Bär war am Fuße eines Steilhangs angekommen, der fast senkrecht zum See abfiel. Durch die von den Felsen reflektierte Wärme hatte sich das Eis dort schon abgelöst – auf dem See konnte der Bär das Kliff nicht umgehen, höchstens dahinter durch den Wald. Aber ohne auch nur langsamer zu werden, zog sich der Bär wie in einer fließenden Bewegung aus Muskeln und zimtfarbenem Fell die steile Felswand hoch.

„Das ist ja der Hammer – der läuft da einfach so hoch!"

Der Grizzlykampf durchs Eis

Wir sahen kurz noch das breite Hinterteil über die Kuppe wippen, dann war der Grizzly aus unserem Blickfeld verschwunden.

„Wo der wohl noch hin will? Da unten geht's ja auch nicht mehr viel weiter, gleich ist er bei Golden Gate."

„Wahrscheinlich dreht er dann in den Wald ab", vermutete Chris.

„Schön Mensch, der erste Bär des Jahres! Und dann gleich so eine Vorstellung!"

Ich tauchte ein letztes Mal meinen Kopf unter Wasser und stand auf, vorsichtig auf dem Sitzbrett balancierend. Die Rückenlehne dümpelte gegen meine Beine.

„So, du bist dran!"

Chris hatte sich schnell seiner Kleidung entledigt und tauchte testweise einen Fuß ins heiße Wasser. In Sekundenschnelle hatte er ihn wieder herausgezogen.

„Haaaa ... das brodelt ja! Wie kannst du da bloß drin sitzen?"

Ich rieb mich mit meinem Frotteehandtuch ab. „Och, wenn das so ganz langsam immer wärmer wird, merkt man's gar nicht! Ist wohl wie beim Hummer kochen. Tu dir doch noch kaltes Wasser dazu."

Chris stakste nur mit Gummistiefeln bekleidet zum See und füllte den Wasserkanister mit Eiswasser.

„Das gäbe jetzt auch ein gutes Foto", grinste ich und zog mich wieder an.

Nachdem Chris die Badewannentemperatur reguliert hatte, faltete er sich vorsichtig auf dem Sitzbrett in der Wanne zusammen. Sein Oberkörper und die Knie ragten steil aus dem Wasser, aber auf seinem Gesicht breitete sich ein wohliges Lächeln aus, als er sich zurücklehnte.

„Genial! Wir baden viel zu selten."

„Wenn's nur nicht immer so ein langwieriger Akt wäre, und ..."

„Sweetie, da unten – ist das der Bär?" Chris zeigte aufgeregt auf den See hinaus.

Etwa hundertfünfzig Meter weit vom andern Ufer entfernt stand der Grizzly regungslos mitten auf dem Eis, seine Gestalt verzerrt vom Flimmern der warmen Luft.

„Ach du Scheiße. Wie ist der denn da hingekommen? Der will doch wohl nicht noch über den See?" Mein Puls hämmerte in meinen Ohren. Zurückscheuchen konnten wir den Bären ja nicht.

„Das Eis trägt den doch niemals – das ist von der Stelle ja weit über einen Kilometer bis an unser Ufer hier."

Der Bär stand wie eine Statue, bis er sich plötzlich, als hätte er seinen Entschluss gefasst, in Bewegung setzte.

„Der will echt noch rüberkommen!"

Ungläubig starrten wir auf den See. Schon brach der Bär mit seinem Hinterteil durchs Eis, zog sich aber sofort heraus und setzte unbeirrt seinen Weg fort. Keine drei Schritte weiter krachte er erneut durch.

„Der muss es auf die neugeborenen Karibukälber abgesehen haben, oder? Von denen wir da unten die ganzen Spuren gesehen hatten? Meinst du, der kann sie kilometerweit riechen? Der will ja wirklich auf Teufel komm raus hier rüber."

Der Grizzlykampf durchs Eis

Eine Gänsehaut lief mir über den Rücken.

Der Grizzly zögerte nicht mehr. Mit schierer Kraft und Willen erzwang er sich den Weg über das morsche Eis, immer wieder einbrechend. Meist verschwand nur sein Hinterteil im Eis, bis er sich kurz darauf erneut herausgezogen hatte, einige Male krachte sein ganzer Körper ins Wasser. Lange Minuten dauerte es dann, bis er sich auf die unsichere Eisfläche kämpfen konnte.

Chris stand tropfend in der Wanne neben mir. Ich biss nervös an meinen Nägeln – der mit dem Eis kämpfende Bär war schrecklich und gleichzeitig faszinierend anzusehen. So viel Mut, so eine unbändige Kraft und Gewalt. Ich war wie hypnotisiert von seiner Macht.

Durch die letzten zweihundert Meter verrotteten Eises pflügte sich der Grizzly ohne Rücksicht auf Verluste. Mit weit ausholenden Vorderpranken sprang er auf das Eis vor sich, zog seinen schweren Hinterkörper nach, der sofort die langen Kristalle zertrümmerte und im Wasser versank, während die mächtigen Tatzen schon wieder gierig nach neuem Eis griffen. Endlich erreichte er das Ufer, wo er sogleich im Wald verschwand.

„Oh Mann."

„Wow."

Der Bär hatte uns die Sprache geraubt. Mit weichen Beinen ließ ich mich auf den Felsen neben der Wanne sinken, während Chris sich zeitgleich zurück ins Badewannenwasser setzte. Mickrig und weichlich fühlte ich mich im Vergleich zu

Die letzten Eisreste auf dem See

Der Grizzlykampf durchs Eis

dem Bären, der so ungezügelt die wilde Schönheit des Landes verkörperte. Die Luft flimmerte gleichgültig über dem flaschengrünen Eis und die weißen Berge glitzerten unter dem Frühlingshimmel – still, wie leblos lag alles da. Der Bär war so vollständig mit der Landschaft verschmolzen, als hätte es ihn nie gegeben.

In den Tagen nach dem Grizzlykampf durchs Eis bildeten sich stetig mehr schmale Risse und Kanäle, die weit auf den See hinausreichten. Bei Wind verschob sich die gesamte riesige Eisplatte aus mürben Kristallen, langsam, behäbig, gerade so weit, wie es der freigeschmolzene Wassergraben am Ufer zuließ. Die dünnen Äste der jungen Pappeln peitschten in der steifen Brise umher. Zitternd tanzte das zart glänzende Laub, das sich gerade erst entfaltet hatte, an den Zweigen.
Chris blickte an mir vorbei aus dem Fenster. „Du schau mal, da hinten ist jetzt ein richtig großes Loch im Eis! Wenn's weiter so bläst, bricht der See vielleicht heute noch auf!" Aufgeregt zog er sich die Stiefel an und lief hinaus, umdrängt von den Hunden. Ich fuhr in meine Gummistiefel und folgte Chris auf unsere Wiese, in der sich die fröhlich gelben Mauerpfefferblüten zwischen den Gräsern im Wind wiegten.
„Hu, das bläst! Komm, lass uns runter zum Ufer gehen!" Ich nahm Chris' Hand und lief mit ihm den Hang zum See hinunter, wo sich die große Eisplatte näher ans Ufer heranschob, im Millimetertempo und fast lautlos wie ein sich anschleichendes Tier. Mit einem leisen Klimpern und Knistern liefen die vordersten Kristalle auf Grund und fielen nach vorne über, häuften sich blendend weiß zu einem Wall aus Eisspänen. Von hinten drängte die große, grau-grüne Kristallinsel nach, gedrückt vom Wind, der im Süden glitzernd mit dem Stück offenen Wassers spielte.
Aufgeregt liefen Chris und ich mit den Hunden am Ufer entlang, energiegeladen nicht nur von den Böen, die mir in den Haaren zausten. Der See wachte auf! Zwei Möwen, ebenso makellos weiß wie das aufgehäufte Eis, segelten fast ohne Flügelschlag über uns hinweg.

Boot und Angelroute sind wieder in Betrieb

„Komm auf den Hügel", rief Chris, „dann sehen wir, wo schon offenes Wasser ist!" Atemlos kletterten wir auf unseren Aussichtspunkt am Ende des Grundstücks. Eine Amsel machte sich zeternd davon, als sie uns mit dem Hunderudel nahen sah.
Ich hielt Chris eng umschlungen, taumelte mit ihm unter der Wucht des Windes. In der Ferne erstreckte sich ein breiter Wasserstreifen fast von Ufer zu Ufer, und an mehreren

Der Grizzlykampf durchs Eis

Stellen war die Eisdecke auseinandergebrochen, sodass sich Keile offenen Wassers dazwischen gebildet hatten. Unter uns an den Felsen schoben sich immer größere Haufen Eis auf.

„Das wird was, das wird heute noch was", rief Chris mir ins Ohr.

„Muss komisch für die Fische sein, meinst du nicht? Auf einmal ist es wieder hell und gibt jede Menge Sauerstoff."

„Fische – du sagst es! Lass uns den Motor runterbringen und am Boot montieren, dann kann ich gleich Angeln gehen, wenn das Eis weg ist." Chris ließ mich los und pfiff den Hunden.

„Okay." Seufzend folgte ich ihm zum Schuppen, unserem ehemaligen Zeltlager, in dem der Außenbordmotor für das offene Aluminiumboot überwintert hatte. Es war jedes Mal nervenaufreibend, den schweren 25-PS-Viertakter heil in der Schubkarre über den holprigen und steilen Pfad zum See hinunter zu befördern.

„Die Kajaks können wir dann auch noch herunter tragen", sagte ich mit einem Blick auf die beiden Plastikboote, nachdem Chris den Motor hochgewuchtet und liebevoll in die gepolsterte Schubkarre gebettet hatte.

„Von mir aus. Okay, pass auf, dass er nicht zu sehr rutscht oder die Schubkarre kippt." Mit konzentriert gefurchter Stirn schritt Chris über die Schubkarre gebeugt los. Ich lief rückwärts vor ihm her, meine Hände einsatzbereit, falls die schwere Ladung kippen sollte. Unter meinen Füßen sah ich einen dicken Wurzelstock auftauchen.

„Pass auf, mehr nach links!"

Chris lenkte gekonnt an der Wurzel vorbei. Heil am Ufer angekommen, wo das Aluminiumboot auf Holzstämmen aufgebahrt lag, bugsierte Chris die Schubkarre am Heck in Position. „So, wenn du unten über dem Propeller mit heben kannst? Liegt hier irgendwo ein Brett rum, falls wir ihn absetzen müssen?"

Ich schob mit dem Fuß ein Stück Holz zu ihm hin.

„Okay ... auf drei! Eins, zwei, dreeeei!"

Wir wuchteten den Motor über den Rand der Schubkarre in Richtung Boot und hoben ihn an, bis er am Heck saß. Schwitzend rückte Chris ihn zurecht und zog ihn fest.

„Super! Das hat doch gut geklappt."

Eine halbe Stunde später lagen unsere Kajaks einsatzbereit daneben. Die windgeschützte Bucht war allerdings mit Eis gefüllt, ohne einen einzigen wässrigen Riss in Sicht.

Am Abend war der See vor unserem Blockhaus schon so gut wie offen. Einzelne Inseln aus Eis trieben immer noch vorbei, wellten sich sinnlich unter dem Wind, aber rund um sie spiegelte sich der Sonnenschein im Wasser. Zwei Tage später hatte sich der Tagish Lake auf seinen über einhundert Kilometern Länge der Eisdecke entledigt. Die Wellen rauschten wieder an unser Ufer und in den Wäldern waren die Bären unterwegs. 24. Mai: See ist offen, trugen wir in den Kalender ein.

Bären auf Elchjagd

Der Sommer ist da

Bären auf Elchjagd

Tagish Lake, 26. Mai: Windstille.

Im Kajak war ich allein aufgebrochen, um ein paar Stunden südlich von uns Devil's Club Wurzeln auszugraben, einem mit Ginseng verwandten Araliengewächs, das viele Heilkräfte hat. Ein lautes Brüllen ließ mich bei meiner Suche im Unterholz plötzlich erschreckt zusammenzucken. Ein Schwan, eine Gans? Nie im Leben, aber was sonst ...? Angespannt horchte ich. Das Geräusch war vom Seeufer hergekommen. Da kam es wieder, noch lauter, voller Wut – keine zweihundert Meter von mir entfernt, hinter den Bäumen in Ufernähe. Ein Bär? Beklommen kalkulierte ich die Distanz zwischen mir und meinem Boot, das auch dort unten am See lag. Wenn sich nun ein Bär an meinem Kajak vergriff? Mein Herz hämmerte, als ich mich vorsichtig aufrichtete. Automatisch tastete ich nach dem Bärenspray an meinem Gürtel.

Mit dem Kajak unterwegs

So leise wie möglich versuchte ich mich weiter die Böschung hochzuschleichen, auf einen Felsen zu. Vielleicht würde ich von dort sehen können, was los war. In Gedanken fluchte ich, als Zweige unter meinen Stiefeln knackten. Bloß keine Aufmerksamkeit erregen! Dann hatte ich den Hang erklommen und freien Blick auf das Ufer. Unwillkürlich schnappte ich nach Luft.
Neben einer Elchkuh stand ihr winzig kleines, vielleicht ein oder zwei Wochen altes Kalb, das nicht größer war als ein Hund – und keine dreißig Meter entfernt von ihnen sah ich einen riesigen Schwarzbären. Keines der Tiere bewegte sich.

Bären auf Elchjagd

Nervös duckte ich mich wieder. Mist, der Bär wollte das Kalb reißen! Was, wenn die Tiere mich bemerkten und der Bär dadurch eine Chance zum Angriff bekam? Meine Schuld dann, wenn das Kalb gerissen würde. Und wie zum Teufel kam ich bloß von hier wieder weg?
Mit entsichertem Bärenspray und rasendem Puls bewegte ich mich niedrig vorgebeugt am Wiesenrand entlang, um den Abstand zwischen den Tieren und mir zu vergrößern. Der dunkle Bär und die beiden Elche waren allerdings so in ihr persönliches Drama versunken, dass keiner zu mir heraufschaute. Die Elchkuh fixierte den Bären, der Bär das Kalb, und das zimtfarbene Kalb blickte starr vor sich hin.
Am Fuße einer großen Kiefer hielt ich an und kauerte mich gegen den Stamm, verschwitzt und innerlich fluchend. Meine ganze Sympathie gehörte den Elchen. Der Bär sah äußerst gut genährt aus, gar nicht, als habe er den ganzen Winter hindurch gefastet. Warum musste er das kleine Kalb töten, das doch gerade erst sein

Die Kuh versucht, ihr Kalb in Sicherheit zu bringen

Leben begonnen hatte? Und wenn er das Kalb riss – konnte ich dann noch unauffällig an mein Kajak heran? Es lag noch außer Sichtweite der Tiere. Nervös spähte ich hinter dem Stamm hervor.
Die Elche hatten sich nicht bewegt. Die Kuh stand weiterhin wie eine Statue am Wasserrand und das winzige Kalb zwei Meter neben ihr am Ufer. Doch der Bär hatte sich in der Zwischenzeit umgewandt, sein breites Hinterteil den Elchen zugedreht und schien nun völlig damit beschäftigt zu sein, Steine am Ufer umzudrehen und zu beschnüffeln. Unendlich langsam schlenderte er weiter von den Elchen weg, sich von einem Bein aufs andere wiegend, die Nase immer am Boden, hier einen Stein drehend, dort etwas riechend. Es war, als existierten die Elche für ihn nicht mehr. Dann, immer noch wie in Zeitlupe, drehte er sich um. Aber jetzt schienen alle Muskeln angespannt zu sein. Meine Fingernägel gruben sich in meine Handflächen.
Die Kuh lotste ihr Kalb bedachtsam in den See, jede hektische Bewegung vermeidend, bis das Kleine auf ihrer anderen Seite war. Es geschah ebenso langsam, wie der Bär sich bewegt hatte. Grimmig, so schien es mir, folgte sie dem Winzling mit berechneten Schritten ins Wasser und stellte sich zwischen ihr Kalb und den Bären am Ufer.
Mir stockte der Atem. Würde sie versuchen, die fast zwei Kilometer zum gegenüberliegenden Ufer zu schwimmen? So weit und schnell konnte das Kleine doch sicher noch nicht vor dem Bären davonschwimmen!
Die Elche wateten bedächtig ins tiefere Wasser und tatsächlich begann die Kuh,

Bären auf Elchjagd

auf den See hinaus zu lenken. Aber nach gut fünfzig Metern drehte sie wieder bei und schwamm nun parallel zum Ufer entlang, das Kalb mit hochgerecktem Kopf dicht an ihrer Seite paddelnd. Der Bär, der sie stocksteif beobachtet hatte, setzte sich in Bewegung und folgte an Land, den Elchen einen Vorsprung von vielleicht dreißig Metern lassend.

Danke, dass ihr von mir und dem Kajak weggeht. Zumindest in dieser Hinsicht erleichtert schloss ich kurz meine Augen und schmiegte mich näher an den rauen Stamm des Baumes.

Das Ufer endete zweihundert Meter weiter abrupt an einem Steilfelsen, von wo es sich gen Süden in einem Gemisch aus Felsen und Steinen entlangzog. Während ich noch überlegte, ob der Bär beim Steilfelsen wohl auch ins Wasser gehen würde, steuerte die Kuh plötzlich auf das Ufer zu. Sie fiel hinter ihr Kalb zurück, das nun dem Land entgegenschwamm, während der Bär langsam, aber stetig näher kam. Ich schluckte nervös.

Die Elchkuh trat Wasser, bis ihr Kalb das Ufer erreicht hatte. Im selben Moment, in dem das kleine Kalb an Land kletterte, hörte der Bär mit der Zeitlupen-Verfolgungstaktik auf und raste los, um die verbleibenden Meter zwischen sich und dem Kalb zu schließen. Oder er versuchte vielmehr, zu rasen. Anstatt im kraftvollen Bärengalopp hoppelte der Bär nur mäßig schnell auf das Kalb zu – er lahmte auf dem rechten Vorderbein!

Die Elchmutter war nun ebenfalls aus dem Wasser gesprungen und hatte sich sofort zwischen den angreifenden Bären und ihr Kleines geschoben. Flink arbeiteten die Streichholzbeine des Kalbes, als es den Hügel erklomm, die Mutter

Schwarzbär

dicht an seiner Seite rennend. Vergebens versuchte der Bär, die beiden Elche auf dem Steilhang einzuholen. Innerhalb von Sekunden blieb er weit abgeschlagen zurück, während die Kuh mit ihrem Kalb im Wald verschwand.

Ich sank erleichtert auf die Knie. Lauft, ihr beiden, lauft! War das der Grund für das Gebrüll gewesen, das ich gehört hatte? Hatte der Bär schon versucht, das Kalb anzugreifen und stattdessen nur Bekanntschaft mit den scharfen Hufen der Mutter gemacht? Die Vorderbeinverletzung musste neu sein, so beleibt und gesund, wie der Bär ansonsten aussah. Mit Gänsehaut beobachtete ich die lahmende Gestalt des Bären, die unbeirrt den beiden Elchen den Hügel hoch folgte – doch sie waren schon nicht mehr zu sehen.

Allmählich beruhigten sich mein Atem und Puls und ich löste den Klammergriff um die Dose Bärenspray. Nichts wie weg jetzt – nicht, dass sie im Wald ihre Richtung änderten und plötzlich bei mir oder dem Boot auftauchten! Ich

Bären auf Elchjagd

rannte durch das verfilzte Unterholz zum See hinunter, wo mein Kajak lag. In Rekordgeschwindigkeit hatte ich die Paddelschürze und Schwimmweste angezogen, das Boot vom Ufer weggeschoben und war eingestiegen. Erst, als ich einen großen Abstand zwischen mich und die Bucht gebracht hatte, konnte ich mich wieder entspannen. Der zwei Stunden lange Weg nach Hause kam mir wie eine Ewigkeit vor.

Daheim reichte Chris mir unsere Elchbibel, nachdem ich ihm aufgeregt von dem misslungenen Attentat auf das Kalb erzählt hatte. „Hier, guck doch mal, steht da nicht in ein paar Kapiteln irgendwas über Bärenangriffe auf Elche drin?"

Das dicke Fachbuch über nordamerikanische Elche wog fast so viel wie ein neugeborenes Kalb. Ich blätterte im Inhaltsverzeichnis. „Mensch, ich weiß auch nicht ... Die Bären brauchen nach dem langen Fasten vom Winterschlaf ja sicher was Gutes zu fressen. Aber so sehr ich die Bären mag – in der Situation sehe ich lieber das Kalb überleben. Das war echt noch so winzig! Obwohl das natürlich auch nicht ginge, wenn die alle überleben würden, dann würden am Ende welche verhungern." Ich seufzte und überflog das Kapitel über die Beziehung zwischen Elchen und Raubtieren. „Ah, hier: Die größte Sterblichkeitsrate ist in den ersten sechs Lebenswochen ... je nach Bevölkerungsdichte der Bären in einem Gebiet werden bis zu 50 Prozent der neugeborenen Kälber von Schwarzbären und Grizzlys gerissen. Hu, das ist eine Menge! Na gut, bis zu 50 Prozent. Und dann schreiben sie hier, dass verhältnismäßig wenig junge Kälber Wölfen zum Opfer fallen. Das sind nur bis zu 18 Prozent. Na, das wären doch mal Zahlen für die Leute, die immer die Wölfe dafür verantwortlich machen, wenn die Elch- oder Karibuzahlen sinken!"

Spuren von Elchkuh und Kalb

„Da hätte ich aber auch gedacht, dass Wölfe mehr Kälber reißen", gab Chris zu.

„Ja, warte – junge Kälber eben, steht hier. Den Winter über erlegen die Wölfe dann ältere Elche und halbwüchsige Kälber – bei niedrigen Schneeverhältnissen, in denen gesunde Tiere sich leichter verteidigen können, hauptsächlich die Schwachen und Kranken. Bei Tiefschnee, wenn die Elche nur mühsam weg können, reißen sie auch gesunde Elche."

„Aber ja wohl nur im Spätwinter, wenn schon eine vereiste Kruste auf dem Schnee ist, die einen Wolf trägt? Sonst pflügen die Wölfe da doch genauso mühsam wie die Hunde durch."

„Davon sagen sie nichts, aber das denke ich auch. Ui, und hier steht noch,

Bären auf Elchjagd

dass Grizzlys sich nicht scheuen, einen ausgewachsenen Elch zu schlagen, aber bei Weitem nicht in der gleichen Anzahl, in der sie Kälber reißen. Oh je, na hoffentlich bekomme ich das nie zu sehen!" Ich klappte das Buch mit seinen Tabellen, Statistiken und Studien wieder zu.

Am eindringlichsten hatte sich mir die Ruhe bei dem Drama eingeprägt. Keines der Tiere hatte hektisch oder mit Panik reagiert. Besonnen waren nicht nur die Elche, sondern auch der Bär vorgegangen. Eine gute Lektion, dachte ich, und wusste nicht, dass ich keine Woche später auf unserem Campingtrip Gelegenheit haben würde, sie zu üben.

„Los, Koyah, hopp. Rein ins Boot!" Ungeschickt kletterte der Hund vom Bootssteg zu mir ins offene Aluminiumboot. Ich lotste ihn an den anderen drei Hunden und den wasserdichten Säcken mit unserer Campingausrüstung vorbei nach hinten, wo ich ihn vor meiner Bank Platz machen ließ.

Auf in den Urlaub

„Alles okay?" Chris löste bereits die Vertäuung vom Steg los und stemmte sich gegen unsere schwer beladene, fünf Meter lange Nussschale.

„Ja. Falls wir was vergessen haben, ist es eh egal. Hier passt gerade du noch rein!" Mit Schwung sprang Chris an Bord und bahnte sich zielsicher seinen Weg zum schon warmlaufenden Außenbordmotor. „Na, dann wollen wir mal." Er lächelte mir zu.

Langsam tuckerten wir aus unserer geschützten Bucht auf den See hinaus in die Ferien, auch wenn sie wegen des Gartens nur ein paar Tage währen würden.

Ein Haussitter wäre schön, dachte ich sehnsüchtig, dann könnten wir länger weg, sogar auch mit den Kajaks. Doch woher nehmen und nicht stehlen? Vier Hunde im Griff zu haben war etwas anderes, als sich um einen oder zwei zu kümmern, und Blizzard mit seinen 15 Jahren brauchte extra Aufmerksamkeit. Dazu das anstrengende Wasserholen für den Garten, das nicht unkomplizierte Kommunikations- und Stromsystem und die ständige Chance, auf einen Bären oder andere Wildtiere zu treffen. Es müsste im Grunde jemand sein, der auch so lebte wie wir. Und der bräuchte vermutlich selbst einen Haussitter mit den gleichen Qualifikationen, um überhaupt weg zu können.

Der Fahrtwind fuhr mir kalt durch die Haare. Ich mummelte mich tiefer in meine warme Jacke und Schwimmweste. Die zarten Blätter der Zitterpappeln glühten apfelgrün im Sonnenschein, aber ein letzter Hauch vom Winter schien nach wie vor in der Luft zu liegen. In wenigen Tagen würden die Mückenschwärme da sein, aber noch konnten wir ohne die ständige Begleitung einer

Bären auf Elchjagd

Horde Blutsauger zelten gehen. Dies war auch für die Hunde von Vorteil, deren Nasen, Pfoten und Augenlider sonst gnadenlos zerstochen wurden. Bis auf Moldy, der nervös über das Gepäck und die Sitzbänke kletterte, hatten sie sich alle auf ein Nickerchen niedergelegt.

Wir waren noch nicht weit gekommen, als Chris das Boot scharf beidrehte und die Geschwindigkeit drosselte. „Bär", fuhr mir sofort durch den Kopf, doch als

Silas und Moldy haben sich im Boot zusammengerollt

ich mich erwartungsvoll reckte und zum Ufer schaute, konnte ich nichts erkennen. Chris kramte das Fernglas heraus.

„Da ist was, siehst du, oder ist das nur ein Stein?", fragte er, mit der einen Hand in Richtung Ufer zeigend.

Nun, da er es sagte, entdeckte ich einen seltsamen Klumpen, der irgendwie nicht ganz dorthin zu gehören schien.

„Ein Luchs", sagte Chris und reichte das Fernglas an mich weiter. Langsam steuerte er näher.

Die Wildkatze, in ihrem graubraunen Pelz gut getarnt, saß still da und beobachtete uns. Die hellen Augen ließen sich trotz Fernglas kaum vom Rest des Kopfes unterscheiden, was dem Luchs ein seltsam gespenstisches, augenloses Aussehen gab. Ich gab das Fernglas an Chris zurück.

„Der ist ein ganz schöner Brocken, bestimmt so groß wie Moldy, oder?" Die Hunde schnüffelten über die Reling, aber konnten keine Witterung bekommen.

„Ich glaub auch. Wow, ist der schön! Schau mal, jetzt kannst du seine braunen Bartspitzen sehen." Er reichte mir das Fernglas.

Ich sah, wie der Luchs den Kopf zur Seite gewandt hatte, sodass das längere Fell seiner Halskrause spitz wie der Kragen eines mittelalterlichen Edelmannes hervorstand. Wir ließen das Boot treiben, bewunderten den Luchs, der uns völlig ignorierte. Nach einigen Minuten reckte er sich, gähnte, stand mit der grazilen Kraft aller Katzen auf und streckte seine Hinterläufe weit von sich, bevor er langsam, sich sinnlich auf seinen riesigen Pfoten wiegend, den Strand entlang schlenderte. Als er schließlich im Wald untertauchte, ließ Chris den Motor wieder an.

„Schön … So, wie schaut's aus, willst du unbedingt bis zur B.C.-Yukon-Grenze hoch oder sollen wir einfach sehen, wie weit wir heute kommen?" Das Yukon Territory begann etwa vierzig Kilometer nördlich von uns mit ausgebleichten Kalksteinbergen, die ganz anders als unsere aussahen.

„Ist mir egal. Uns treibt ja keiner." Ich streichelte den zottigen Kopf von Silas. Glasig hellblaue Wellen, nur ganz kleine, trieben in der gleichen Richtung wie wir über den See, der sich hier auf einige Kilometer Breite dehnte.

Bären auf Elchjagd

Weißkopfseeadler

Lupinen

Über uns schraubte sich ein Weißkopfseeadler zu einem immer kleiner werdenden Punkt in den Himmel, hielt die Sommerluft unter seinen massiven Schwingen. Wie es wohl meinem Rabenpflegling ging? Ich hatte ihn schon lange nicht mehr gesehen.

„Von mir aus können wir auch bei Lot Number One schon Halt machen", sagte ich.

„Ja, okay. Da ist der Wald ja recht offen, ist vielleicht für Blizzy gut zu laufen."

Lot Number One war der Platz, den wir uns zuerst angeschaut hatten, als wir nach einem Stück Land am Tagish Lake gesucht hatten, und sah vom Wasser nicht sehr vielversprechend aus – ein kleiner Zipfel Land, der in den See hinausreichte. Das Anlanden gestaltete sich schwierig: Seichtes Wasser erstreckte sich über ein gutes Dutzend Meter, sodass sich das schwer beladene Boot nicht bis ans Ufer manövrieren ließ. Chris sprang behände hinaus und half mir, die beiden alten Hunde über die Reling zu hieven. Missmutig, dass sie nun nasse Pfoten bekamen, wateten Koyah und Blizzard an Land, wo Moldy und Silas bereits aufgeregt in den Büschen umherstöberten.

„Hier, kannst du den Sack auch noch nehmen?" Ich klemmte mir einen weiteren Beutel, den Chris mir reichte, unter den Arm und stiefelte hinter den Hunden her. Je leichter die Ladung im Boot wurde, desto weiter konnten wir es in Richtung Land bugsieren. Während ich unser Gepäck vom Ufer zu der kleinen Wildwiese trug, auf der wir zelten wollten, vertäute Chris das Boot. Aus dem Gebüsch tauchten immer wieder eine Hunderute oder zwei Schlappohren auf, als unser Rudel geschäftig die neuen Gerüche untersuchte.

„Was meinst du, das Zelt hierhin?" Chris stieß ein paar große Steine beiseite.

„Ja, oder? Dann können wir die Hunde über Nacht da an den Bäumen anbinden und die Plane über ihnen aufspannen."

„Gut. Willst du das Hundelager fertigmachen und ich schlag das Zelt auf?" Chris wühlte sich durch den Stapel Seesäcke und zog das Zelt heraus, während ich mir die alte Plastikplane schnappte, die den Hunden Schutz vor Tau

Bären auf Elchjagd

Chris baut das Zelt auf

und möglichem Regen geben sollte. Immer im ungünstigsten Moment lief einer von ihnen über das ausgebreitete Zelt oder verhedderte sich in den noch nicht abgespannten Seilen.

„Mensch, so viel Platz in Kanada und die Köter müssen immer genau da rumturnen, wo man sie am wenigsten braucht", fluchte Chris und scheuchte Moldy weg, der ihn mit einem Stöckchen neckisch zum Spielen aufforderte.

Aus dem Schatten der Bäume surrten Bienen von dunkelblauen Lupinen geschäftig auf die Wiese, testeten unsere bunten Seesäcke kurz auf Nektar an und landeten dann auf winzigen cremefarbenen Blüten, die sich zwischen den Gräsern der Sonne entgegen reckten.

Ich schlenderte zum Kieselstrand hinunter und suchte nach einem guten Platz für unser Kochfeuer. Zwei Möwen, die sich auf den wie Zähne aus dem Wasser ragenden Felsen häuslich eingerichtet hatten, betrachteten mein Treiben skeptisch, aber tolerierten mich. Weich sackte der warme Kies unter meinen Sandalen weg, als ich Treibholz zum Kochen sammelte. Chris kam mit den Küchenutensilien und dem Essensbeutel, umschwärmt von den Hunden.

„Mensch, so gutes Wetter! Hast du Lust, nach dem Essen eine Runde zu drehen?" Er setzte sich neben mich in die Sonne und streckte seine langen Beine aus. Rhythmisch klatschten Wellen gegen die Felsen.

„Au ja. Gibst du mal den Topf?" Das handgroße Feuer, eingekeilt zwischen drei großen Steinen, züngelte wild im Wind. Ich balancierte den mit Elchgulasch gefüllten Topf darüber und schob ein paar Zweige nach. Zwei schwarz-weiß gemusterte Eistaucher ritten schweigend auf den Wellen vorbei, ihre Köpfe neugierig zu uns gewandt. Mit Zeter und Mordio stürzten sich die Möwen im Sturzflug auf sie, nur um verblüfft feststellen zu müssen, dass die Eindringlinge plötzlich spurlos verschwunden waren. Misstrauisch kreisten die Möwen über

Bären auf Elchjagd

dem Wasser, bis sie die an anderer Stelle wieder aufgetauchten Eistaucher erspähten. So ging es mit viel Hektik und Bravour weiter, bis die beiden Möwen mit dem Abstand, den die Eistaucher zu ihrem Felsen hielten, zufrieden waren. Schließlich landeten sie an ihrem Nistplatz, drückten die Brust heraus und kämmten betont gelangweilt ihr Gefieder.
„Angeber", grinste ich.

Während Chris am nächsten Tag mit Moldy Forellen angeln fuhr, erkundete ich mit meinen drei Hunden den Wald. Wie üblich war ich behängt wie ein fliegender Händler: Das Bärenspray und der Sender für Silas' Teletakthalsband baumelten an mir, und auf dem Rücken hatte ich den Tagesrucksack mit Hundeleinen, Notpeilsender und Erste-Hilfe-Material. Ich ließ mich von den Hunden führen, die schon bald Wildwechsel aufspürten, auf denen es sich leichter gehen ließ. Schon seit vielen Jahren schlugen wir uns nicht mehr stur wie zu Anfang durch das dichteste Gestrüpp, sondern ließen uns von den Hunden und der Vegetation leiten.

Ab und zu rief und sang ich, um etwaige Wildtiere in der Nähe auf uns aufmerksam zu machen. In offenen Gelände verzweigten sich die ausgetretenen Pfade der Elche und Bären, verliefen sich über kleine Hügel mit bunten Wildwiesen und durch ein Gemisch von Pappel- und Weidengehölz, bis sich im weichen Moos eines verwunschenen Stückchen Nadelwaldes erneute Pfade abzeichneten.

Silas lief vorneweg, führte uns bergauf durch einen von Lupinen blau gesprenkelten Kiefernwald. Ich fuhr während des Gehens mit einer Hand über Kiefernzweige, lange, elegante Grashalme und die pelzigen Blätter eines Büffelbeerenbusches. Alles vibrierte nur so vor Leben nach dem langen Winter. Meine Gedanken tanzten vom Wetter über meine bevorstehende Kajaktour nach Atlin zum gefürchteten Jahreseinkauf.

„Rrr-aff!", bellte Silas plötzlich laut und warnend – da war etwas! Automatisch pfiff ich und drückte gleichzeitig auf den Teletakthalsbandsender, während ich mir Koyah und Blizzard schnappte. Kratzgeräusche kamen von einem Baum – ein Bär! Ich sah mich nach Silas um und erblickte im gleichen Moment den Kopf eines braunen Bären hinter einem Weidengestrüpp. Silas kam aufgeregt auf mich zu getrabt. „Brav, Silas, fein", lobte ich ihn, während ich im Rucksack hektisch nach den Leinen nestelte. Natürlich waren sie hoffnungslos verwurstelt.

Ein Bär im Gebüsch

Bären auf Elchjagd

Angespannt schaute ich zu der Weide hin, aber konnte den Bären nicht mehr sehen. Er musste sich wieder auf alle Viere heruntergelassen haben. Die Stille machte mir klar, dass der Bär nicht vorhatte, das Feld zu räumen. Kein Problem, ich gehe gerne! Ich redete halblaut mit den Hunden, um dem Bären zu helfen, mich genau zu orten – was eine nähere Untersuchung meines Tuns unnötig machte, hoffte ich. Sobald ich Blizzard und Koyah angeleint hatte, entsicherte ich mein Bärenspray und machte mit den Hunden kehrt, immer wieder nervös über meine Schulter blickend. Die Totenstille hinter mir kam mir irgendwie ominös vor. Wie war das mit den 92 Prozent? Um dem Bären, dessen Verhalten ich als dominant empfand, zu signalisieren, dass ich ihm den Pfad nicht streitig machte und dass wir auf dem Rückzug waren, rief ich immer wieder „wir gehen schon". So konnte der Bär anhand meiner Stimme verfolgen, wie wir seine Gegend verließen.

Irgendetwas an dieser Begegnung war unstimmig. Das Kratzgeräusch – kam es von dem erwachsenen Bären, als er sich hinter der Weide aufgerichtet hatte? Oder war es eine Bärin mit Jungen? In den Begegnungen mit Schwarzbären, bei denen ich die Hunde dabei hatte, waren die Bären meist davongelaufen oder auf einen Baum geklettert. Auch das eine Mal, als ich eine Bärin mit Jungen überrascht hatte – die Kleinen sausten in die eine Richtung auf Bäume hoch, die Mutter auf eine andere Tanne.

Oder war dies ein Grizzly? Könnte auch sein ... Es war nur ein Sekundenbruchteil gewesen, in dem ich einen Teil des Kopfes durch die Äste gesehen hatte. Braun, groß. Aber fast die Hälfte der Schwarzbären in dieser Gegend ist braun. Ich wurde das Gefühl nicht los, dass der Bär uns weiterhin beobachtete, als wir davonmarschierten.

Ich war heilfroh, als wir auf der Lichtung mit dem Zelt herauskamen. Chris war bereits zurück und saß mit einer Tasse Kaffee am Ufer in der Sonne. Aufgeregt erzählte ich ihm von der Begegnung, die sich nun gar nicht weiter spektakulär anhörte. Bär gesehen, umgedreht. Das war's doch eigentlich.

„Du hast es zur Zeit aber wirklich mit den Bären!", sagte Chris.

„Ja, aber etwas weniger dramatisch wäre mir lieber. Irgendwas war da komisch vorhin. Lass uns morgen nochmals hingehen, ich will wenigstens sehen, ob das eine Bärin mit Jungen war. Dann müssten ja Kratzspuren an irgendwelchen Bäumen sein." Mir war immer noch ganz schwach. Seltsam. Über die Jahre und Bärenbegegnungen hinweg hatte ich einen Großteil meiner früheren Angst verloren. Sicher, ein Bär konnte gefährlich sein, aber meist ging es ihnen nur darum, in Ruhe gelassen zu werden. Man musste sich schon recht respektlos anstellen oder sehr viel Pech haben, um mit einem wilden Bären in eine brenzlige Situation zu geraten.

„Meinst du, du findest die Stelle wieder?"

Bären auf Elchjagd

„Na, ganz sicher bin ich mir nicht, aber so ungefähr weiß ich schon, wo's war. Irgendwas an dem Ganzen kam mir gefährlich vor, obwohl der Bär ja absolut nichts gemacht hat. Nicht nur, dass er da blieb ... ich hab ja seine Aufmerksamkeit wie Dolche in meinem Rücken gespürt! Der hätte ein Problem gemacht, wenn ich nicht umgedreht wäre, da bin ich mir ganz sicher."

Am nächsten Tag packten wir unsere Campingsachen ein, bevor wir mit den Hunden in den Wald gingen, um das Bärenrätsel zu lösen. Es dauerte etwas, aber dann fand ich den Wildwechsel wieder, auf dem wir in den Kiefernwald gegangen waren. Dort wuchsen die Büffelbeerenbüsche – und dahinter, dort war der Weidenstrauch. Die Hunde hatten die Nasen an den Boden gepresst und die Ruten steil erhoben. Konzentriert schnüffelnd führten sie uns zu der Weide.

„Mann, der ist mir gefolgt! Schau dir die Hunde an, die haben die Spur! Gestern haben sie auf dem Pfad gar nichts gerochen. Lass sie uns lieber an die Leine nehmen!" Ich pfiff sie zurück. Unschlüssig standen wir herum – war der Bär noch in der Nähe? Aber keiner der Hunde hatte das Nackenfell gesträubt, also war die Spur nicht frisch.

Langsam und mit viel Lärm bewegten wir uns auf die Weide zu, während wir mit den Augen die Bäume nach Kratzspuren absuchten. Linkerhand entdeckten wir schließlich zwei dürre Kiefern, deren untere Äste alle abgebrochen waren und deren Rinde bis in etwa dreieinhalb Meter Höhe mit einem Gewirr von Klauenspuren verletzt war. Unbehaglich sah ich zu Chris hinüber, der die Kratzspuren mit seiner Hand verglich. Seine Hand war deutlich größer. Also eine Bärin mit zwei Jungen. Aber wenn die Jungen doch schon in den Bäumen waren und sie uns weggehen gehört hatte – wieso war sie uns noch dreihundert Meter weit gefolgt? Ich wechselte die Hundeleinen in die linke Hand und nahm das Bärenspray in die rechte.

Die Hunde witterten mit bebenden Nasen in der Luft. Ich wurde das Gefühl nicht los, dass die Bären noch in der Gegend waren. Blizzard zog mich zielstrebig zu einer großen Fichte hin. Dort, unter den ausladenden Ästen, lagen hellbraune Fellteile.

„Chris! Da liegt was!" Ich zerrte Blizzard und Koyah zurück und näherte mich mit Chris vorsichtig dem Baum. Darunter lagen die staksigen Beine eines kleinen Elchkalbes. Direkt unter der Fichte, in den alten abgeworfenen Nadeln, waren mehrere flache Mulden, kleine Haufen Bärenlosung und die Schädeldecke des Kalbes. Aufgeregt zerrten die Hunde von einem Stück Aas zum nächsten und schnüffelten die Umgebung ab. Fliegen summten in engen Spiralen von den Überresten des Kalbes weg.

„Da habt ihr eine Bärin mit Jungen an einem frischen Riss gestört", sagte Chris und sah mich groß an. Mir wurden wieder mulmig. Das war eine der Begegnungen, die schlecht ausgehen konnte.

Bären auf Elchjagd

„Komm, lass uns gehen – vielleicht wollen die Bären noch an den Beinen kauen. Einmal ist es glimpflich gelaufen, aber man muss ja sein Glück nicht herausfordern." Ich machte kehrt und zog die widerwilligen Hunde hinter mir her, dicht gefolgt von Chris. Meine Gedanken jagten sich wild.

„Aber weißt du", sagte ich nach einer Weile zu Chris, „das beeindruckt mich jetzt doch total. Wie gut sich das mit der Bärin abgespielt hat. Silas hat sofort gehört und kam, und ich hatte zwar schon den Eindruck, dass da ein dominanter Bär ist, der nicht wollte, dass ich näher komme – aber die Bärin hat ja nicht mal gedroht. Sie blieb einfach da und hat gewartet, was ich mache. Das hab ich verstanden. Dann war sie zwar misstrauisch und ist uns gefolgt, aber da muss sie auch noch einige Zeit gewartet haben, weil ich mich ja immer wieder umgeguckt habe. Die wollte nur sichergehen, dass ich mich nicht in einem Bogen an ihre Mahlzeit schleiche!"

„Ja, scheint so." Chris drehte sich noch einmal um, aber die Bäume, die die Geschichte des toten Kalbes und unserer Begegnung erzählten, lagen schon weit hinter uns. Zielstrebig gingen wir in Richtung Boot.

Ich spann meinen Gedanken weiter aus. „Da waren wir jetzt drei verschiedene Tierarten – Mensch, Hund und Bär – und wir haben uns alle verstanden. Silas sagte, da ist ein Bär. Ich hab kapiert, dass er Großwild vor sich hatte, ihn gerufen und er hat auf mich gehört. Die Bärin wiederum hat mir gesagt, kommt nicht näher, und ich hab geantwortet, kein Problem, wir gehen wieder! Wie bei dem Bären letzte Woche, der das Kalb schlagen wollte – wir haben uns alle bedacht verhalten. Es ist wirklich ein Dialog, den man führt."

Am Zeltplatz angekommen, luden wir unser Gepäck und die Hunde ins Boot und tuckerten in Richtung Norden davon. Eine Nacht verbrachten wir noch an dem im Yukon gelegenen Teil des Tagish Lake, auf dem wir auch die ersten anderen Boote trafen – ein Vorgeschmack auf die Zivilisation. In Gedanken war ich in letzter Zeit oft dort, da ich mich in ein paar Tagen mit dem Kajak auf den Weg nach Atlin machen wollte.

Unruhig rutschte ich auf unserer Heimfahrt im Boot umher, während die aufgeschleuderte Gischt mich im Sekundentakt mit glitzernden Wassertropfen berieselte. Ein etwas flaues Gefühl breitete sich in meinem Magen aus – nicht Seekrankheit, sondern eine Mischung aus Nervosität vor dem Wiedereintauchen in die Menschenwelt und Vorfreude auf meinen Paddelurlaub.

Am Nordende von Tagish Lake

Pilgerfahrt

Paddeln in Richtung Atlin auf dem Tagish Lake

Pilgerfahrt

Tagish Lake, 6. Juni: Aufbruch Richtung Atlin.

Tau hatte die Büsche und mein gelbes Kajak mit großen Perlen bestickt. Kalt war es so früh am Morgen: nur ein paar Grad über Null. Chris reichte mir den schweren Essensbeutel, den ich mit Mühe und Not zwischen Kleidung und Schlafsack in den hinteren Stauraum quetschte. Vor das Cockpit klemmte ich die Landkarten unters Spanngummi, hakte meine Thermotasse ein und wischte kurz mit dem Schwamm über den feuchten Plastiksitz. Das kleine Wägelchen, auf dem ich das Kajak über die Portage ziehen konnte, die den Tagish Lake mit Atlin Lake verband, kam hinten aufs Deck.
„So ..." Geistesabwesend zog ich den Reißverschluss meiner Schwimmweste zu. Wir bugsierten mein zerschrammtes Boot etwas weiter vom Ufer weg aufs Wasser.
Chris nahm mich in den Arm. „Mach dir eine richtig schöne Zeit, hab Spaß! Und pass auf dich auf, ja? Ich lieb dich." Sanft küsste er mich.
„Ich dich auch. Pass du auch auf – auf dich und die Hunde, besonders auf Blizzy!" Ich kletterte ins Kajak und zog die Paddelschürze über dem Cockpitrand stramm. Die Sonne berührte inzwischen schon mit ihrem Licht die höchsten Bergspitzen.
Ob vor der Bucht wohl bereits Wind aufkam? Meine übliche Sorge beim Aufbruch. Unruhig dachte ich daran, dass mir das kalte Gletscherwasser beim

Aufbruch in die Zivilisation

Pilgerfahrt

Kentern innerhalb von Minuten die Koordination und Kraft in den Händen und Füßen rauben würde, die nötig war, um wieder ins Boot zu klettern. Aber das war doch idiotisch, wieso sollte ich bei dem ruhigem Wasser umkippen? Ich war noch nie gekentert – bloß mit Absicht, um die Selbstrettung zu üben. Ich winkte Chris noch einmal zu und fing grimmig an zu paddeln, im Boot herumrutschend, bis ich bequem saß. Als ich aus unserer Bucht herauskam, waren lediglich kleine Riffeln auf dem See – na also, alles kein Problem. Jedes Mal diese Sorgen: Wenn es mir zu windig war, überquerte ich den See ja sowieso nicht. Vielleicht war die Nervosität bloß Reisefieber. Aus Erfahrung wusste ich, dass mich diese übertriebenen Ängste nach ein paar Tagen Paddeln nicht mehr plagen würden.

Der gegenüberliegende Steilfelsen mit seinem Haarkranz dunkler Tannen rückte stetig näher. Binnen zehn Minuten hatte ich das andere Ufer erreicht und steuerte in Richtung Süden. Auf der heimischen Seite des Sees begannen die verschneiten Bergspitzen rosa in der Sonne zu leuchten, aber ich paddelte die nächsten Kilometer weiterhin im kalten Uferschatten.

Alle Anspannung und Aufregung fiel von mir ab, als ich mich in meinen Paddelrhythmus hineinfand. Morgenverkehr tauchte vor mir auf: Eine Elchkuh, die den See querte und zielstrebig meinem Heimatufer entgegenschwamm – ein paar Blicke auf die im Morgenlicht strahlenden Bergzacken warf sie aber auch. Als ich bei Golden Gate in den spiegelglatten Seitenarm Richtung Atlin Lake abdrehte, übergoss mich endlich der Sonnenschein. Das Singen der vielen Zugvögel, die mit dem Nestbau und Brüten beschäftigt waren, vibrierte in der Luft. Nach dem langen Winter zelebrierte alles Leben die Leichtigkeit des nordischen Sommers, feierte voller Überschwang und Dringlichkeit den Reichtum und Überfluss an Licht, Wasser und warmen Temperaturen, die im Moment schier unendlich schienen.

Ich tauchte das linke Paddelblatt ins Wasser, zog und drückte das rechte nach vorn, leise, hypnotisierend, Tropfen in den See regnend. Der Schatten meines Kajaks huschte über flachen Grund und versank schließlich im tieferen Wasser. Es war wie das Reisen in einer unwirklichen Traumwelt, in der ich zugleich auf dem See und unter Wasser existierte.

Stetig paddelte ich in den Seitenarm hinein, der wie ein gekrümmter Finger nach Atlin zeigt. Ein paar verstreute Cabins gaben mir den ersten leisen Vorgeschmack auf das Dorf: Die dunklen Hütten und der babyblaue Flugzeughangar unseres nächsten Nachbarn, der dort den Sommer über mit seiner Mutter wohnte, mit uns jedoch nichts zu tun haben wollte. Nach weiteren anderthalb Stunden tauchten zu meiner Linken die Cabins des Outfitters auf, der zur Jagdsaison Trophäenjäger dort unterbrachte.

Meine Hände fingen trotz der schützenden Neoprenhandschuhe an zu brennen, aber ich mochte das kostbare windstille Wetter nicht verschwenden. Wenn ich die gesamten dreißig Kilometer bis zum Atlin River in einem schaffte, konn-

Pilgerfahrt

Ende der alten Eisenbahnstrecke am Tagish Lake

te ich heute noch die Portage am Fluss entlang bewältigen. Mein eigentlicher Urlaub auf dem Atlin Lake fing erst danach an.

Ein alter Bretterschuppen und die verdrehten, trunken in den See fallenden Gleise und Karren der historischen, dreieinhalb Kilometer „langen" Eisenbahnstrecke, die früher einmal die beiden Seen verband, stachen an der Mündung des Flusses eckig aus der Landschaft, daneben ein alle Jubeljahre benutztes Blockhaus.

Fast hätte ich den Elchbullen übersehen, der rechts von mir durch das seichte Wasser auf ein Inselchen zu watete. Wir lagen auf Kollisionskurs, doch der Elch bemerkte mich nicht. Mein Rufen, Pfeifen und Johlen hatte keinen Effekt – seelenruhig stapfte der Bulle, von jedem Bein Wasservorhänge regnend, auf die Insel zu. Erst kurz bevor er am Ufer ankam und als ich auch schon recht nahe war, registrierte er mich. Die Ohren steif nach vorn gespitzt, mit bebenden Nüstern und den Hals so weit gereckt, wie es ging, stand er da und

Neugieriger Elchbulle

konnte sich offenbar keinen Reim machen auf das gelbe Plastikding mit dem roten Fleck in der Mitte, der menschliche Töne von sich gab. Seine noch kleinen Geweihschaufeln, braun mit Bast bepelzt, standen wie zwei Fragezeichen über seinem Kopf.

Ich musste über seinen verwunderten Gesichtsausdruck lachen. „He, ich bin ein Mensch! Vielleicht warst du sogar schon mal bei unserer Cabin."

Plötzlich hörte ich das Brummen eines Motorboots hinter der Landzunge. Der Elch drehte ein Ohr dem Lärm zu, starrte mich aber weiterhin unverwandt an. Kaum, dass das Boot alle Geräusche ertränkend um die Ecke dröhnte, trat der Bulle zwei Schritte zur Seite hinter eine buschige Weide und war sofort perfekt getarnt. Obwohl ich genau wusste, wo er stand, hatte ich Mühe, ihn zu erkennen. Sobald die Motorbootfahrer an uns vorbei die Flussmündung hochgebraust waren, ahnungslos, was sie verpassten, trat der Elch

Pilgerfahrt

wieder hervor und widmete sich erneut seiner eingehenden Studie von mir. „Du, ich muss langsam mal weiter. Mach's gut und pass auf dich auf!" Widerstrebend überließ ich das erstaunte Tier seiner Kombinationsgabe und paddelte auf die Flussmündung zu. Im Nu hatte mich die schnelle Strömung erfasst und trieb mich, als ich kräftig das Kajakruder einschlug, ans Ufer. Müde und kaputt nach über sechs Stunden paddeln zog ich mein Boot an Land. Das Essen war unterwegs zu kurz gekommen – gierig stopfte ich mir neben den alten Bahngleisen ein paar selbstgemachte Müsliriegel in den Mund.

Noch bis 1953 hatten Raddampfer den damals am Tagish Lake lebenden Menschen ihre Post, Lebensmittel und andere Güter gebracht. Alle Fracht für Atlin wurde auf der kurzen Eisenbahnstrecke am Fluss vorbeigeschafft, zum nächsten See, wo ein zweites Schiff wartete.

In den 1920er-Jahren erblühte eine exklusive, wenn auch kurzlebige Form des Raddampfertourismus: An Bord der luxuriös ausgestatteten Schiffe konnten die Gäste, zu denen auch Teddy Roosevelt, Stummfilmstars und Mitglieder des englischen Königshauses gehörten, die gletscherbekränzten Quellseen des Yukon River bestaunen.

Von den alten Bahngleisen überlebten nur die Endstücke, die einst auf Docks in die Seen hinausstachen. Die Gleise

Portage vom Tagish Lake zum Atlin Lake

und Bahnschwellen waren im Laufe der Zeit entfernt worden, sodass aus der alten Eisenbahnstrecke eine wunderbare Portage geworden ist, herrlich eben und ganze zwei Meter breit – ideal für mein kleines Wägelchen, das sich unter das Kajak schnallen ließ. Der Fluss ist zwar für Weißwasserkönner zu befahren, aber dazu gehörte ich ganz gewiss nicht – und das würde natürlich auch nur flussabwärts funktionieren: vom Atlin Lake zum Tagish Lake und nicht umgekehrt.

Der Spätnachmittag neigte sich schon dem Abend zu, als ich endlich die Portage hinter mir hatte und mein Zelt am Atlin Lake aufbauen konnte. Bloß fünf Kilometer über den See entfernt lag das Dorf, aber ich wollte einen hundertzwanzig Kilometer weiten Umweg machen, der mich zur Quelle des Yukon River führen würde.

Mit vor Kälte fast tauben Fingerspitzen paddelte ich am nächsten Morgen an einem Fischadlernest vorbei, blassäugig fixiert von dem nervösen Adler, der auf dem Rand seines zerfledderten Nests tänzelte und sich nicht entscheiden

Pilgerfahrt

konnte, ob er dableiben oder flüchten sollte. Kein Vergleich zu dem stoischen Gebaren, das Weißkopfseeadler haben. Zwischen den Inseln hindurch sah ich auf der anderen Seite des Sees die Häuserklumpen von Atlin auftauchen, dann wieder verschwinden – ganz so, wie es sich mit meinen Gedanken an den Ort verhielt.

Auf dem Atlin Lake

Ich kehrte dem Dorf meinen Rücken und lenkte in den schmalen Wasserarm hinein, der Teresa Island, eigentlich nur einen massiven Berg, vom Westufer des Sees trennt. Kalt war es auch hier noch, die Morgensonne erdrückt von der wuchtigen Insel. Während ich mit den Zehen auf den Ruderpedalen des Kajaks umherwackelte, damit meine zu Eisklumpen erstarrten Füße warm wurden, bemerkte ich unerwarteten Verkehr: Ein winziges Tier schwamm vor mir auf die Insel zu. Den kleinen Kopf wacker in die Höhe gereckt, paddelte es zielstrebig auf einen Felsen zu, sprang beherzt aus dem Wasser, kletterte hinauf und schüttelte sich trocken – ein Eichhörnchen! Erstaunt sah ich zum gegenüberliegenden Ufer – war es die ganzen achthundert Meter geschwommen?
Die schattige Westseite der Insel, an der ich mich entlang arbeitete, fiel steil ins Wasser ab und war mit verfilztem Nadelwald bedeckt. Winzig klein kam ich mir vor, von beiden Seiten eingekeilt von Bergen. Ich kam kaum vom Fleck, hatte ich das Gefühl, bis dann gegen Mittag der typische Südwind aufkam, der im Sommer von den weitläufigen Eisfeldern und Gletschern am Ende des Sees herunterweht und mein Fortkommen noch mehr bremste: Binnen einer halben Stunde hatte ich kräftigen Gegenwind. Die Wellen trugen Schaumkronen und meine Arme, noch lahm vom Vortag, protestierten allmählich. Immer wieder

Pilgerfahrt

suchte ich auf meiner Karte nach einer kleinen Bucht zum Zelten. Aber davon war nichts zu sehen. Müde stemmte ich mit schmerzenden Händen mein Paddel gegen den Wind und warf sehnsüchtige Blicke auf das Steilufer. Meine Euphorie vom Vortag war verschwunden.

Erleichtert erspähte ich schließlich ein Zipfelchen von Sand und Schotter, das das Hochwasser im letzten Sommer am Ufer aufgetürmt hatte – groß genug für mein Zelt. Ich landete an, kletterte auf tauben Füßen aus dem Boot und zog es ein Stück das Ufer hoch. Seltsam abgeflacht sah der Schotter aus, fiel mir auf. Mir schwanten Grizzlyspuren. Äußerst viele Grizzlyspuren. Eine genauere Untersuchung des Strands ergab, dass dies offenbar ein beliebter Bärenpfad war. Unentschlossen schaute ich auf den See, wo die Wellen bereits höher schlugen. Nein, weiterpaddeln war keine verlockende Alternative und der Karte nach war auch kein besserer Ort zum Zelten in der Nähe.

Vielleicht im Wald? Dicke grüne Moospolster leuchteten mir unter den mit Flechten behangenen Fichten entgegen, die sich wie alte Trinkbrüder gegenseitig in den Ästen lagen. Abgesehen davon, dass alles zugewuchert war, lud der Hang aufgrund seiner Steilheit nicht zum Zelten ein. Nervös ging ich zurück zum Grizzlyhighway und verlor plötzlich die Geduld mit mir. Nach den Bärenbegegnungen und -beobachtungen der letzten Wochen war die Chance sicher gering, hier schon wieder auf einen zu treffen. Mein Soll war mehr als erfüllt, was die Bären anging und überhaupt – was konnte schon groß passieren? Strategisch baute ich mein kleines Zelt auf halber Strecke zwischen dem Bärenpfad und dem Waldrand auf. So war es gut sichtbar und ließ an beiden Seiten jeweils etwa vier Meter Platz für tierischen Verkehr. Sorgsam verteilte ich meine Visitenkarten entlang des Ufers, um potenzielle Grizzlys, die gedankenversunken dahergeschlendert kamen, wissen zu lassen, dass Besuch da war: Erst ging ich einige hundert Meter gen Süden, bückte mich immer wieder und berührte Treibholz und Steine mit meinen Händen, dann wiederholte ich die Prozedur einige hundert Meter gen Norden. Etwas komplizierter war es, mit meinem Urin hauszuhalten und markante Steine zu berieseln. Auch wenn es einen Bären nicht unbedingt verscheuchen würde, hatte ich mich zumindest angekündigt.

Nach dem Abendessen, wie üblich weit entfernt vom Zelt gekocht und verzehrt, um es nicht mit leckerem Tomatensoßenaroma zu parfümieren, hievte ich den Essensbeutel in einen Baum hoch. Fast eine Bärenfalle: Bei dem Gewicht würde auch ein Grizzly Kopfschmerzen bekommen, falls ihm der Sack auf den Kopf fiele!

Müde, aber zuversichtlich, dass mein mustergültiges Camp keine übermäßige Neugierde hervorrufen würde, machte ich mich um kurz nach acht gähnend an der Zelttür zu schaffen, um schlafen zu gehen. Die Sonne stand noch hoch im Himmel, aber das Aufstehen im windstillen Morgengrauen und die Anstrengungen des Tages erforderten ihren Zoll. Aus dem Augenwinkel bemerkte ich

Pilgerfahrt

Ganz dunkel werden die Sommernächte nicht

an der Fichte, die meinem Zelt am nächsten stand, Haare, in denen sich der Sonnenschein verfing. Ungläubig richtete ich mich auf, sah genauer hin und stöhnte.

Die Rinde des Baums war zerfurcht von Bärenklauen und -zähnen, und blonde Fellbüschel klebten im Harz. Solche malträtierten Bäume dienen den Bären zur Kommunikation untereinander.

Na toll. Aus hunderten von Quadratkilometern hatte ich mir ausgerechnet den Platz zwischen der Grizzlypinnwand und der Hauptverkehrsstraße ausgesucht. Aber es würde schon nicht ausgerechnet diesen Abend ein Bär vorbeikommen, um seine Initialen neu in die Rinde zu ritzen ... hoffte ich.

Als ich nervös im Schlafsack lag, waren mir meine bisher gesammelten Erfahrungen mit Bären nur ein schwacher Trost. Mit Wildtieren ist leicht auszukommen, wenn man ihnen nicht auf den Pelz rückt und sie nicht in Versuchung führt – und da lag ich nun mitten im Weg, und hundert Meter weiter baumelte mein Essensbeutel wie eine prall gefüllte Pinata im Baum. Unbehaglich erinnerte ich mich an eine Nacht, in der mich das laute Schnüffeln eines Bären direkt an der Zeltwand neben meinem Kopf geweckt hatte. Aber passiert war ja nichts, ermahnte ich mich. Außer, dass ich vor Angst fast gestorben war. Doch der Bär hatte nur geschnüffelt und sich dann getrollt.

Warten, dass der Wind sich legt

Pilgerfahrt

Ganz allein in der Wildnis unterwegs zu sein, ob auf Land oder Wasser, abends vorm Zelt zu sitzen und dann vertrauensvoll in den verletzlichen Nylonhüllen einzuschlafen – das zu können und sich dabei wirklich wohl zu fühlen, schien mir schon früh ein erstrebenswerter Gipfel von Freiheit und Glück zu sein.

Aber als ich mit neunzehn Jahren als Au-pair zum ersten Mal in Kanada war und wandern und zelten ging, fand ich an Solotrips keinen großen Gefallen. Solange ich noch meinen Rucksack auf dem Rücken hatte, einem Wanderpfad folgte und beschäftigt war: kein Problem. Doch abends, wenn ich einsam am Zeltplatz saß, fingen meine Sorgen an; Sorgen, die sich einzig und allein um Bären drehten.

Kaum, dass ich bissfertig verschnürt in meinem Schlafsack lag, liefen sämtliche Geschichten von Bärenangriffen, die ich je gelesen oder gehört hatte, in Spielfilmversion mit blutigen Großaufnahmen vor meinem inneren Auge ab. Nervös grübelte ich dann über die Informationen der kanadischen Parkverwaltungen bezüglich Bärenbegegnungen nach. Wann sollte man sich am besten zusammenrollen, auf einen Baum klettern (und ich war doch so unsportlich!), sich groß machen – oder nicht?

Knacken und Rascheln im dunklen Wald badete mich in Schweiß, bis schließlich das Dröhnen meines Pulsschlags alle anderen Geräusche übertönte. Krampfhaft versuchte ich mich zu entspannen. Irgendwie erhaschte ich zum Morgengrauen hin doch immer noch ein paar kurze Stunden leichten Schlaf und kam mir äußerst dumm vor, wenn ich aufwachte, die Sonne schien und nirgendwo ein Bär zu sehen war.

Ich hatte sie unbedingt loswerden wollen, diese blinde Steinzeitangst vorm Gebissen- und Gefressenwerden, die schon rein statistisch die Aufregung nicht lohnte. Den Zahlen nach hätte ich viel mehr Grund, mich in der Zivilisation vor anderen Menschen, Hunden und besonders Autos zu fürchten, und doch jagten die mir keinen Schauder über den Rücken.

Als ich mit vierundzwanzig nach Kanada auswanderte, beschloss ich, dem Spuk in meinem Hirn ein Ende zu machen. Ich wandte zwei Strategien an: die der Erschöpfung und die der Geräuschblockierung. Ohrenstöpsel sollten mir die nächtliche Geräuschkulisse ersparen, und auf einer längeren Solowanderung würde ich nach spätestens drei schlaflosen Nächten schon aus reiner Abgeschlagenheit schlafen, sagte ich mir.

Bei einer einwöchigen Solotour fing ich endlich an, mich allein im Wald wohlzufühlen: Wie erwartet gruselte ich mich die ersten Nächte schlaflos dem Morgengrauen entgegen und war nach ein paar Tagen so übermüdet, dass mir alles egal war. Ich schlief sofort ein. Die Ohrenstöpsel halfen ungemein, nicht bei jedem kleinen Geräusch zusammenzuzucken.

Heute war ich die ersten ein, zwei Nächte allein im Zelt meist unruhig, und danach war es gut. Es sei denn, ich hatte konkreten Anlass, mir Gedanken zu machen.

Pilgerfahrt

Irgendwann lang nach Mitternacht fiel ich endlich in einen verkrampften Schlaf. Plötzlich schreckte ich hoch, als das ganze Zelt wild geschüttelt wurde und fast von den Heringen riss. „Bär!", gellte es durch meinen Kopf, während ich mich panisch aus der Mumienumklammerung des Schlafsacks arbeitete. Schnell das Bärenspray greifen! Wo, wo?
Im gelben Dämmerlicht der Juninacht konnte ich jedoch an meiner Zeltwand keinen Schatten eines Tieres sehen. Stattdessen wurde mir langsam das Geräusch von wilden Wellen und Windböen bewusst. Mit hämmerndem Herzen zog ich den Reißverschluss der Zelttür auf und spähte hinaus. Kalt peitschte mir der Wind ins Gesicht und zerrte an der Zeltwand, wand sich unter den Zeltboden und hob ihn leicht an.
„Nur Wind ... oh Mann." Schwach vor Erleichterung krabbelte ich hinaus, wankte auf weichen Knien um mein Zelt herum und spannte es neu ab. Geifernd spritzte der aufgepeitschte See weiße Schaumkronen ins Dämmerlicht. Zwei Uhr dreißig morgens, und der Himmel war im Norden noch gelb getüncht. Schaudernd kroch ich in meinen Schlafsack zurück, um mich unruhig dem nicht mehr fernen Morgen entgegenzuwälzen.

Die zerfurchte, mit Gletschern gekrönte Steinfassade von Cathedral Mountain fiel fast senkrecht zum Ufer hin ab. Fäden von Wasserfällen stürzten sich die Bergwand hinunter, donnernd wie die Stimme eines aufgebrachten Gottes. In weitem Bogen schwang sich smaragdgrüner Wald den Berg hoch, und ein gelber Sandstrand lockte einladend zum Bleiben. Es war wie ein wildes Eden.
Aber ich sehnte mich nach einem weniger grandiosen Zeltplatz – möglichst einem abseits der Bärenpfade. Ich ließ die strenge Bergfassade hinter mir zurück und lenkte mein Kajak in den lauschigen Einschnitt zwischen Copper Island und den den Gletschern vorgelagerten Bergen. Das seichte Wasser ist hier mit winzigen Inselchen gespickt, eine windgeschützte Märchenwelt aus rötlichem Fels, kümmerlichen Tannen und türkisfarbenem Wasser. Sonnenlicht prallte vom Wasser und den Felsen ab, reflektierte an meinem gelben Boot und presste sich heiß gegen mein Gesicht.
Eine Familie Flussotter prustete aufgeregt und schraubte sich weit aus dem Wasser, als ich auf das freundlichste Eiland zusteuerte. Einer nach dem andern

Cathedral Mountain

Pilgerfahrt

tauchte schnell wieder unter, war für kurze Zeit verschwunden – plötzlich reckten sie Kopf und Schultern an einer anderen Stelle aus dem Wasser, schnaubend wie Seehunde. Die überdimensionalen Bündel Schnurrhaare zitterten nervös.

Am nächsten Morgen waren die Otter verschwunden. Als ich aus dem schmalen Wasserkanal kam, breitete sich der See wie eine riesige Fläche Silber vor mir aus. Bleiern erstreckte sich der Himmel darüber, die tiefen Wolken gestützt von den Berggipfeln.

Ein einsamer Eistaucher schwamm vor mir her. Ich schmetterte ihm eine Imitation seines Rufs entgegen, der wie nervöses Gelächter klingt, doch er befand es nicht der Antwort nötig. Langsam steuerte er auf mich zu.

Meine Aufmerksamkeit war eigentlich mehr auf das Ufer gerichtet, denn meine Blase drückte schon eine geraume Weile, und ein nicht allzu felsengespicktes Fleckchen käme mir gerade recht zum Anlanden. Vielleicht gab das pressierende Bedürfnis, pinkeln gehen zu müssen, meinem nächsten Eistaucherrufimitat das gewisse Etwas, denn der Vogel jodelte plötzlich zurück.

In der Ferne lockt der Gletscher

Erleichtert sah ich einen annehmbaren Landeplatz, steuerte hektisch darauf zu, riss die Paddelschürze hoch und hievte mich, so schnell es meine steifen Beine zuließen, aus dem engen Kajakcockpit. Der schwarz-weiß gemusterte Eistaucher kam fasziniert näher, wildes Gelächter um sich werfend, und hielt sein rubinrotes Auge auf mich fixiert.

Wild umherhüpfend zerrte ich mir die Paddelschürze von der Taille, riss mir die Schwimmweste vom Leib und fummelte an dem liliputanischen Hightech-Verschluss meiner Hose. Wer entwirft eigentlich solchen Schwachsinn? X-beinig über den Strand laufend, riss ich mir schließlich in einem Handgriff die Hosen herunter.

Der Eistaucher war mittlerweile vollkommen gefesselt von meiner Darbietung und dümpelte nun ein paar Meter neben dem Kajak. Erlöst erwiderte ich seinen starren Blick. „Huhu hi hu uuuh", lachte ich ihm zu, diesem Betrachter der seltsamen Spezies Mensch.

„Uiii hu!", sagte er nur, als ich mich aufrichtete, die Hosen hochzog und mich wieder in mein ganzes Paddelzubehör pellte. Der Vogel verschaffte sich mehr Abstand, als ich ins Boot stieg, aber für gute zwanzig Minuten begleitete er mich noch mit seinem Gelächter, bis er sich seines Frühstücks besann und nach Fischen tauchte. Hinter ihm lag die weiße Masse des Llewellyn Glacier, der als

Pilgerfahrt

die eigentliche Quelle des Yukon River gilt, kalt und unnahbar in den Bergen. Das Wasser im fjordgleichen Einschnitt, hinter dem sich die plattgehobelte Gletscherebene erstreckt, war bereits von Wind gerifelt. Ich beeilte mich auf den sechs Kilometern an Steilhängen entlang, die fast wie Tunnelwände emporragten und mich unaufhaltsam in die Sackgasse von Llewellyn Inlet zogen. Ein Schneeziegenbock starrte wie eine Sphinx von einem kleinen Felsvorsprung auf mich hinunter, während etwas weiter zwei Ziegen und ein kleines Zicklein auf dem zerklüfteten Fels ästen. Endlich brach Sonnenlicht aus den dunklen Wolken hervor, gleißte an der Steinwand zu meiner Rechten und zerbrach auf der Wasseroberfläche in tausend Diamantsplitter. Der große Gletscher war von hier unten nicht zu sehen, grüßte aber schon mit seinem milchig-grauen Schmelzwasser.

Eine kleine Boje markierte die Anlandestelle für Motorboote, aber außer mir war niemand da. Niemand außer Hunderten von Mücken, die sich von den unfreiwilligen Blutspenden der Gletscherbesucher ernährten. Während ich mich noch aus dem Kajak kämpfte, stürzte sich die surrende Wolke auf mich und versenkte bereits die ersten scharfen Rüsselchen in meiner Haut. Wild preschte ich am Ufer umher, unbarmherzig verfolgt von dem hungrigen Moskitoschwarm, bis es mir gelang, im Laufschritt die mit Mückenmittel getränkte Campingkleidung überzuziehen. Nachdem ich alle freiliegenden Hautschichten mit Chemikalien eingerieben hatte, war nur noch ein beleidigtes Summen zu hören und die Moskitos blieben auf erträglichem Abstand.

Auf der Gletscherebene sind viele rundgeschliffene Steine

Es zog mich regelmäßig auf diese Pilgerfahrt zum Llewellyn Glacier, einem Terminus des riesigen Juneau Icefield, das unzählige Berge und Täler entlang der Grenze von Alaska und British Columbia unter massiven Gletschern versteckt. Der einsame Gletscher rührte mich seltsam an.

Entlang des ausgetretenen Pfades wucherte üppige Vegetation; grüne Äste fassten ständig nach meinen Hosen und griffen in mein Haar. Dornige Zweige des Devil's Club ragten aus dem Unterholz, darüber die schön oval geschwungenen, grasgrünen Blätter von Knotenfuß – ein Vorstoß der Küstenvegetation. Ich folgte dem matschigen, unmarkierten Pfad, der sich bald am Fuße eines Berges entlang schlängelte, dann über Geröll und riesige Felsbrocken kletterte und sich schließlich quer durch zwei Biberbäche zog. Mit meinen Wanderstiefeln in der Hand watete ich

Pilgerfahrt

barfuß durch das Wasser. Buschige Weiden versperrten meinen Blick auf die Gletscherebene, doch der Wind atmete mir schon die kalte Feuchte der Eiszeit entgegen.

Die Wildkräuter, Weidenbüsche und das Gras, die entlang des Biberdammes ihr windgepeitschtes Dasein fristeten, gaben bald den Kampf mit der kahlgescheuerten und plattgeschabten Gletscherebene auf. Gepflastert mit vom Eis gerundeten Steinen, die ölig mit Eisenoxid schillerten, hielt sich dort nur ein zerfressener Teppich von Silberwurz; die gebeugten gelben Blüten wie eine Verneigung vor der Kraft des Gletschers. Bienen summen ungerührt umher, auf der Suche nach Nektar in diesem letzten Vorposten der Vegetation. Der vorher so gut erkennbare Pfad verlief sich in eine verwirrende Vielzahl von Spuren, die unregelmäßig mit wild verteilten Steinhaufen gekennzeichnet waren, als hätte auch die Zielstrebigkeit der menschlichen Besucher vor dieser kargen Eiszeitwüste kapituliert.

Der Llewllyn Glacier

Moränen aus Kies und rötlichen, ockerfarbenen und strahlend weißen Steinen umringten den Schmelzwassersee, der grau von kleingemahlenem Gestein vor mir lag. Kleine Eisberge, von der weiß-blauen Abbruchkante des Gletschers ins Wasser gekalbt, schwammen in der milchigen Brühe. Feuchtkalt fuhr mir der Wind, der stetig von den Eismassen herunterströmte, über das Gesicht. Kleine ovale Abdrücke von Schneeziegenhufen waren hier und dort in sandige Stellen gepresst, während anderswo eine breite Grizzlypranke Röllchen von Matsch aufgeworfen hatte.

Plötzlich hielt ich in meiner Kletterei über die Geröllhalden inne, meine Augen fasziniert auf eine große Spur gerichtet: Homo sapiens auf Vibramsohlen!

Pilgerfahrt

Vermutlich ein männliches Exemplar, schätzte ich aufgrund der Schuhgröße. Lief hier etwa noch jemand herum? Quatsch, ging ja gar nicht, es war kein anderes Boot da. Ich beugte mich aufgeregt über den Sohlenabdruck, den ersten seit vorigem Sommer, der weder von Chris noch mir stammte. Zum Vergleich setzte ich meinen Fuß daneben, zerbröselte mit dem Finger die Rillen, die das Sohlenprofil hinterlassen hatte. Schon Tage her, dass der Mann hier gewesen war. Vielleicht hatte er unten die Boje gesetzt? Den ganzen Pfad entlang und unten, wo ich zeltete, mussten doch auch diese Spuren sein, wurde mir auf einmal klar. Schöne Waldläuferin, schalt ich mich, und riss mich los von dem Sohlenabdruck.

Auf dem Weg zum Gletscher

Das einsame Windheulen der Eiszeitlandschaft war das einzige Geräusch. Unendlich verloren war es hier, wo die gewaltige Eisdecke an uralten Erinnerungen tief, tief in den Genen des Menschseins zupft, wie man es manchmal in der Nacht beim Starren in die Flammen eines Lagerfeuers verspürt. Es hätte mich nicht sonderlich erstaunt, ein zotteliges Mammut auf der gegenüberliegenden Bergflanke zu entdecken.
Unablässig rann Wasser, aus jahrtausendealtem Schnee geschmolzen, unter dem Gletscher fort. Schnee und Wasser, das auf eine noch stille Welt gefallen war, die keine Maschinen, viel mehr Tiere und weniger Menschen kannte. Hier verwischten sich tropfend die Grenzen zwischen den Zeitaltern.
Ich wollte, ich hätte der übermächtigen Schönheit, der ungezähmten Wildheit und Einsamkeit dieses Ortes, der so intensiv zu mir sprach, etwas zu opfern, darzubieten. Doch wir haben schon lange vergessen, wie man die Macht und Seele, die einer Landschaft innewohnt, würdigen soll. Bestenfalls macht man nun ein Foto davon.
Gebetsfahnen, dachte ich, und verneigte mich. Der Wind riss die leisen Worte von meinen Lippen und schleuderte sie über die Ebene, hinunter zum See, fort in die Menschenwelt, zu der ich gehörte.

Das gute Wetter hielt weiter an – die Windstille eines jeden Morgens überdauerte mit schöner Regelmäßigkeit bis in die Mittagszeit, an manchem Tag auch bis in den Nachmittag und frühen Abend hinein. Immer wieder tauchte ich beim Paddeln meine Hand ins Wasser und dankte dem See, sich so zahm zu geben, dass ich über viele Buchten abkürzen konnte, auch wenn es mich nicht eilte. Dabei waren die Stimmungen des Sees nur ein Ausdruck der Fallwinde, die von der riesigen Eisdecke des Juneau Icefield rollten. Der See sprach, was der Wind ihm diktierte.

„Ki-i-i-ki-i-i" keckerte ein junger Weißkopfseeadler im Fünfsekundentakt, während zwei schwarzbekappte Küstenseeschwalben und eine Möwe ihn wie-

Planung der nächsten Wegstrecke

derholt angriffen. Kein Vogel ist so gehasst unter seinen Artgenossen wie der Adler. Er machte gar keinen königlichen Eindruck.
Bei jedem Sturzflug seiner Peiniger duckte der Adler den Kopf und ließ eine neue Salve an Beschwerden und Flüchen los, während die Angreifer ihn ihrerseits mit Schimpfwörtern in Schwälbisch und Möwisch bedachten.
Mit dem Vogelkrieg im Hintergrund widmete ich mich auf dem warmen Sand einer Insel meiner langen Einkaufsliste, die ich bereits so strukturieren wollte, dass ich die Geschäfte in der schnellsten Reihenfolge besuchen konnte. An einem Ende von Whitehorse anfangen und sich im Laufe von sechs bis acht Stunden zum anderen Ende durchzuarbeiten, ohne noch zusätzliche Zeit mit unnötigem Hin- und Herfahren zu verschwenden: Das war die effektivste Art, den Jahreseinkauf abzuwickeln. Immer wieder stellte ich mir Atlin und Whitehorse vor, Autos, meine Freunde, dann mich selbst im Dorf, um mich darauf einzustellen.
Seit wir im Busch lebten, war meine chronische Einkaufsunlust in ungeahnte Tiefen abgesunken. Ich hasste das hektische Herumrennen inmitten zahlloser Menschen, den Druck, auch tatsächlich alles finden zu müssen, das auf der Liste stand oder sonst monatelang ohne den Artikel auskommen zu müssen, den Blutsturz meines Bankkontos von voll auf null, die Packerei der Waren ins

Pilgerfahrt

Packen für die letzten Kilometer

Auto, aus dem Auto, ins Boot, aus dem Boot, in die Schubkarre, aus der Schubkarre, in die Cabin. Wenn doch die Fahrt in den Ort nur Besuche bei Freunden, Stöbern im Buchladen und ein paar Einkaufstaschen voller frischer Sachen beinhalten würde!
Wie jedes Mal versprach ich mir sehnsüchtig, dass ich eines Tages, sobald ich es mir leisten könnte, einen Spediteur anheuern würde. Jemanden, dem ich die seitenlangen Einkaufslisten mailen könnte, der den Einkauf in Whitehorse, Transport nach Atlin und die Verschiffung erledigen würde – sodass Chris und ich die Ware nur noch daheim in Empfang nehmen und verstauen müssten. Was für ein dekadenter Luxus! Nach fließend Wasser und einem Klo im Haus sehnte ich mich nicht. Aber ein Spediteur … ach, das wäre einfach zu schön!
Ich streckte mich und ging am Waldrand trockene Zweige für mein Abendessenfeuer suchen. Schaumgekrönte Wellen rauschten über den See, während ich aß und die wild im Wind reitenden Küstenseeschwalben bewunderte, in deren Flügelschlägen so viel Leichtigkeit lag. Sie waren Sommerbesucher, die das Land bloß in seiner Helle und Wärme kannten und im Herbst bis nach Feuerland und die Antarktis migrierten.
Als ich im Schlafsack lag, wurde der gleichmäßige Klang des Wellenschwappens von einem lauten „Platsch" gestört. Platsch, platsch – Stille, nur die Wellen – platsch, platsch. Platsch. Ein Elch, dachte ich, aber war zu müde, noch einmal das Zelt aufzumachen und nachzuschauen. Die Anspannung und Angst meiner Nacht am Grizzlyhighway war längst verschwunden. Der Platscher wollte mir nichts Böses, war nur in der Wildnis unterwegs wie ich auch. Ich schmiegte mich in die Kapuze meines Schlafsacks und schlief ein.

In siebzig Kilometern Entfernung, am Nordende des Sees, erhob sich der massive Klotz von Mount Minto. Mit dem Zweitausender im Visier ließ ich auch die letzten Inselchen und Buchten des Atlin Provincial Park hinter mir. Ein kopflastiges Hausboot schaukelte langsam an Teresa Island vorbei, mit Kurs gen Süden. Sehnsüchtig verfolgte ich es mit den Augen – da hatte ein Urlaub auf dem See wohl gerade erst begonnen.
Gute sechs Paddelstunden vom Ort entfernt traf ich auf weitere Vorboten der Zivilisation: die Warm Bay Homestead, auf der unser Freund Stephen lebt, die öffentliche Bootsrampe mit dazugehörigem Zeltplatz, die Schotterstraße. Zwei Autos parkten dort und jemand war dabei, sein Motorboot ins Wasser zu bug-

sieren. Menschen ... da waren sie! Ich winkte dem Mann mit dem Boot ein paar Mal zu, aber er sah es wohl nicht. Hm – mein erster Kommunikationsversuch war gescheitert. Meine Ohren zersprangen fast von dem schier unerträglichen Lärm, den ein Wassertanker machte, als er die staubige Straße besprengte. Unendlich lange schien es zu dauern, bis das Gerassel und Gedröhn endlich in der Ferne verschwand. Ach, ich hab keine Lust auf den Ort ...

Für viele Kilometer war ich wieder allein, bis das Reservat der Taku River Tlingit auftauchte, ab wo sich das Ufer zusehends mit Häusern bevölkerte. Das Dorf selbst lag hinter Felsen versteckt und kam erst in Sicht, als ich schon so gut wie da war. Ein Beaver-Wasserflugzeug knatterte gerade los, auf der Straße sah ich drei Autos umherfahren, und irgendwo hämmerte jemand – es war richtig was los.

Nun geht es unter Menschen

Unter Menschen

Atlin

Unter Menschen

Atlin, 16. Juni: 21 Grad, Zivilisation!

Das kleine Dorf liegt dem wuchtigen Atlin Mountain wie ein bunter Gebetsteppich gegenüber. Der angestammte Wintersitz der Taku River Tlingit, die die Sommer Lachs fischend am Taku River in Küstennähe verbrachten, zählt heute um die 400 Menschen sowie zahllose Hunde. Erst seit 1951 verbindet die staubige Nabelschnur der Atlin Road den Ort mit dem hundert Kilometer entfernten Alaska Highway.

Gebäude aus der Goldrauschzeit

Ich glitt an dem alten, aufgebockten Raddampfer vorbei auf den kleinen Hafen zu. Die alten Cabins, Bretterbuden, modernen Blockhäuser mit roten Blechdächern, vereinzelten Wohncontainer und ein Haus in Pyramidenform wärmten sich in der Morgensonne. Verschlafen sah der Ort aus, als erholte er sich noch vom Goldrausch anno 1898, in dem um die zehntausend Menschen auf der Suche nach schnellem Reichtum über die Gegend hergefallen waren.

Periodisch berauscht sich Atlin auch heute noch am Traum vom vielen Geld, angestachelt von Bergbaugesellschaften, die den Dörflern das Blaue vom Himmel herunter versprechen. Unermesslich gut bezahlte Arbeitsplätze für alle und jeden (zumindest für zehn, zwanzig Jahre), und am Ende oft das Erbe von giftigen Erzabfallseen, die über Hunderte von Jahren überwacht und mit Chemikalien behandelt werden müssten. Das letzte hochgepriesene Projekt, für das eine ganze Bergflanke weggesprengt werden sollte, war jedoch – wie so oft – nach diversen Probebohrungen, Plattwalzungen und Materialheranschaffungen bankrott gegangen, bevor es überhaupt in Betrieb genommen werden konnte.

Ich landete lahmarmig und steifbeinig im kleinen Bootshafen an, in dem fast alle Ankerplätze belegt waren. Mühsam hievte ich mich aus dem Cockpit, zog das Boot ans Ufer und war somit angekommen in der Zivilisation. Irgendwie fühlte ich mich ungelenk, tölpelhaft, fehl am Platz. Die Selbstsicherheit der letzten Tage war wie weggeblasen. Da kam auch schon mein erster Menschenkontakt: Ein Mann mittleren Alters mit Benzinkanister, der mir freundlich zunickte.

„Hi, schöner Tag heute", sagte ich, mir das Hirn zermarternd, ob ich ihn kannte. Die Kombination von einem furchtbar schlechten Gedächtnis für Gesichter

Unter Menschen

und der Tatsache, dass ich sieben Jahre lang in Atlin gewohnt hatte und von daher eigentlich viele Leute kannte, brachte mich oft ins Schwitzen. Aber hier oben grüßte jeder jeden und wechselte auch gern ein paar Worte, sodass man mit einfach ansprechen meistens richtig lag.

„Sie waren wohl eine Weile mit dem Kajak unterwegs?", fragte der Mann.

„Ja, das Wetter hat ja super mitgespielt."

„Das haben Sie gut abgepasst! Waren Sie unten am Südende?"

„Ja genau, beim Gletscher."

Mit einem kurzen Zuwinken und der Information, dass er angeln fahren wollte, verschwand er auf seinem Boot, während ich zum letzten Mal mein Kajak entlud. Na bitte, schon war der erste Small Talk erledigt. Seit neun Monaten hatte ich erstmalig einem Menschen außer Chris gegenübergestanden und mich flüssig und verständlich geäußert! Ich war richtig stolz auf mich.

Im Vertrauen darauf, dass sich Atlin mittlerweile nicht zu einer Hochburg des Diebstahls entwickelt hatte, ließ ich einen guten Teil meiner wasserdichten Seesäcke am Dock liegen. Gleich würde ich Freunde wiedersehen! Beschwingten Schrittes zog ich das wieder auf sein Wägelchen geschnallte Kajak die Straße zu ihrem Blockhaus hoch. Das Atliner Verkehrsaufkommen war so gering, dass man ohne weiteres zu Fuß ein Boot durch die Straßen hinter sich her ziehen konnte. Bürgersteige gab es sowieso nicht.

Vor Wayne und Cindys Haus stand unser Jetboot, mit dem Chris im letzten Oktober vor seiner Südamerikareise nach Atlin gefahren war. Obwohl die beiden bereits in den Siebzigern waren, stellten ihr lebhaftes Interesse und ihre Leidenschaft für die Wildnis das der meisten Zwanzigjährigen in den Schatten. Von seinem Alter unbeeindruckt sauste Wayne, wann immer es ging, mit dem Mountainbike oder auf Langlaufskiern durch die Gegend.

Kaum, dass ich mein Kajak neben unserem Jetboot geparkt und geklingelt hatte, riss Cindy die Tür auf.

„Hi Sweetheart! Ach wie schön, dich zu sehen! Komm rein, komm rein!" Mit freudigem Aufjauchzen wurde ich in den Arm genommen und ins Haus gezogen, wo Wayne mich strahlend in Empfang nahm. Ich drückte die beiden extra fest und konnte mich an meiner Atliner Ersatzfamilie gar nicht sattsehen. Ich war so froh, dass es ihnen gut ging!

Ehe ich mich versah, saß ich mit einem leckeren Lachs-Sandwich versorgt am Tisch – wieder mal hatte ich es geschafft, genau um die Mittagszeit einzutrudeln. Wir tauschten Neuigkeiten aus. Cindys und Waynes Augen strahlten vor Begeisterung über meine Anekdoten von Elchen, Ottern und Schneeziegen.

Wayne war ein angesehener Bergsteiger, der unter anderem die Erstbesteigung der fast senkrechten Granitwand von El Capitan im Yosemite National Park bewältigt hatte. Als *Park Ranger* hatte er in Yosemite und Denali gearbeitet und viele Such- und Rettungsaktionen geleitet, und jahrelang hatten Cindy und er in der Arktis gelebt. Im Vergleich mit Waynes riesigem Erfahrungsschatz in

Unter Menschen

Downtown Atlin

Sachen Natur kam ich mir wie ein ABC-Schütze vor.

„Hat dich denn schon mal ein Elch gejagt?", wollte Wayne wissen, nachdem ich mit der Erzählung unserer diesjährigen Bärenbegegnungen und meiner winterlichen Elcherlebnisse endgültig am Ende meiner Neuigkeiten angekommen war.

„Bisher zum Glück nicht. Ich passe aber auch auf, dass ich sie nicht bedränge, und die Hunde habe ich ja im Griff. Aber früher oder später werde ich wohl mal einem begegnen, der einen schlechten Tag hat. Das wird sich kaum vermeiden lassen." Ich streckte meine Beine lang von mir, angenehm gesättigt vom Essen und glücklich, mich mit Wayne und Cindy unterhalten zu können. Ich musste an meine Eltern in Deutschland denken.

Cindy nickte: „Als wir in Denali gelebt haben und die Kinder noch klein waren, haben wir ihnen eingebläut, dass sie sofort ins nächste Haus rennen sollen, wenn ein Elch hinter ihnen her ist! Im Sommer waren die Elche ja selten beim *Rangers Headquarter*, aber im Winter – da waren die paar Wege geräumt und die Elche hatten es leichter, dort zu laufen als durch den verschneiten Busch. Das kennt ihr ja sicher auch, nicht? Wenn der Schnee sehr hoch ist, benutzen sie gerne etablierte Pfade. Allerdings haben die Elche in Denali Gegenverkehr wie Hunde und Kinder oft aus dem Weg gescheucht! Kopf runter, Ohren angelegt und die Mähne ordentlich gesträubt."

„Vor allem eine Elchkuh – Patches haben wir sie genannt", warf Wayne ein. „Die hatte es auf Don, den Parkingenieur abgesehen, obwohl der ein ganz patenter Kerl war und ihr nie etwas getan hatte. Seltsam. Sie schien ihm morgens richtig aufzulauern. Er hat schon immer extra nahe am Eingang geparkt, damit Patches ihn nicht bemerkte. Kaum, dass sie ihn sah, ging ihr Kopf sofort runter, das Mähnenhaar hoch, und dann rannte sie auf ihn los! Er hat sich immer so schnell wie möglich in das nächste Haus gerettet, unter anderem auch das von einem der Straßenarbeiter. Der mochte Don zwar nicht, aber hat ihm trotzdem Asyl gewährt, wenn die Elchkuh hinter ihm her war."

Ich lachte. „Oh je. Elchterror! Das muss ja auch frustrierend sein, wenn man doch *Ranger* und Naturliebhaber ist!"

„Ja, aber wirklich. Es konnte sich auch niemand einen Reim drauf machen, warum Patches ihn so hasste. Mich hat sie nur einmal angegriffen, als ich die Schlittenhunde gefüttert habe. Zum Glück konnte ich mich in den Schuppen retten, aber Patches hat dann ihre Wut an einer der Hundehütten ausgelassen

Unter Menschen

und das Dach zu Kleinholz gemacht. Der Hund in der Hütte war unverletzt, aber schwer beeindruckt."

Cindy, die das einfache Buschleben und Campen zur Genüge kannte, wandte sich schließlich den praktischen Dingen zu: Wollte ich bei ihnen vielleicht kurz unter die Dusche hüpfen oder bei ihnen übernachten, konnten sie mir mit ihrem Auto helfen, mein Gepäck vom Dock zu holen? Auf alle Fälle sollte ich noch einen Abend zum Essen kommen, bevor ich wieder heimfuhr. Gemeinsam scharten wir uns vor ihrem Kalender, um ein Datum festzulegen. Verstohlen sah ich von einem zum andern. Wenn die beiden wüssten, wie sehr sie mir die Trips in den Ort versüßten! Es war unbeschreiblich schön, Freunde zu haben, die verstanden, was ich am Land und seinen Tieren fand und von deren Erfahrungen ich so viel lernen konnte.

Das Transportangebot nahm ich gerne an, denn bis zu Chris' alter Cabin in Atlin, die unser Standbein im Dorf war, waren es gute zwei, drei Kilometer bergauf. Wayne füllte mir noch einen Kübel mit Wasser auf, da unser Stadtdomizil keine Wasserversorgung hatte, und kutschierte mich und meine Habseligkeiten zu meinem zweiten Zuhause.

Dort angekommen schwirrte mir der Kopf von den vielfältigen Eindrücken, dem Gespräch mit Cindy und Wayne, den Häusern und Menschen, mechanischen Geräuschen und Lärm sowie der kurzen Autofahrt. Das ungewohnte Mayonnaisearoma des Sandwichs rang mit dem Lächeln von Cindy, der Stimme Waynes, dem Geruch der Autositze, ihrem weichen Teppich und den Bildern an ihren Wänden verzweifelt um Aufmerksamkeit in meinem Hirn, das versuchte, sich auf das Auspacken meiner Seesäcke zu konzentrieren. Fasziniert starrte ich auf den abgeschabten Sperrholzfußboden von Chris' Cabin, lauschte dem Motorengeräusch eines unten auf der Straße vorbeifahrenden Autos und sog den Staubgeruch des seit dem Winter nicht mehr gelüfteten Hauses ein.

Der Wirbelwind der Zivilisation hatte mich erfasst. Meine noch auf die Wildnis abgestimmten Sinne, die doch gute elf Monate eines jeden Jahres fast nur Natureindrücke registrierten, waren vollkommen überfordert. Ich musste mir erst wieder angewöhnen, das meiste, das um mich herum vor sich ging, wegzufiltern. Nach ein paar Tagen würde sich diese Sensibilität auf ein zivilisiertes Ausmaß dämpfen und ich nicht mehr jeden Wechsel der Windrichtung, die kleinen Bewegungen von Vögeln im Gebüsch, das Knacken eines trockenen Astes registrierte. Der Großteil der Welt verschwand dann in den Hintergrund, damit ich mich auf Dinge wie Autoverkehr und die Interaktion mit Menschen konzentrieren konnte.

Heidi scheuchte mich am nächsten Morgen energisch in ihr Auto, um mich für die nächsten Tage zu ihrem Hof weit außerhalb von Atlin mitzunehmen. Wie üblich sprudelte sie vor Plänen, Fragen, Informationen und Neuigkeiten nur so über. Gestikulierend erzählte sie mir, wer wann von wo für wie lange

Unter Menschen

Mit Heidi wird es einem nie langweilig

bei ihnen zu Besuch kam, was alles an Bauvorhaben anstand, grübelte über Möglichkeiten des Geldverdienens und unerfüllbare Sehnsüchte nach Urlaub nach.

In meinem Kopf begann sich erneut alles zu drehen. Meine schwerfälligen Gedanken versuchten, ihr von einem Thema zum andern zu folgen, während ich mich gleichzeitig bemühte, mich nicht von der rasch am Autofenster vorbeiziehenden Landschaft ablenken zu lassen. Ich kam mir vor wie ein Kind: „Ui, wie schnell die Bäume vorbeiflitzen!"

Trotzdem genoss ich ihren Redestrom in vollen Zügen, da wir so viele Interessen teilten und Heidi vor Lebhaftigkeit und positiven Denkens nur so summte. Es war meine Gelegenheit, mich mit Gesprächen, Unternehmungen und Freundschaft vollzusaugen, um den Rest des Jahres davon zehren zu können. Aber einen zweiten Ausflug in die Zivilisation hatte ich ja noch für Ende Juli geplant.

Auf ihrem Hof ging es mit ihrem Mann, den zwei Hunden, ihrem Kater und drei Lamas gleich geschäftig weiter. Und blutrünstigen Wolken von Mücken.

„Na Große, hast du einen schönen Paddeltrip gehabt? Wie ist es so in der Zivilisation? Haste schon wieder genug?", grinste Frank mich an.

„Nee, ich bin doch grade erst angekommen! Hab den Kulturschock schon fast überwunden. Siehst du nicht, wie relaxt und ausgeglichen ich bin?" Ich erschlug auf meinem Arm zwei Mücken von der Hundertschaft, die in höchsten Tönen um mich schwirrte.

Schwalbe bei Heidi

„Na denn … also, ich hab dir einen Kanister Wasser in die Gästecabin gestellt, Holz ist da. Kennst dich ja aus. Soll ich noch das Propangas anstellen?"

„Mensch, ihr habt euch wieder voll reingestresst! Propan brauche ich echt nicht. Ich kann mir doch am Morgen im Ofen kurz ein Feuer für das Kaffeewasser machen. Oder ich komm um halb sieben rüber und schmeiße Heidi aus dem Bett!"

„Gut, musst du selbst wissen. Dann lass ich euch Weiber erst mal in Ruhe schnattern!" Mit den Händen wedelnd verschwand Frank in Richtung Werkstatt – kein Abschiedswinken, sondern nur der automatische Versuch, die Blutsauger zu verscheuchen.

„Okay, ich bring nur eben meine Sachen in die Gästecabin. Ich komme dann gleich." Die urige Hütte mit Blick auf den Waldrand und Berge war ein wahres Labsal. Die Straße lag einige hundert Meter weit entfernt und war kaum zu hören, kleine Seen in der Nähe luden zu Spaziergängen ein und jederzeit war ein Hund zum Streicheln parat. Ab und zu schritt ein Lama königlich am Fenster vorbei, mit dem wiegenden Schritt einer dicken Frau auf Stöckelschuhen. Wenn die Cabin von Chris in Atlin auch schön und praktisch gelegen war, sogar noch eine bessere Aussicht hatte – heimischer fühlte ich mich bei Heidi und Frank. Was sicher nicht unwesentlich an Heidi und Frank lag.

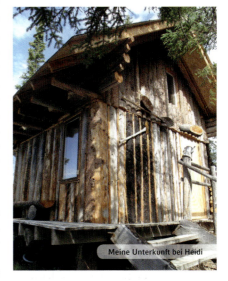

Meine Unterkunft bei Heidi

„Willst 'nen Tee?", fragte Heidi, als ich mich durch die Hunde, Lamas und Mücken von der Gästehütte zu ihrem Blockhaus vorgearbeitet hatte.

„Oh ja, bloß keinen schwarzen. Ich konnte letzte Nacht schon kaum schlafen, weil ich noch so aufgedreht war von den ganzen Eindrücken." Miauend strich mir der Kater um die Füße. „Hi Smoky." Kaum, dass ich saß, sprang er mir schnurrend auf den Schoß.

„Stoß ihn runter, wenn er nervt."

„Nee, ist doch schön! Ich bin ja schon auf Tierentzug, so lange ohne Hunde. Bei euch hab ich wenigstens immer was zum Streicheln."

„Ja, sag nichts!" Heidi stellte die riesige Teekanne auf den Tisch – die albtraumhafte Verwirklichung einer Töpferfantasie von Cowboysattel und Pferd, die sie geschenkt bekommen hatte.

„Schade eigentlich, dass ihr die Ziegen nicht mehr habt. Die waren doch echt klasse."

Heidi setzte sich und schob mir eine Tasse entgegen. „Ja, es war schon gut mit denen, aber die haben wirklich alles radikal abgefressen. Und im Winter eine Sauerei mit dem Heu gemacht! Die Lamas sind tausendmal besser, die verbrauchen so viel weniger Heu."

„Hm. Mir gefallen Ziegen besser. Zu den Lamas hab ich irgendwie keinen Draht." Die Lamas, wie auch die Ziegen vor ihnen, führten ein idyllisches Leben bei Heidi, da sie sie nur aus Tierliebe und Spaß an der Freud hielt.

„Dir tut's eben immer noch leid, dass du drüben im Busch keine Ziegen halten kannst, stimmt's?"

„Ja klar. Ich war ja damals kurz davor, mir welche anzuschaffen, als Chris mit der Idee ankam, in den Busch zu ziehen. Und ein Pferd."

„Aber wenn ihr wolltet, könntet ihr doch auch da draußen Ziegen halten? Oder meinst du immer noch, das kommt zu teuer?" Heidi schenkte mir aus der schaurigen Kanne Tee ein. Kräuselnd stiegen kleine Dampfnebel aus meiner Tasse in die Luft wie ein kleiner Vorgeschmack auf den Eisnebel des nächsten Winters.

„Theoretisch ginge das schon. Aber eben, das Heu für die gut acht Monate, wo sie nichts anderes zu fressen hätten, einzuschiffen ... und wenn sie uns ums Grundstück herum die ganzen Weiden und Pappeln abfressen, nehmen sie ja den Elchen Futter weg. Und früher oder später würden ein Bär oder Wölfe ganz sicher auf den Trichter kommen, dass da Ziegen sind und wahrscheinlich welche reißen. Ich würde es hassen, am Ende einen Bären oder Wolf abschießen zu müssen, bloß weil wir den sozusagen durch Ziegenhaltung angefüttert haben. Daher kommen doch immer die ganzen Konflikte mit Wildtieren – wenn sie bei Menschen eine Futterquelle finden."

„Du müsstest sie halt mit Elektrozaun einzäunen."

„Ja, das ginge vielleicht ... Aber dann müssten wir das ganze Grundstück einzäunen, auch und gerade am Ufer entlang. Ist auch nicht mehr so das Wildnis-Feeling, wenn um alles ein Zaun ist." Ich seufzte. „Nee, das funktioniert nicht gut, die Viehhaltung im Busch. Dazu sind wir ja auch nicht dort raus gezogen. Man muss eben auch ein paar unerfüllte Träume im Leben haben – meine sind die von Ziegen und einem Pferd."

„Könnte schlimmer sein", fand Heidi und beendete das Ziegenthema. „Du, sag mal, wo musst du in Whitehorse nun überall hin? Zum Zahnarzt, und sonst?"

Trotz ihres wie immer zum Bersten vollgestopften Sommers sah Heidi es als selbstverständlich an, mich zum Großeinkauf nach Whitehorse zu kutschieren und fegte meine Bedenken, dass es schließlich alles andere als ein Spaß sei und ich mir auch von jemand anderen ein Auto organisieren könnte, vom Tisch. Und wie immer war ich heimlich froh, denn niemand war eine bessere moralische Einkaufsunterstützung als Heidi.

Stressig wurde es trotzdem. Mit einem tiefen Gefühl der Unlust registrierte ich den sich verstärkenden Verkehr auf dem Alaska Highway, je mehr wir uns der Metropole Whitehorse mit ihren 26.000 Einwohnern näherten. Gigantische Wohnmobile wie Apartments auf Rädern tucker-

Fahrradständer in Whitehorse

ten behäbig der Hauptstadt des Yukon Territory entgegen, dazwischen kleinere Pick-ups mit Camperaufsätzen, deren Beifahrer aufgeregt aus dem Fenster spähten: Die Touristensaison war bereits in vollem Schwung.
Hoffentlich wollen die nicht auch alle einen Hamsterkauf im Supermarkt machen, dachte ich unbehaglich.
Strategisch arbeiteten wir uns durch die Stadt. Mit meinem dicht beschriebenen DIN-A4-Blatt, auf dem die Einkaufsliste stand, in der einen Hand, und der Geldbörse in der andern, tauchte ich unter das Volk. Der Autolärm, das Scheppern eines Lasters, die ungewohnten Abgase krallten sich so heftig in meine Sinne, als würde andauernd jemand mit seinen Fingernägeln über eine Tafel kratzen. Unbewusst kniff ich meine Augen zusammen – die Ohren und Nase ließen sich leider nicht verschließen.

Der alte Raddampfer in Whitehorse

Von den bunten Lichtsignalen der Ampeln dirigiert wie ein schwerfälliges Ballett, scharten sich kleine Grüppchen am Rande des Bürgersteigs, während andere Menschen in ihren Autos knatternd an uns vorbeizogen. Ein brenzliger, scharfer Geruch drang von links zu mir hinüber. Ich schnupperte – was war das noch mal? Ein kurzer Blick neben mich: ach ja, Zigarettenqualm! Seit Ewigkeiten nicht mehr gerochen. Plötzlich drängten die Menschen neben mir voran, auf die Straße: Grün! Schnellen Schrittes folgte ich.
Mit dem kostbaren Unterhaltungsgut für den nächsten Winter in der Tasche, meiner Ausbeute aus dem Büchergeschäft, traf ich mich mit Heidi am Auto – und weiter ging's zum nächsten Geschäft. Am längsten dauerte es im Supermarkt, in den ich zweimal hinein musste, da nicht alles in einen großen Einkaufswagen passte. Mit Paletten von Dosenmilch, Spargel, Tomatenmark, Pesto, Orangensaft, Familienpackungen Spaghetti, Gläsern von Apfelmus, Salz- und Hefepäckchen, großen Stapeln Käse, Margarine und Schokolade, 10-kg-Mehltüten und Sparpackungen Toilettenpapier beladen, konnte ich den Einkaufswagen kaum noch durch die Gänge lenken. Andere Käufer warfen mir skeptisch-besorgte Blicke zu (Touristen) oder lächelten mitfühlend (Einheimische). An der Kasse blieb hinter mir lange eine gähnende Leere.
„Kochen Sie für ein Buschcamp?", fragte mich die Kassiererin.
„Nein, aber wir leben in der Wildnis."
„Ach so, da kommen Sie wohl nicht so oft in die Stadt. Irgend so was dachte ich mir doch! Das macht dann 689,43 Dollar. Auf die Kreditkarte?"
Ermattet schob ich ihr das Stück Plastik hin und begann, alles strategisch in

Kartons zu verpacken. Dosen konnte ich vorerst im Schuppen auf Chris' Atliner Grundstück lagern, da sie geruchsdicht und somit sowohl bären- als auch mäusesicher waren. Leicht anfressbare Ware musste ich zu Chris' Cabin hochtragen, während ich den Käse und die Margarine in der Gefriertruhe zwischenlagern würde. In mein Kajak passte von den Einkäufen so gut wie nichts – ich würde sie erst beim nächsten Stadttrip im Juli mit dem großen gecharterten Boot zum Tagish Lake bringen.

„Oh Gott", sagte Heidi, als ich mühsam mit dem überladenen Einkaufswagen über den Parkplatz geklappert kam, und öffnete die Hintertüren ihres Kleinbusses für mich.

„Das ist noch nicht alles, ich muss da gleich noch mal rein", erwiderte ich grimmig, während ich die ersten Kondensmilchpaletten ins Auto wuchtete.

„Sollen wir danach was essen gehen? Mich plagt der Hunger."

„Ach ja, lass uns das machen! Ich bin auch schon ganz knatschig. Wo willst du hin, ich lade dich ein?" Einer der Vorteile, mit Heidi einzukaufen, war, dass ich mir wenigstens die Zeit nahm, irgendwo zu Mittag zu essen. War ich allein unterwegs, aß ich meist nur während der Fahrt von Geschäft zu Geschäft.

Im Restaurant zog ich die erste Zwischenbilanz: Der Supermarkt hatte nur ein Drittel der Spaghetti gehabt, die ich brauchte, zwei Teekartons anstatt der benötigten zwanzig, meinen Kaffee hatten sie gar nicht, im Baumarkt waren Zement

Eine verwilderte Ecke von Whitehorse

und Gießkannen ausverkauft, und die vor drei Monaten bestellte und vorab bezahlte Reparaturanleitung für unser Schneemobil war immer noch nicht da. Einkaufen in Whitehorse war wie in den Ostblockstaaten. Selten bekam man all das, was man brauchte, und dem von weit, weit her angereisten Gemüse und Obst sah man seine Strapazen an. Deshalb ließ sich das leidige Einkaufen nie in einem Aufwasch erledigen, sondern mindestens zwei zeitlich auseinanderliegende Expeditionen zu den Konsumtempeln waren nötig.

Mein Zahnarztbesuch bildete den krönenden Abschluss der Einkaufstortur. Mit den Fingern in die Stuhllehne gekrallt drückte ich mich immer tiefer in die harten Polster, während mir der surrende Bohrer gnadenlos folgte. Am Ende konnte ich immerhin erstmalig seit dem Spätherbst die Zähne wieder richtig zusammenbeißen.

Vollkommen geschafft von unserem Exzess in der Stadt und den langen Stunden Fahrerei fuhren wir am Abend endlich wieder auf Heidis Hof. Die 360 kg Hundefutter hatte ich über das Telefon bezahlt und Heidi wollte die Säcke in ein paar Wochen in Whitehorse abholen, wenn ich wieder nach Hause gepaddelt war. Ich wollte das Futter per Buschflugzeug einfliegen lassen, sodass Chris mit dem Flieger nach Atlin hinauskonnte, um seine Sommereinkäufe zu erledigen.

Ein paar Tage lang regenerierte ich mich noch bei Heidi und Frank, schwelgte in neuen Gesprächsthemen, Diskussionen und anschmiegsamen Hunden, bis Heidi mich und meinen Berg Einkäufe in Chris' alter Cabin ablieferte. Das Entladen ihres Kleinbusses, das Verstauen der Ware in Chris' Schuppen und der mühsame Transport der vielen Kartons per Schubkarre zur Cabin hoch war bereits ein Vorgeschmack auf die Schlepperei, die noch folgen würde. Wenn Ende Juli der Wasserstand auf dem Atlin River so hoch war, dass ich all diese und meine noch zu erledigenden Einkäufe in einem Schwung mit dem großen Charterboot nach Hause befördern lassen konnte, würde ich alles erneut durch die Gegend tragen müssen.

Wenn wir eines Tages nichts mehr bauten, einen größeren Garten, weniger und kleinere Hunde hätten – dann bräuchten wir hoffentlich weniger Dinge. Aber so ganz glaubte ich nicht daran.

Meine Einkäufe passen grade noch in Heidis Bus

Bevor sich meine Woche in der Zivilisation zu Ende neigte, genoss ich noch ein Abendessen bei Wayne und Cindy und einen Lunch bei meiner kulinarisch begabten Freundin Ann. Über Garnelen in Zitronenbutter und Knoblauchbrot tüftelten wir aus, wie und wann sie uns diesen Sommer besuchen kommen konnte – keine einfache Sache, wenn es kostensparend und zu einem für uns alle praktischen Zeitpunkt geschehen sollte.

Schließlich hieß es, meine Abreisevorbereitungen zu treffen. Den kleinen Stapel neuer, gebrauchter Kleidung von der Kirche, die in Atlin einen Second Hand Shop betrieb, verstaute ich vorerst in Chris' Cabin. Bei unserem Lebensstil lohnte es sich nicht, Anziehsachen neu zu kaufen. Kratzende Äste, haarende Hunde und Staubwolken von Sägemehl beim Holzsägen setzten unserer Kleidung täglich zu. Übertreuerte Fleece- und Gore-Tex-Markenware hatte sich schon vor langen Jahren als absolut entbehrlich herausgestellt; kein Wunder, die Menschheit hat ja den Großteil ihrer Zeit auch ohne atmungsaktive Designerartikel überlebt.

Unter Menschen

Voller Vorfreude auf das Heimpaddeln stopfte ich das Zelt und meinen Schlafsack wieder in die Packsäcke, verstaute meine Kleidung in Seesäcken und stellte mir das Essen für die vier Tage unterwegs zusammen. Ich wollte vom Nordende des Tagish Lake nach Hause paddeln – eine völlig andere Route als die, auf der ich in den Ort gekommen war.

In den vertrauten Handgriffen und Überlegungen, der Vorfreude, dem Jubel und Trubel der Zivilisation wieder zu entfliehen, fiel bereits ein Teil der Anspannung der letzten Woche von mir ab. Die Hektik, das Getriebensein, die Liste mit Dingen, die zu kaufen und erledigen waren, die Übersättigung an Eindrücken und Gesprächen hatten nun ein Ende.

Die Sonne stand schon hoch im Morgenhimmel, als ich mein Gepäck auf der Ladefläche von Arnds Pick-up verstaute. Um meine Paddeltour am Nordende des Tagish Lake beginnen zu können, brauchte ich jemanden, der mich dort hinfuhr.

„Und, hast du 'ne recht lange Einkaufsliste?", fragte ich Arnd, der weiter nach Whitehorse zum Einkaufen fahren wollte, nachdem er mich im Dorf Tagish am Six Mile River abgesetzt hatte. Bis dorthin war es noch eine Stunde Fahrt.

„Och, es geht so. Das Wichtigste ist eigentlich, dass ich noch ein paar gute Fenster kriege. Ich muss auch beim Fensterrecycler endlich die eine Tür abholen, die ich schon bezahlt und parat liegen habe. Nicht, dass die plötzlich wieder weg ist!" Arnd presste die Lippen zusammen und schüttelte den Kopf.

„Ja, da muss man echt aufpassen", sagte ich. Er hatte vor, ein Blockhaus zu bauen – auf meinem alten Grundstück. Ich wurde noch immer etwas wehmütig, wenn ich an das schöne Stück Land im Bergtal außerhalb von Atlin dachte. Dabei lebte es in gewisser Weise am Tagish Lake weiter – nicht nur in der Form von Startkapital, die der Verkauf gebracht hatte, sondern viel entscheidender in den Erfahrungen, die ich dort gesammelt hatte. Mir allein ein Haus zu bauen, mir mein Feuerholz selbst zu sägen, ohne Strom und fließend Wasser, ohne die ständige Gesellschaft von andern Leuten zu leben: Das war meine wichtigste Lehrzeit überhaupt gewesen und die beste Vorbereitung auf das Wildnisleben, die ich hätte haben können. Einfach zu lernen, dass ich das meiste tatsächlich selbst machen konnte – wenn nicht auf die eine, dann eben auf eine andere Art.

„... Fundamente gießen und nächsten Sommer mit den Wänden anfangen", riss Arnd mich aus meinen Gedanken. Was hatte er gerade gesagt?

„Man baut sich echt dumm und dämlich", erwiderte ich auf gut Glück. „Als ich '98 hier hoch gezogen bin, hat es mich so gewundert, mit wie vielen Gebäuden sich die Leute ihr Zuhause zumüllen. Ist ja fast wie ein Miniaturdorf auf jedem Grundstück: Haus, Gästecabin, ein, zwei Plumpsklos, Schuppen, kleine Werkstatt, Gewächshaus, Sauna, Hundehütten ... und dazu noch der ganze Fuhrpark! Ein Auto, das läuft, dann ein, zwei Autoleichen, weil der nächste Schrottplatz unerreichbar weit weg ist, ein, zwei Schneemobile, Schlitten und

Unter Menschen

Anhänger, ein Wohnwagenaufsatz, Kanu oder Motorboot", zählte ich an den Fingern auf.

Arnd lachte und schlug das Steuerrad hart ein, um den Wagen um ein Schlagloch herum zu lenken. „Ja, das läppert sich zusammen! Du hast natürlich das Problem, dass man in den Dörfern vieles nicht mieten kann – wie ein Auto oder Motorboot. Oder wenn, dann zu solchen Preisen, dass du dir für drei Mal mieten auch genauso gut ein gebrauchtes kaufen kannst."

„Bei uns ist es genauso schlimm wie überall", sagte ich düster und starrte auf ein Straßenschild, das vor Schneeziegen auf der Straße warnte. „Ich wollte ja erst, dass wir noch ein Haus für uns bauen, weil die Herbergscabin ganz anders konzipiert und nicht ideal gelegen ist. Aber nun bauen wir einfach noch einen zweiten Anbau an und den Rest innen um."

„Ich bin ja mal gespannt, wer seines zuerst fertig kriegt – ihr oder ich!"

Nach über einer Stunde Fahrt durch die einsame Berg- und Seenlandschaft hielt Arnd am Six Mile River an, der den Tagish Lake in den Marsh Lake entwässert, aus dem der Yukon River entspringt. Wir hievten mein Kajak vom Auto, das nach der staubigen Fahrt von einer graubraunen Patina überzogen war, und verabschiedeten uns.

Hier am Six Mile River war es windstill, doch auf den zehn Kilometern vor Windy Arm, die ich wegen des flachen Wassers weit vom Ufer entfernt zurücklegen musste, konnte die Lage schon ganz anders sein. Missmutig dachte ich, dass ein Trockenanzug wahrscheinlich doch eine sinnvolle, wenn auch teure, Anschaffung wäre. Darin versiegelt konnte einem das eiskalte Gletscherwasser nicht so leicht gefährlich werden.

Ein paar Meter weiter waren zwei wild aussehende Yukoner damit beschäftigt, ein verbeultes Motorboot aus dem Wasser auf einen rostigen Anhänger zu bugsieren, der von einem gut dreißig Jahre alten Truck mit verschiedenfarbigen Türen und riesigen Rostlöchern gezogen wurde. Die bartstruppigen Gesichter nickten mir freundlich zu, als ich mein Kajak auf seinem Wägelchen näher ans Flussufer zog und begann, die bunten, wasserdichten Beutel darin zu verstauen. Etwas peinlich berührt über meine yuppiemäßig aussehende Ausstattung, die in krassem Gegensatz zu ihrem historischen Boot und Auto stand, schlüpfte ich in meine Mr.-Spock-Schuhe, die Neoprenbooties, und die knallrote Schwimmweste, setzte mir die schnittige Sonnenbrille auf – interessiert gemustert von den beiden Unikaten in verschmierten Sweatshirts. Tja, Jungs, zu Hause lauf ich auch nicht anders rum als ihr!

Zu guter Letzt schnallte ich noch das kleine Kajakwägelchen aufs Deck und schob das Boot weiter ins Wasser. Jetzt brauchte ich mir um die Gedanken anderer Menschen keinen Kopf mehr zu machen. Ich stemmte das Paddel gegen die Strömung und arbeitete mich langsam den Fluss hinauf. Allerhöchste Zeit, wieder im Busch unterzutauchen.

Wie ein Stück Treibholz

Mein Einkauf kommt an

Wie ein Stück Treibholz

Tagish Lake, 27. Juni: 22 Grad.

Glücklich, wieder daheim zu sein, streckte ich mich auf der warmen Erde aus und lauschte dem Wind, der an den Pappelblättern zerrte. Hier im Garten aber war es windgeschützt. Die Kartoffelpflanzen lehnten sich über die Hochbeete hinaus und daneben reckten sich die Erbsen dem Sommerhimmel entgegen. Eine Hand hatte ich im weichen Fell von Blizzard versenkt, dessen Kopf in meinem Schoß lag, meine andere Hand lag in der von Chris. Rosenduft von wilden Hagebuttensträuchern hing in der lauen Luft, vermischt mit dem Zitronenaroma von Arnika.

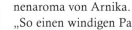
Unser Garten wächst und gedeiht

„So einen windigen Paddeltrip hab ich echt noch nie gehabt ... Das Aufstehen im Morgengrauen hat diesmal überhaupt nichts genützt."
„Hm-m. Zum Juli hin ist es doch meistens windiger. Aber du hast es ja trotzdem gut geschafft", sagte Chris.
„Ja, aber vier Tage nur mit Gegenwind – pfff ..." Ich wackelte wohlig mit den Füßen und gähnte.
„Wenigstens hast du gleich deine Armmuskeln zum Gartenwässern trainiert!" Da es in den drei Wochen, die ich fort gewesen war, kein einziges Mal geregnet hatte, war das Herantragen von Wasserkübeln fast zur Hauptbeschäftigung von Chris geworden.
„Hm ... ja. Und ganz schön viele Karibuspuren habe ich entlang des Ufers gesehen! Vorgestern wollte sogar eines mit mir Kajak fahren."
„Wie das?" Chris drehte sich auf seinen Ellbogen und kitzelte mich mit einem langen Grashalm.
„Ach, da bin ich so nah am Ufer lang gefahren, um den Windschatten auszunützen, und als ich um eine kleine Landzunge kam, stand da eine Karibukuh. Die hat so einen langen Hals gemacht und mich angestarrt – du weißt ja, wie neugierig die sind. Ich hab dann im Kajak extra etwas rumgesponnen, mich komisch bewegt, das fand sie noch interessanter." Ich grinste. Die gräulichbraunen Waldkaribus, die es in unserer Gegend gibt, schließen sich nicht zu riesigen Herden zusammen wie ihre Artverwandten in der Arktis, sondern leben in kleinen Grüppchen. Und werden von unbezwingbarer Neugierde geplagt.
„Sie kam immer näher, ist schließlich mit den Vorderbeinen ins Wasser rein, und kam genau auf mich zu – das fand ich dann nicht mehr so toll! Das erste

Wie ein Stück Treibholz

Mal kentern, weil mir ein Karibu aufs Boot steigt, fehlt auch noch ... ich bin schnell weiter auf den See rausgepaddelt, so gut es bei den Wellen ging – und da ist sie wieder umgekehrt, ist mir aber am Ufer noch gute fünfzig Meter gefolgt."

„Wenn der Elch auf deiner Fahrt nach Atlin auch so aufdringlich geworden wäre, hättest du aber ganz schön geguckt", sagte Chris und warf ein Stöckchen für Moldy, der sofort mit fliegenden Ohren hinterherrannte.

„Oh, da hätte ich Schiss gehabt! Der war ein paar Nummern größer." Ich streichelte Blizzards Ohr.

„Hm-m. Hast du mit Ann arrangieren können, wann und wie sie herkommt?"

Endlich wieder daheim

Ich setzte mich auf. „Ja, wir haben abgemacht, dass sie mit mir und den Einkäufen am 31. Juli herauskommt. Sie kann maximal fünf Tage bleiben, dann muss sie wieder auf der Arbeit sein, und für so lange hat sie einen Katzensitter organisiert. Passt dir das?" Chris würde sie in unserem Boot wieder zurück nach Atlin bringen.

Er streichelte mir den Rücken und überlegte. „Bis zum fünften August ... hast du ihr gesagt, dass ich nicht bis auf den letzten Drücker warte? Dass ich, wenn es am zweiten oder dritten schön ruhig ist, schon dann fahre? Ich hab keine Lust, mir im Boot die Bandscheiben rauszuschlagen." Einen ungemeinen Nachteil hatte unser Jetboot: Wegen des geringen Tiefgangs saß man bei Wellengang genauso bequem wie auf einem Presslufthammer.

„Ja, sie weiß doch, dass das alles wetterabhängig ist." Es fühlte sich furchtbar kompliziert an, wenn wir uns in den künstlichen Rahmen von Uhr und Kalenderdaten zwängen mussten. Froh, dass ich die nächsten Wochen daheimbleiben konnte, kraulte ich Blizzards Nase. Er schloss genüsslich die Augen.

„Und für wann soll ich die *Beaver* bestellen?", fragte ich Chris. Das Wasserflugzeug würde nicht nur das von Heidi abgeholte Hundefutter hereintransportieren, sondern auch Chris mit nach Atlin nehmen.

„Ja, ich weiß nicht, in einer Woche?"

„Gut." Ich seufzte und stand auf. Blizzard blinzelte fragend zu mir hoch. „Wir geben uns im Sommer echt nur die Klinke in die Hand." Ich klopfte mir die Erde von der Hose.

Chris stand ebenfalls auf und warf wieder ein Stöckchen für Moldy. „Es konzentriert sich halt alles immer so in den

Im Gewächshaus wuchern die Tomaten

Wie ein Stück Treibholz

paar Sommermonaten – einkaufen, Besuche, bauen, Gartenarbeit ... Komm, schau mal ins Gewächshaus! Die Tomaten wuchern wie verrückt. Und dann können wir gleich Wasser holen gehen."

Die Beaver bringt unsere Einkäufe

Eine knappe Woche später dröhnte das rot-weiße Wasserflugzeug in einer tiefen Schleife über unsere Cabin hinweg. Mit Mülltüten beladen machten Chris und ich uns schnell auf den Weg in die Bootsbucht, um dort die *Beaver* in Empfang zu nehmen.

„Hey, gutes Timing!", keuchte ich, als das Flugzeug auf dem Wasser schwankend um die Ecke getuckert kam. Heidi spähte neben dem Piloten aus der Scheibe, hinter ihr erahnte ich die Stapel Hundefutter und Säcke mit Gartenerde.

Als er unser Dock fast erreicht hatte, stellte der Pilot, der ebenfalls Chris hieß, den Motor ab und kletterte auf einen der Flugzeugpontons. Langsam steuerte er die *Beaver* mit dem Kanupaddel an unseren Steg heran.

„He Chris, wie geht's?", rief mein Chris und griff nach einer Tragflächenkante, um das Wasserflugzeug näher an unser Dock zu bugsieren.

„Gut, gut. Guck mal, Heidi hab ich grad noch mit reinquetschen können! Nur gut, dass die so klein ist. Ihr solltet eure Hunde weniger füttern! Eine Flugzeugladung voller Hundefutter ..." Die Männer vertäuten die Maschine, während Heidi sich über den Pilotensitz zur offenen Tür hin durcharbeitete und zum ausgebleichten Steg hinunterkletterte.

Wie ein Stück Treibholz

„Ich will ja auf Handtaschenhunde umstellen, wenn meine drei großen nicht mehr sind. Dann reichen mir zwei Tüten für ein ganzes Jahr! Das wird aber ein schlechtes Geschäft für dich, Chris. Hallo Heidi!" Ich umarmte meine Freundin, die bereits auf mich einredete.

„Hallo – du, das ist ja echt der Hammer mit dem Futter. Oh, pass auf ..." Die ersten Säcke wurden schon entladen. Ich griff mir den nächstbesten und schleppte ihn Chris hinterher ans Ufer, während der Pilot uns einen nach dem andern aus seinem Flugzeug reichte. Schließlich kamen noch die schweren Säcke mit der Gartenerde.

„Mann, was habt ihr denn hier drin?"

„Erde, für den Garten. Wir haben hier ja kaum eine Humusschicht, die man verwenden könnte." Ächzend schleifte ich den Sack ans Ende vom Steg, wo Chris ihn mir abnahm. Bald hatten wir die über fünfhundert Kilo schwere Ladung am Ufer.

„Wie schaut's aus, hast du Zeit für einen Kaffee?" Mein Chris sah Piloten-Chris erwartungsvoll an, während Heidi mir eine Plastiktüte in die Hand drückte.

„Hm, wär nicht schlecht, aber ich hab gleich noch einen Flug und bin schon etwas spät dran, wie ihr gemerkt habt. Was kommt denn alles wieder mit raus – außer Heidi?"

„Na, ich halt, und das hier ..." Mein Chris deutete auf seinen Beutel schmutziger Wäsche, die er zum Waschsalon bringen wollte, die leeren Propangasflaschen, Benzinkanister und die Kollektion Mülltüten.

Piloten-Chris rümpfte die Nase. „Wieder mal Müll?"

„Alles ausgebrannte Dosen und nur ein paar Plastikverpackungen", beruhigte ich ihn und spähte in Heidis Tüte. Kleine Kosmetikgläschen waren darin.

„Na gut, ausgebrannt, das stinkt mir hoffentlich nicht das Flugzeug voll. Also, dann lasst uns das mal einladen."

„Willst du die alle mit Gesichtscreme haben oder brauchst du auch noch Arnikasalbe?", fragte ich Heidi, während die beiden Chris die *Beaver* beluden. Auf den Wildwiesen Blumen zu sammeln und daraus mit Öl und Bienenwachs meinen Bedarf an Cremes und Salben

Unser Dock wirkt winzig, wenn das Flugzeug anlegt

selbst herzustellen war wesentlich schöner, als etwas aus dem Drogerieregal zu kaufen. Auch im Winter duftete mir so noch das Aroma der Blüten entgegen, die wenige Meter von der Cabin gewachsen waren – und Heidi konnte ich auch welche schenken.

„Arnika brauch ich nicht, davon hab ich noch, aber Gesichtscreme. Und Lippenbalsam, wenn du welchen machst? Ich hab noch ein paar Röhrchen dafür

Wie ein Stück Treibholz

Aus vielen Wildblumen und Kräutern lassen sich Salben machen

reingelegt." Heidi wühlte in der Tüte und förderte zwei schon mehrfach recycelte Tuben zutage. „Ja, kann ich machen. Ist aber diesmal eine andere Mischung, ohne Ringelblumen. Ich nehme jetzt hauptsächlich die Blütenblätter von den Hagebuttensträuchern."

„Solange das auch geht?"

„Oh ja, die sind super, es riecht nur alles etwas penetrant nach Rosen." Hinter Heidi warfen die Männer die letzten beiden Mülltüten in die Beaver. „Du, die sind fertig mit dem Beladen!"

„Oh – ja! Also … mach's gut und dank dir für den Flug!" Heidi drückte mich kurz und marschierte unter der Tragfläche hindurch.

„Du bist gut – nichts zu danken! Ist super, dass du das ganze Futter nach Atlin gebracht hast."

„Ist schon gut. Also – bis dann!" Sie verschwand in der offenen Flugzeugtür, während mein Chris kam, um sich von mir zu verabschieden.

„Pass auf dich auf, Sweetie, he? Mach dir schöne Tage allein." Er gab mir einen Kuss. Der Pilot löste bereits die Vertäuung.

„Ja, viel Spaß im Ort! Grüß Wayne und Cindy. Ich lieb dich."

„Ich dich auch."

Als alle an Bord waren und die *Beaver* ein gutes Stück vom Dock entfernt war, schepperte der Propeller wieder los. Tief zerfurchten die Pontons den See, als das Wasserflugzeug brummend aus unserer Bucht hinaustaxierte. Für ein paar Minuten verschwand es hinter dem Hügel, dann nahm der Motorenlärm eine dringlichere Lautstärke an, und im nächsten Moment brüllte die Maschine an der Bucht vorbei, weiße Gischt um sich spuckend, bis sie sich langsam in die Luft erhob. Ich winkte noch einmal und wandte mich dann seufzend dem Berg Hundefutter und Erde zu. Die Erdsäcke konnten noch eine Weile hier in der Bucht liegenbleiben, aber das Futter war für Bären zu interessant. Das musste ins Haus geschafft werden.

Ich schob unser grünes Kanu ins Wasser und stapelte einen Hundefuttersack nach dem andern hinein, bis es gut beladen war. Mit einem kräftigen Tritt gegen den Grund stieß ich mich ab und sprang schnell ins Boot. Das türkisfarbene Wasser, schon ganz milchig von Gletschermehl, presste kühl gegen den Kiel. Langsam schipperte ich mit der schweren Ladung um die Landspitze herum. Von der *Beaver* war schon längst nichts mehr zu hören, nur das Tirilieren der

Wie ein Stück Treibholz

Vogelstimmen hing über den Wildblumen. Tief orangene Flechten leuchteten an den dunklen, steilen Uferfelsen; ein bunter Gegensatz zu dem Pink und Lila der Weidenröschen und des Rittersporns. Es gab eine erstaunliche Vielfalt an Pflanzen, die antiseptisch, antibakteriell, blutungsstoppend, muskelentspannend, schmerzstillend, krampflösend und keislaufanregend waren. Je mehr ich im Laufe der Jahre die Pflanzen zu nutzen lernte, wandelte sich die Wildnis von einer schönen Landschaft zu etwas Wertvollem, das belebt und fürsorglich war. Der Wald wurde leichter lesbar für mich: Auf was für Bodenbeschaffenheit die verschiedenen Pflanzen hindeuteten, mit welchen anderen Kräutern sie oft zu finden waren, welche Tiere sich davon ernährten.

Feuchte Uferstellen locken Schmetterlinge an

Ein paar pharmazeutische Mittel wie Antibiotika, Halspastillen und Schmerzmittel hatten wir zwar da, aber es ließen sich schlecht für jedes potenzielle Zipperlein Medikamente einlagern. Mit unserem breiten Sortiment an Homöopathika, das ich jährlich mit selbst gesammelten Rinden, Wurzeln, Blättern und Blüten ergänzte, konnten wir so manches Gesundheitsproblem im Keim ersticken. Nie war ich gesundheitsbewusster gewesen als hier in der Wildnis, wo der Weg zum Arzt so weit war.

Ich wechselte das Kanupaddel zur anderen Seite über und kniff die Augen vor dem grell im Wasser reflektierenden Sonnenschein zusammen. Zum Einfrieden für das Küchen- und Heilkräuterbeet könnte ich eigentlich welche der schön gemaserten Steine holen, die mir auf dem Campingausflug mit Chris in einer Bucht aufgefallen waren. Vielleicht in den nächsten Tagen.

Gemächlich arbeitete ich mich am steinigen Ufer entlang, bis ich unterhalb unserer Cabin ankam. Ich wuchtete die Hundefuttersäcke aus dem Kanu und paddelte zurück zur Bootsbucht, um die nächste Ladung zu holen.

Die Idee, mit dem Motorboot loszufahren und Steine für mein Kräuterbeet zu holen, war doch nicht so gut gewesen, stellte ich zwei Tage später mit flauem Magen fest. Schaumgekrönte Wellen klatschten rhythmisch gegen die Aluminiumnussschale, die antriebs- und steuerungslos mit dem Wind auf dem See driftete. Nervös versuchte ich, den Motor wieder anzulassen – nichts passierte. Verdammt! Chris in der Zivilisation, die Hunde in der Cabin und ich wie ein Stück Treibholz auf dem See.

233

Wie ein Stück Treibholz

Mit einem kaputten Boot wirkt der See nicht mehr so freundlich

Wie ein Stück Treibholz

„Scheiße!" Ich versuchte es erneut, aber nichts tat sich. Immer hektischer zog ich an der Anlasserschnur. Die Wellen begannen, das Boot weiter auf den See hinauszutreiben, während gleichgültige Wolken für einen Moment die Sonne verdeckten. Doch der Motor blieb stumm. Mehr als ein paar Minuten verschwendete ich nicht mit vergeblichen Versuchen, das sture Biest wieder zum Laufen zu bringen – nur zu gut war ich mir meiner nicht existenten Fähigkeiten in der Motorendiagnostik und -reparatur bewusst.

Ich zog den Außenborder hoch und starrte den bewegungslosen Propeller wütend an. Der Wind nahm stetig zu. Irgendwie musste ich unbedingt an Land kommen! Wegen meines Misstrauens Motorbooten gegenüber und mangelnder Illusionen über meine Fähigkeiten mit ihnen umzugehen, hatte ich mich wenigstens dicht am Ufer gehalten. Immerhin etwas – nur um die zweihundert Meter trennten mich vom Land, und glücklicherweise war es die Seite des Sees, an der sich unser Blockhaus befand, und nicht das entgegengesetzte Ufer. Ich würde mich zu Fuß nach Hause durchschlagen können, auch wenn es Ewigkeiten dauern würde.

Als ich mich in den Bug kauerte und heftig das für diese Fälle mitgeführte Kanupaddel durch die Wellen zog, bekam ich das Boot langsam, aber sicher unter Kontrolle. Die Wellen schoben von hinten; ich musste nur den Kurs korrigieren, um am Ufer und nicht mitten auf dem See zu landen. Ein kleiner, windgeschützter Streifen, an dem ich das Boot an Land ziehen konnte, rückte im Zeitlupentempo näher. Gott sei Dank waren hier keine Steilfelsen!

Meine Gedanken jagten sich. Vermissen würde mich so schnell keiner – bis auf die Hunde. Die waren mit nur einem Pfützchen Wasser in der Schüssel zu Hause eingesperrt und würden auch bald hungrig werden. Chris war noch in Whitehorse und wollte mich am Nachmittag anrufen. Wenn er niemanden erreichte, würde er sicher annehmen, dass das Satellitensystem streikte und daher das Telefon nicht funktionierte.

Ich hatte zwar ein Funkgerät dabei, aber es stand in den Sternen, ob und wann ich damit jemanden erreichen konnte. Heute, morgen, in drei Tagen? Es gab nur zwei Möglichkeiten: Entweder hier am Ufer in der Hoffnung warten, dass zufällig ein Boot vorbeikam, oder zu Fuß nach Hause laufen. Bootsverkehr war durchaus möglich, da es Freitag und recht schönes Wetter war, aber kaum jemand fuhr dicht am Ufer entlang. Würde man mich hier überhaupt entdecken? Außerdem drang der meiste Bootsverkehr nicht bis zu uns vor, sondern beschränkte sich auf das Nordende vom See.

Verbissen paddelte ich auf das Ufer zu. Ich war nur zehn Kilometer Luftlinie von unserer Cabin entfernt, aber wegen einer großen Bucht, die ich ganz umrunden musste, hatte ich ungefähr vierzehn Kilometer zu laufen. Vierzehn Kilometer auf einem Wanderpfad waren ein Klacks von drei Stunden. Im weg- und steglosen Wald dagegen war es ein mühseliger Hürdenlauf voller Umwege über unzählige umgestürzte Bäume, durch dichtes Unterholz, moorigen Stellen,

Wie ein Stück Treibholz

über steile Felsen und durch Bäche. In besonders dicht verfilztem Gebiet konnte man da für einen Kilometer durchaus eine geschlagene Stunde brauchen.

Ich biss mir auf die Lippen und paddelte kräftiger, hatte das Ufer schon fast in meiner Reichweite. Und wenn ich die Enge der Bucht, wo die beiden Ufer nur etwa einhundertfünfzig Meter auseinanderliegen, durchschwamm? Das würde mir etliche Kilometer ersparen. Andererseits – im eiskalten Gletschersee schwimmen? Schaudernd erinnerte ich mich daran, wie ich einmal im noch halb zugefrorenen See geschwommen war, als Koyah durch das mürbe Eis gebrochen war. Die Kälte legt sich wie ein erbarmungsloser Schraubstock um einen, man schnappt automatisch nach Luft und die Stimme versagt zu einem hilflosen Flüstern. Unterkühlung tritt im Wasser schnell ein und raubt einem die Beherrschung der Gliedmaßen, sodass man Gefahr läuft zu ertrinken, weil man Arme und Beine nicht mehr kontrollieren kann. Nein, das mit dem Schwimmen wäre eine dumme Idee.

Das Boot knirschte auf Grund. Ich kletterte an Land, erleichtert, es immerhin soweit geschafft zu haben. Wenn die ohne ausreichend Wasser in der sonnigen Cabin eingesperrten Hunde und damit der Zeitdrang nicht wären, hätte ich direkt Spaß an der ganzen Sache – mich über so eine lange, unvertraute Strecke durch den Wald zu schlagen. Alles neues Gelände!

Die Hunde sitzen in der Cabin fest

Silas war jedoch am Morgen noch nicht einmal pinkeln gewesen. Und wenn sie sich in der Zwischenzeit am offenen Sack Hundetrockenfutter bedienten, wie Blizzard es vor Jahren in Atlin zu Silvester gemacht hatte? Quälender Durst und Erbrechen wären das Resultat. Schnell durchkramte ich die Ausrüstung, die wir immer für einen Notfall im Boot dabei hatten: Wanderstiefel, extra Kleidung, Erste-Hilfe-Beutel, Kompass, Karten, Funkgerät und Bärenspray. Mit dem Essen sah es allerdings schlecht aus, nur einen einzigen Müsliriegel hatte ich eingepackt. Der musste wohl reichen.

Ich vertäute das Boot, zog meine Wanderstiefel an und packte die warme Kleidung in den wasserdichten Seesack, den ich mir im Rucksack auf den Rücken schwang. Zahllose Klippen fielen steil ins Wasser ab, aber der Uferlinie zu folgen wäre sowieso nicht gut, da die vielen Ein- und Ausbuchtungen noch mehr Kilometer zu der Strecke addiert hätten. Mit Karte und Kompass schlug ich einen Kurs ein, mit dem ich ein paar kleinere Buchten abschneiden konnte. Abenteuerlust begann, meine nagende Sorge um die Hunde und darum, wie lange ich bis nach Hause brauchen würde, zu verdrängen.

Ich schlug ein bedachtes Tempo an, das ich auf lange Zeit und trotz des Hürdenlaufs einhalten konnte. Äste verfingen sich an meinem Rucksack, der

Wie ein Stück Treibholz

mir das Baumstämme-Überklettern und (noch schwieriger) Unter-Stämmen-Hindurchkriechen zu einer wahren Plage machte. Eine schmale Schneise von platt getrampeltem Moos und Gräsern, freigehalten von regelmäßigem Elch-, Bären- und Wolfsverkehr, öffnete sich hie und da zwischen den laut im Wind rauschenden Fichten. Allerdings zerliefen sich die Wildwechsel nach ein paar hundert Metern unweigerlich in eine Vielzahl immer unscheinbarer und schließlich verschwindender Pfade. Nur selten führten sie in meine angepeilte Richtung. Regelmäßig schaute ich auf den Kompass, um meinen Kurs zu korrigieren. Wenn ich Blizzy dabeihätte und er ein paar Jahre jünger wäre, würde er mich auch von hier nach Hause führen?

Ich wedelte mit der Hand nach den Mücken, die um meinen verschwitzten Kopf surrten, in meinen Haaren landeten und mich in die Kopfhaut piekten. Am Stand der Sonne sah ich, wie die Stunden vergingen. Sobald ich anfing, zu ermüden, führte ich mir die eingesperrten, durstigen Hunde vor Augen und bekam sofort einen neuen Adrenalinschub. Mein Magen knurrte vor Hunger, denn der Müsliriegel war längst verdaut und ein paar unreife Himbeeren waren das einzige, das ich an Essbarem fand.

Endlich arbeitete ich mich an der großen Bucht entlang – etwas mehr als die Hälfte meines Marsches war damit immerhin geschafft. Und da war auch die Verengung, die ich durchschwimmen könnte; vielleicht doch keine so schlechte Idee? Es würde einiges an Zeit sparen, und auf halber Strecke befand sich ein winziges Inselchen. Falls ich nicht alles auf einmal bewältigen konnte, bräuchte ich dort bloß Rast zu machen und mich aufzuwärmen. Schwimmen oder nicht schwimmen, überlegte ich, während ich mich schwitzend einen steilen Hügel hocharbeitete. Mein T-Shirt klebte mir am Rücken.

„Huff!" Ein Schwarzbär auf der Hügelkuppe gab überrascht einen Belllaut von sich.

Mist!

Unter lautem Ästeknacken und Steinerollen schlug der Bär sich bergab in die Büsche, dann war alles still. Wo war er nun? Ich horchte, aber mein Herz pochte zu laut. Vermutlich saß er da unten irgendwo versteckt und wartete darauf, was ich machen würde. Wie beim Schachspielen – er hatte gezogen, nun war ich dran. Für den Fall der Fälle entsicherte ich mein Bärenspray und ging lautstark weiter, um es ihm leichter zu machen, meine eingeschlagene Richtung zu beurteilen und mir damit aus dem Weg zu gehen. Denn ich konnte diesmal nicht Höflichkeit walten lassen und wieder umdrehen. Ich musste nach Hause! Obwohl er zwischen mir und dem See festsaß, hörte und sah ich nichts mehr von ihm und steckte schließlich das Bärenspray weg. Weit draußen auf dem See dröhnte ein Boot vorbei. In welch kurzer Zeit könnte ich damit zu Hause sein! Stattdessen hatte ich noch eine stundenlange Kletterei über Felsen vor mir. Als ich endlich die Stelle erreichte, an der sich die Bucht wie eine Sanduhr

Wie ein Stück Treibholz

verengte, hatte ich meine Entscheidung längst getroffen: Ich würde schwimmen. Ganz außen herum zu laufen würde mich sicher noch anderthalb bis zwei Stunden kosten, und inzwischen war es später Nachmittag geworden. Vielleicht konnte ich es sogar rechtzeitig zum Anruf von Chris schaffen, sodass er sich keine Gedanken machen musste.

Hastig packte ich meine Wanderschuhe zu den warmen Fleecehosen, Hemd, Pulli und Streichhölzern in den wasserdichten Seesack. Damit konnte ich diese lebenswichtigen Sachen trocken zum andern Ufer befördern. Den Rucksack und das Funkgerät deponierte ich im Gebüsch – das konnte dort warten, bis wir das streikende Boot abholten. Von der Ersatzkleidung zog ich die lange Skiunterwäsche an; angeblich hilft jedes bisschen Isolierung, die Körperwärme im Wasser zu konservieren.

Eiskalt leckte das Wasser an meinen Beinen, der Taille. Innerhalb von ein paar Sekunden war ich ganz drinnen. Sofort japste ich nach Luft. Mit dem Seesack in einer Hand begann ich zu schwimmen. Zuerst war es erträglich: Nur meine äußerste Hautschicht protestierte gegen die Kälte. Mir wurde fast warm in dem verzweifelten Bemühen meines Körpers, den Temperaturschock auszugleichen. Alles lief auf Hochtouren.

Schneller! Meine Beine kickten das kalte Wasser. Der verdammte Beutel, der durch die eingeschlossene Luft wie eine Boje vor mir schwamm, behinderte mich und versperrte mir andauernd die Sicht. Meine Arme und Beine begannen, vor Kälte taub zu werden. Immer schneller sog das Wasser alle Energie aus mir heraus, es war, als konnten sich meine Arme und Beine kaum mehr

Auf der kleinen Insel konnte ich mich vom Schwimmen kurz erholen

durcharbeiten. Ich schaffe es nicht bis ans andere Ufer! Verzweifelt schnappte ich nach Luft, kämpfte mich nach links zu dem kleinen Inselchen durch. Auf vor Kälte tauben Füßen taumelte ich an Land. Mit fahrigen Fingern öffnete ich den Seesack, um die Streichhölzer herauszunehmen, doch es dauerte alles viel zu lange. Bis ich ein Feuer in Gang hätte, wäre ich schon zum Eisblock erstarrt. Die Luft dagegen kam mir herrlich warm vor. Ich riss mir die nasse Kleidung vom Leib, hüpfte und lief wie wild auf und ab, doch Körperwärme wollte sich nicht einstellen. Die Fleecebekleidung im Seesack würde auch nicht viel nützen, wenn ich nicht warm genug war, um sie anzuheizen. Als das Gefühl von betäubender Eiseskälte auf lediglich kalt geschrumpft war, zog ich mir die nasse Skiunterwäsche wieder über, nahm den Seesack und watete mit zusammengebissenen Zähnen zurück in den See, um die restliche Strecke ans andere Ufer zurückzulegen.

Wie ein Stück Treibholz

Im Nu hatte mich das eiskalte Wasser wieder im Griff. Wellen schwappten mir ins Gesicht. Bloß kein Wasser einatmen, keine Panik! Geht schon. Es muss! Meine Arme und Beine waren schwere, gefühllose Dinger, die ich mühsam durchs Wasser zog – machten sie noch koordinierte Schwimmbewegungen? Der verdammte Seesack war ständig im Weg. Es schien unendlich weit weg, das Ufer. Und die Kälte fraß sich tief, tief in mich hinein.
Los, mach! Schneller, gut, du kannst es! Super, weiter, nicht aufhören! Ich feuerte mich selbst an, trieb meinen unterkühlten Körper mit Willenskraft voran. Endlich spürte ich Boden unter den Füßen – noch nie hatte sich fester Untergrund so gut angefühlt! Benommen kroch ich auf allen Vieren an Land. Mein ganzer Körper zitterte unkontrolliert, als ich mir schwerfällig die nasse Kleidung vom Körper zog. Mit Gewalt zwang ich mich, mich zu konzentrieren.
Seesack. Aufmachen.
Geht nicht.

Das Wasser ist eiskalt

Muss! Meine Finger waren zu steifen Krallen erstarrt und wollten mir nicht gehorchen. Die Schnalle des Seesacks ging nicht auf. Ich war zu benommen, um Panik zu empfinden, und versuchte es mit den Zähnen. Geht auch nicht – mein Unterkiefer klapperte unkontrolliert vor Kälte.
Unendlich langsam gelang es mir schließlich, meine Finger an der Schnalle in Position zu bringen und zuzudrücken. Sie ging auf. Endlich!
Zitternd zog ich die trockenen Sachen aus dem Sack. Ich lenkte meinen ganzen Willen auf das Anziehen der trockenen Kleidung; so schwer mit halb betäubten Gliedmaßen. Die tauben Füße in die Stiefel manövriert – aber die Schnürsenkel waren ein Problem, da meinen Fingern die Koordination fehlte. Zum Glück ließ ich die Schuhbänder immer verknotet, sodass ich sie nur um die kleinen Haken am Stiefel schlingen musste. Richtig gelang es mir nicht, aber fürs erste reichte

Wie ein Stück Treibholz

es. So gerne hätte ich mich hingesetzt und ausgeruht. Aber meine Reserven an Körperwärme und Energie, von denen ich als dünner Mensch nicht Unmengen besaß, waren stark gesunken. Ich wusste nicht, ob ich beim Ruhigsitzen warm werden würde, bevor die Unterkühlung mich völlig benebelte.

Weitergehen war das Beste, musste jetzt klappen.

Immer noch zitterte ich unkontrolliert. Los jetzt! Ich fasste einen Baum auf der Hügelkuppe ins Auge und setzte einen gefühllosen Fuß vor den anderen. Mein Kopf war ganz leer. Zu dem Baum hin, dann weiter zu dem da hinten. Erschöpft von der stundenlangen Wanderung durch den Wald, dem Mangel an Essen und der Unterkühlung, ging ich auf Autopilot, jetzt wenigstens schon im heimischen Wald, wo wir unseren Pfad hie und da markiert hatten. Obwohl es steil bergan ging und ich Winterkleidung trug, wurde mir immer noch nicht warm. Wie froh war ich über unsere Markierungen, denn benommen und erschöpft wie ich war, hatte ich an manchen Stellen keine Ahnung, wo ich war und in welche Richtung ich gehen musste – obwohl ich mich hier unter normalen Umständen gut auskannte.

Als ich nur noch anderthalb Kilometer von unserer Cabin entfernt war, spürte ich endlich meine Füße wieder und die Muskeln in meinen Beinen. Herrliche, wunderbare Wärme breitete sich in allen Gliedmaßen aus. Nicht nur mein Körper belebte sich, auch meine Lebensgeister regten sich endlich. Hatte Chris schon angerufen, waren die Hunde okay?

Die letzten Meter lief ich, bis ich die Tür zur Hütte aufreißen konnte, in Erwartung eines Schlachtfeldes: halbverdurstete Hunde, zerrissene Futtersäcke, Erbrochenes auf dem Boden. Blizzard, Koyah, Silas und Moldy stürzten mit besorgten Minen nach draußen. Ich konnte keinerlei Anzeichen für irgendwelche Probleme erkennen, als sich die Hunde wild um mich drängten. Ich sank auf den Boden. Endlich sitzen nach den endlosen Stunden, in denen ich mir keine einzige Rast gegönnt hatte. Feuchte Zungen, Nasenstüber und sich unter meine Arme drängende Hundeköpfe teilten mir ihre Sorgen über diesen bisher noch nie dagewesenen Tagesablauf mit. Minutenlang blieb ich sitzen, streichelte und lobte – ihr armen Jungs! Was für brave Hunde! –, dann stand ich auf, um sie zu füttern und ihnen Wasser zu geben. Mir selbst stopfte ich fürs erste einen großen Schokoladenriegel in den Mund und ging, meine Nachrichten auf Skype abzuhören. Chris hatte es tatsächlich schon versucht, aber in fünfzehn Minuten wollte er es wieder anrufen. Ich war gerade rechtzeitig gekommen.

Als er mich am Apparat hatte, traute er seinen Ohren nicht. „Was, du bist geschwommen? Spinnst du? Bist du okay?"

Hast ja Recht, dachte ich. „Ja, alles okay. Gott sei Dank konnte ich auf der kleinen Insel einen Zwischenstopp machen, damit ging es gerade so. Aber das hat mich nun endgültig überzeugt: Ich kauf mir einen Trockenanzug! Hätte ich einen gehabt, wäre das mit der Buchtdurchquerung überhaupt kein Thema gewesen."

Wie ein Stück Treibholz

„Ja, hinterher ist man immer schlauer! Wie lange hast du denn heim gebraucht? Und liegt das Boot dort auch sicher?"

„Ja, ja, mach dir um das Boot mal keine Sorgen! Ich weiß nicht genau, es hat wohl um die acht Stunden gedauert. Wäre ich nicht geschwommen, dann würde ich jetzt immer noch laufen!" Reuevoll dachte ich daran, dass ich kurz überlegt hatte, zur Sicherheit mein Kajak im Motorboot mitzunehmen. Hätte ich das gemacht, wäre ich in zwei statt acht Stunden daheim gewesen und hätte mir das Schwimmen erspart. Aber die Idee hatte ich verworfen; es fährt ja sonst auch kein Mensch mit einem Kanu oder Kajak im Motorboot herum. In diesem Fall allerdings ein schlechtes Argument, da die meisten Leute einen kleinen Ersatzmotor dabeihaben. Unserer war in Atlin, am Jetboot.

Zwei Tage später, nachdem Chris im Jetboot mit seinen Einkäufen heimgekehrt war, fuhren wir gemeinsam in die kleine Bucht, um die Aluminiumnussschale zu holen.

„Da hast du aber echt einen guten Platz gefunden!" Obwohl der See bereits Wellen schlug, lag das verwaiste Boot in der kleinen Bucht gut geschützt. „Na, dann wollen wir mal gucken, was mit dem Motor los ist."

„M-hm." Betreten kletterte ich hinter Chris an Land. Hoffentlich war es nur irgendetwas, das man sofort beheben konnte.

Chris löste das Rätsel, das mir der versagende Motor gestellt hatte, im Nu – nachdem ich die Steine gesammelt hatte, hatte ich den Benzintank neu aufgefüllt und dann vergessen, mit der Schlauchblase den Druck wiederherzustellen. So war dem Motor einfach das Benzin ausgegangen. Die Schamröte stieg mir in die Wangen. Außerdem war mir der Motor im eingelegten Gang versagt – endlich fiel der Groschen: Zum Anmachen musste der Gang erst wieder herausgenommen werden. Gott, wie dumm!

Nach etwas herumprobieren hatte Chris den Motor schnell am Laufen. Beschämt über mein Versagen als motorisierte Buschfrau und nun mit noch weniger Vertrauen als je zuvor in das Motorboot, steuerte ich die Nussschale hinter Chris und dem Jetboot schräg in die Wellen.

Auf die Dauer ließ die Wildnis keine Illusionen bestehen. Unausweichlich wurde man mit seinen Grenzen und Fehlern konfrontiert: Kannst du dies, schaffst du das? Eine Fassade, ein Schein hielt auf die Dauer nicht, da einem nur sehr selten jemand unliebsame Aufgaben abnehmen konnte. Die meisten Gefahren des Lebens im Busch liegen nicht bei den Wildtieren, sondern einzig und allein in einem selbst verborgen. Die eigene Dummheit, Unaufmerksamkeit und Ignoranz sind lebensgefährlich.

Nein, mit Motorbooten kann ich mich nicht anfreunden, dachte ich trübselig, als ich in unsere Bucht und auf das Dock zusteuerte, wo Chris schon das Jetboot vertäute. Ich bleibe beim Kajakfahren. Und bestelle mir nun endlich einen Trockenanzug.

Eine Freundin zu Besuch

Waldbrandrauch verschleiert den Himmel

Eine Freundin zu Besuch

Atlin, 1. August: Waldbrandhimmel.

Mein Wecker piepste mich wach. Verschlafen tastete ich neben dem Bett herum und wusste für einen Moment nicht, wo ich mich befand: Über mir war ein schwarzes Tuch an die Zimmerdecke gepinnt und neben mir lag ein kleiner Stapel Kleidung. Ach ja – Chris' alte Cabin in Atlin. Meine Schultermuskeln protestierten, als ich den Wecker ausmachte. Kein Wunder: In den letzten vier Tagen war ich von Zuhause in den Ort gepaddelt, hatte mit Heidi einen weiteren Horroreinkauf in Whitehorse hinter mich gebracht und am vorigen Abend die unzähligen Kisten mit Lebensmitteln und sonstigem wichtigem Zubehör sortiert. Besuche und Unternehmungen mit Freunden hatten die kurzen Tage zum Bersten gefüllt.

Fahrig und übermüdet zog ich mich an: Zeit, den Pick-up zu beladen, den ich mir von Chris' Nachbarn ausgeliehen hatte, um meine gesammelten Einkäufe zum Hafen hinunterzubringen. Die Sperrholzplatten, die wir für die Wände unseres Schuppens benötigten, waren unhandlich zu tragen. Obwohl es morgendlich kühl war, war ich im Nu am Schwitzen und Fluchen. Nachdem ich die zwölf Platten geladen hatte, bugsierte ich vier schwere Zementsäcke oben drauf, womit der Pick-up auch schon gut beladen war.

Es zwickte mich unheilverheißend in der unteren Wirbelsäule – unbedingt aufpassen beim Heben, sonst würde mich mein Rücken für ein paar Wochen lahmlegen. Zu guter Letzt brachte ich noch eine Schubkarre auf der Autoladefläche unter, mit der ich den Zement und später die Lebensmittelkisten das Dock hinunter zum Charterboot befördern konnte.

Die Morgendämmerung war von fernen Waldbränden dramatisch lila-rot getüncht, als ich zum Hafen fuhr. So nahe wie möglich parkte ich am Dock und hievte keuchend einen der schweren Zementsäcke in die Schubkarre. Die Schubkarre schlenkerte unter dem Gewicht, als ich sie den Steg hinunterlenkte. Wenigstens waren die Sperrholzplatten verhältnismäßig leicht. Wie Karl der Käfer nahm ich jeweils eine auf meinen Rücken und stapelte sie neben dem Zement.

Am noch ausgestorbenen Hafen häufte ich auch die zweite Fuhre von Essenskartons, gefüllten

Meine Einkäufe und das Kajak am Atliner Hafen

Eine Freundin zu Besuch

Benzinkanistern, Propangasflaschen, neuen Büchern sowie meine Campingsachen auf, bis das Schwimmdock Schlagseite bekam. Und mein Kajak musste auch noch mit!

Nach getaner Arbeit stellte ich den Pick-up bei Chris' Nachbarn ab und lief die zwei Kilometer zum Hafen hinunter. Leise schlich ich mich in den Garten unserer Bekannten, bei der ich das Kajak diesmal deponiert hatte, und schnallte es auf sein kleines Wägelchen. In ihrem Haus, wie auch im Ort, war noch alles still, als ich mit meinem Boot zum Dock zuckelte.

Erschöpft setzte ich mich auf die Sperrholzplatten und sah den grünen Pick-up meiner Freundin Ann die Straße herunterfahren. Hoffentlich passten sie und ihr Gepäck auch noch in das knapp zehn Meter lange Boot – sie wollte ja auf Besuch zu uns herauskommen.

„Hi Nicole! Was für ein wunderschöner Morgen! Du warst hier ja schon äußerst fleißig." Ann strahlte mich an. Dafür, dass sie ein Morgenmuffel ist, begrüßte sie mich erstaunlich lebhaft und herzlich.

„Oh Mann, ich spüre es jetzt aber auch echt im Kreuz", stöhnte ich. Ein dunkles Auto hielt auf dem Schotterparkplatz – der Eigner des Charterbootes. Ich winkte ihm halbherzig zu. Noch ein paar Mal musste alles hochgehoben werden: ins Boot, aus dem Boot, in die Schubkarre, aus der Schubkarre, in die Cabin. Besser nicht daran denken.

Ann förderte aus ihrem Auto einen gigantischen Seesack, einen kleinen Rucksack und zwei Leinwandtaschen zu Tage. „Ich hoffe, das hat auch noch alles Platz?", fragte sie unseren Bootsführer. „In den beiden Taschen sind nur Esssachen."

„Das Kajak muss auch noch mit", warf ich ein.

Unser Kapitän zog eine Augenbraue hoch. „Wie ich sehe, war Nicole mal wieder einkaufen."

„Wenn schon, denn schon!"

„Tja, mal sehen, wie wir das alles unterkriegen." Er stieg in sein Boot und ich begann,

Einladebereit

ihm mithilfe von Ann die Unzahl an Gegenständen über die Reling zu reichen. Wie flott es doch ging, im Vergleich zu den zwei Stunden Zeit, die es mich gekostet hatte, alles allein zum Hafen zu schaffen. Schließlich vertäuten wir noch mein Kajak auf dem Dach der Kabine.

Erschöpft von der vielen Schlepperei, dem frühen Aufstehen und dem Stress der letzten Tage, sank ich auf die gepolsterte Sitzbank. So viel zum Mythos vom einfachen, unabhängigen Leben in der Wildnis, dachte ich mürrisch.

Eine Freundin zu Besuch

Ann sah mich mitleidig an und schwieg – die Unlust, mich jetzt zu unterhalten, stand mir wohl aufs Gesicht geschrieben. Mit bullerndem Motor bewegte sich das schwer beladene Boot auf den See hinaus, der glatt in der verräucherten Morgensonne lag und eine ruhige Überfahrt verhieß.

Mir graute allerdings schon vor dem Wildwasserfluss. Fast jedes Mal, wenn ich mit jemand anderem als Chris den Atlin River befuhr, gab es einen Schaden am Boot – bei der reißenden Strömung eine kitzelige Sache. Und ich war doch so ein Angsthase. Das mit der Eisenbahn entlang des Flusses damals war gar keine schlechte Idee gewesen, überlegte ich.

Die dem Fluss vorgelagerten Inseln kamen stetig näher. Er lässt sich kaum entdecken, der Atlin River, denn er beginnt mit einer großen Biegung, sodass man zuerst nur den Eindruck einer harmlosen Bucht hat. Ein riesiger Findling, der wie ein Zahn aus dem Wasser ragt, markiert den Eingang zum Fluss.

Im Nu waren wir daran vorbei und mitten auf dem Atlin River. Immer mehr zogen sich von beiden Seiten die Ufer zusammen. Ich wünschte mir, ich wüsste, an welche Wassergottheit ich meine Stoßgebete senden sollte, dass doch bitte diesmal alles glimpflich verlaufen würde. Bitte nicht wieder ein Motorenausfall, bloß nicht noch einmal bedenklich schaukelnd, schräg zur Strömung gestellt, auf die großen Steine zu treiben, nicht wieder die Wellen gefährlich hoch an der hinteren Reling lecken lassen.

Der Findling markiert den Beginn des Atlin River

Eine Freundin zu Besuch

Nervös biss ich mir auf die Lippen und schüttelte den Kopf, als Ann etwas zu mir sagte. Das Gebrumm des Motors und das Tosen des Atlin River waren zu laut, als dass ich sie verstehen konnte. Kann nichts hören, kann nicht reden. Muss mich drauf konzentrieren, telekinetisch alle großen Steine aus dem Weg zu räumen.

Der grüne Fluss, der zuerst noch ganz zahm und unschuldig ausgesehen hatte, begann sich zu drehen und wenden. In wilden Schaumkronen warf er sich brüllend über die aus dem Wasser ragenden Steine, unterspülte die sandigen Uferkliffs und toste mit stehenden Wellen über das flache, steinige Flussbett. Unser Kapitän steuerte konzentriert der tiefsten Wassergasse nach durch das Labyrinth von bootsfressenden Steinen.

Auf dem Atlin River

Ich ballte die Hände zusammen, hatte einen kalten Klumpen Angst in meinem Bauch. Mein Horror richtete sich eher darauf, die kostbare Ladung in den Fluss befördert zu sehen und sie irgendwie ersetzen zu müssen, als auf das Ertrinken. Von der Tiefe her könnte man fast überall stehen, wobei die wilde Strömung einem das wohl an den meisten Stellen zu einem Ding der Unmöglichkeit machte. Mit dem Ertrinken wäre man zumindest schnell fertig, aber nochmals alles einzukaufen würde ewig dauern.

Doch diesmal wurden meine Gebete erhört. Kein unguter Ton kam aus den Tiefen des Boots, es verlangsamte sich nicht plötzlich und trieb auch nicht steuerlos auf die aus dem Wasser ragenden Steinbrocken zu. Erleichtert sah ich die letzten Wildwasserwalzen über Findlinge spülen, bevor sich vor uns das Bergpanorama des Tagish Lake öffnete. Mir war ganz schwach. „Was hattest du vorhin gesagt?", fragte ich Ann.

Eine Stunde später kamen wir in unserer Bucht an, wo wir bereits erwartet wurden. „Hi ihr, na, alles gut gelaufen?" Chris griff sich ein Seil und zog den Bug näher zum Steg heran.

„Oh Mann, ja! Puh, bin ich fertig. Ich brauch jetzt erst mal Urlaub." Ich gab Chris einen Kuss und setzte meinen kleinen Rucksack an Land.

„Hallo Chris! Was für ein schöner Tag! Die Fahrt war einfach herrlich. Und hier – die Berge!" Ann strahlte begeistert, während unser Bootsführer schon einen Karton mit Lebensmitteln auf die Reling setzte. Ich mochte meine Einkäufe nicht mehr sehen.

„Hi Ann, ja super – oh warte, ich nehme den Karton!"

Zu viert hatten wir das Boot seiner gut anderthalb Tonnen schweren Ladung im Nu entledigt und die ganze Ware am Ufer aufgetürmt. Immerhin hatte ich

Eine Freundin zu Besuch

Im Anbau unserer Cabin kann Besuch untergebracht werden

jetzt nicht nur alle meine Einkäufe, sondern auch die stressige Bootsfahrt hinter mir und brauchte bis zum nächsten Sommer keinen Gedanken mehr daran zu verschwenden. Fertig, geschafft! Der Winter konnte kommen; von mir aus gerne schon in den nächsten Tagen. Ich hatte die Nase gestrichen voll vom Stress und der Hektik, die mit dem Sommer und der Außenwelt verbunden waren. Man gebe mir Nebel, Einsamkeit und Ruhe!

Nachdem wir uns von unserem Charterbootkapitän verabschiedet hatten, schlenderten Chris und ich mit Ann zur Cabin. Es war das erste Mal, dass sie uns hier besuchte. In der drückenden Hitze stiefelten wir den Trampelpfad durch lichten Pappelwald hoch, durchs Unterholz aus Weidenröschen, Büffelbeeren und verblühten Heckenrosen. Der Wald war knochentrocken und die Brandgefahr extrem. Der Rauch von riesigen Waldbränden hunderte Kilometer entfernt hing weiterhin über den Bergen; ein Dunstschleier wie die verschmutzte Luft Europas.

„Sollten wir uns nicht gleich daran machen, die Ladung zum Haus zu bringen?"
„Lass uns erst mal richtig ankommen, Ann. Ich brauche ein Stündchen Pause und ein vernünftiges Frühstück. Mann, die Fahrt den Fluss runter setzt dem Ganzen immer noch die Krone auf!"
„Du musst halt mit deinem Sweetie fahren, da gibt's keine Probleme." Chris legte seinen Arm um meine Schulter.
„Na, so groß wie unser Boot ist, bekämen wir außer uns beiden und den vier Hunden gerade noch zwei Einkaufstüten rein." Wenn wir zusammen nach Atlin fuhren, mussten wir ja immer die Hunde mitnehmen, da sich die Fahrt und Erledigungen so gut wie nie an einem Tag schaffen ließen – und es konnte natürlich auch mal etwas schiefgehen.
„Ach komm, so klein ist es nun auch wieder nicht! Und wenn du lernen würdest, den Fluss zu befahren, könntest du auch allein mit dem Jetboot nach Atlin."
Ich lachte. „Nee danke, ich seh ja bei andern Leuten, wie 'problemlos' das geht – und die verstehen wenigstens noch was von Motoren! Mir ist das Weißwasser ein Rätsel, und wenn ich mit dem Boot in einen Stein reinfahre, glaubst du doch wohl nicht, dass ich das mal eben repariere, während mich die Strömung den Fluss runtertreibt?"
„Na, dazu ist ja der Außenbordmotor als Ersatz dran. Das kannst du doch alles lernen – und solltest du eigentlich auch", fand Chris.

Ich schüttelte den Kopf. Er hatte ja Recht, aber mir gefiel mein Arrangement besser: schön mit dem Kajak paddeln und jemanden Motorisiertes für den Großtransport anheuern. Wenn etwas kaputt ging, war es wenigstens nicht meine Sorge. „Ja, tut mir leid, da hört meine Emanzipation echt auf! Wenigstens kann am Kajak nichts kaputtgehen und ich weiß genau, was ich damit machen kann und was nicht. Und vor allem hab ich noch Spaß unterwegs! Da zahl ich lieber für einen Flug oder eine Bootsladung und mache mir weniger Stress." Der Wald lichtete sich und vor uns breitete sich die kleine Wildwiese aus, deren Blumen inzwischen fast alle verblüht waren.

Eistaucher

„Ach, du bist auch immer stur! Hier Ann, wenn du magst, kannst du dich im *Walltent* einrichten, oder sonst bei uns im Anbau in der Cabin." Chris zeigte auf unser fünfzig Jahre altes Leinwandzelt der gleichen Art, wie es zur Jahrhundertwende die Goldsucher benutzt hatten. Mit dem Holzfußboden und Bretterwänden, die Chris dafür gebaut hatte, war es wohnlich und urig. So leistete unser altes Lagerzelt aus dem ersten Bausommer unseren Besuchern gute Dienste. „Über dem Bett ist ein Moskitonetz und es steht ein Ofen drin, falls das Wetter umschlägt. Ein Stuhl und eine Öllampe sind auch da."
Ann spähte durch die Zelttür. „Oh, mit Mückennetz – prima, mich lieben sie doch so sehr. Das ist aber wirklich schön! Direkt auf der Wiese ... wie friedlich! Ach, und durch die Pappeln der See ... Aber zeigt mir doch eure Cabin. Wunderschön habt ihr es hier!"
Ich musste über ihre Begeisterung lachen – schön war es, unser Zuhause in der Wildnis auch einmal mit einer Freundin teilen zu können. Da es schwierig und teuer war, zu uns vorzustoßen, hatten wir nicht oft Besuch.
„Ja, jetzt wird sowieso erst mal Kaffee getrunken! Kuchen habe ich auch gebacken. Heute nehmen wir es ganz ruhig", sagte Chris. „Ich kann Nicole doch

ansehen, dass sie von ihrem Stadttrip kaputt ist. Wir tragen nur nachher die Esssachen hoch, damit sich kein Bär dran vergreift. Der Rest kann auch noch einen Tag warten."

Müde sank ich in der Cabin mit einer Tasse Kaffee aufs Sofa und streichelte Blizzard und Koyah, die mich freudig begrüßten, während Ann mit Moldy und Silas im Schlepptau aus der Wohnküche in den Anbau schlenderte und sich umsah. Sie hatte in den siebziger Jahren mit ihrem Mann auf einer Trapperkonzession am Atlin Lake überwintert und daher eine gute Vorstellung von unserem Leben.

„Vorräte habt ihr ja wirklich reichlich", kommentierte sie unser großes Regal mit seinen Dosen, Einmachgläsern und Hundefuttersäcken.

„Ja, und was jetzt mit dem Boot reingekommen ist, muss auch Platz finden", ächzte ich. „Und Chris macht noch einmal einen Einkauf, wenn er dich mit dem Jetboot wieder nach Atlin fährt."

„Oben ins Schlafzimmer passt ja noch einiges", sagte Chris. „Möchtest du ein Stück Streuselkuchen, Ann?"

„Ja, gern!" Sie blieb kurz vor dem Bücherregal stehen und setzte sich dann zu uns an den Tisch. „Danke. So eine schöne Aussicht! Diesen Teil der Cabin habt ihr damals zuerst gebaut, oder? Und dann den andern Teil?"

Chris erntet Gemüse fürs Mittagessen

Chris nickte. „Ja, damals hat uns ein Freund von mir geholfen. Den Anbau haben Nicole und ich dann zwei Jahre später drangebaut."

Ann lehnte sich mit ihrer Kaffeetasse zurück und betrachtete die Wände. „Das ist schon alles viel und harte Arbeit, im Busch bei Null anzufangen. Für uns war es damals auf der *Trapline* auch nicht so einfach – die Cabin stand zwar schon dort, aber es musste auch immer etwas ausgebessert werden, und oft hat man ja das nötige Material nicht parat. Die Fallen mussten kontrolliert werden, und wir hatten das kleine Baby – im Winter die ganzen Stoffwindeln mit der Hand waschen, na, ihr wisst ja!"

Ich konnte es mir nur zu gut vorstellen. „Oh ja, die elende Wäsche", seufzte ich.

Ann strahlte mich an. „Aber es war trotzdem wunderschön – die Stille, die Sternennächte und das Nordlicht …"

„Danach sehnt Nicole sich auch schon wieder", lachte Chris.

Eine Freundin zu Besuch

Moldy macht sich keinen Stress im Sommer

Eine Freundin zu Besuch

„Oh ja. Schade irgendwie, ich glaube, das muss interessant gewesen sein, als in den sechziger und siebziger Jahren so viele Leute in den Busch gezogen sind", sagte ich.

„Ja, aber die meisten sind damals auch nicht lange dort leben geblieben", wandte Ann ein.

„Die Hippies ... Aber es ist schon schade. Das fehlt Nicole und mir doch, dass es kaum Leute gibt, die auch so leben, mit denen man sich über die alltäglichen Dinge unterhalten kann. Wo man nicht immer erklären muss, was alles bedeutet, weißt du?"

„Ja, es ist natürlich ein anderer Lebensstil. Damals war es nicht so selten."

„Man merkt das erst nach einer Weile", warf ich ein. „Uns war vorher nicht klar, dass wir wirklich aus der Gesellschaft aussteigen. Es war ja nicht so, dass uns alles genervt hat und wir deshalb weg wollten – wir wollten bloß in den Busch ziehen, weil wir uns das schöner als im Dorf vorgestellt haben und wir naturverbundener leben wollten. Aber im Grunde war es, als ob wir nochmals ausgewandert sind."

„Ja, seid ihr vielleicht, in gewisser Hinsicht." Ann sah mich überlegend an. „Ihr seid weit weg, im Sinne von schwer erreichbar, und lebt anders."

„Es hat so gewisse Parallelen ..." Ich spann meinen Gedankenfaden weiter aus. „Die Wildnis ist fast wie ein anderes Land, mit eigenen Gesetzen und fremden Kulturen. Rudimentär können wir uns mit den 'Einheimischen' zwar verständigen, so nach dem Motto 'Ich bin kein Feind', aber von einem großen Teil ihres Lebens und Alltags bekommen wir als 'Ausländer' doch nichts mit. Und das Leben draußen, im restlichen Kanada und Deutschland geht weiter, unser Freunde gründen Familien, kommen in ihren Jobs voran, kaufen sich Häuser, sehen Filme, gehen auf Partys. Und andauernd gibt es irgendwelche neuen elektronische Geräte, die mir schleierhaft sind – wozu man den ganzen Krempel brauchen soll. Mir kommt das so vor, als wäre das meiste davon gar nicht mit der Realität, dem richtigen Leben verbunden. Da bildet sich so eine Kluft, weißt du – man wird zu einer exotischen Kuriosität, bloß weil man in der Wildnis wohnt. Das ist die eigentliche Einsamkeit."

„Hm ... aber ihr bereut es doch nicht?", fragte Ann stirnrunzelnd.

„Oh, das ganz bestimmt nicht! Nur war uns das eben zu Anfang nicht klar gewesen. Ich glaube, deshalb lesen wir auch so gerne diese ganzen Memoiren von Pionieren und *Homesteadern* – das ist ein wenig, als würde man sich mit jemandem, der ähnlich lebt, unterhalten", sagte ich und sah Chris an.

Er zuckte die Achseln. „Bei den neueren Büchern leben die Leute allerdings nach ein paar Jahren oft gar nicht mehr im Busch, wenn man sie googelt, sondern irgendwo in der Stadt, und bei vielen der älteren Bücher herrscht noch diese typische 'Ich gegen die Wildnis'-Mentalität vor. Alles an Bären und Wölfen wird abgeschlachtet wo nur möglich ..." Chris schüttelte den Kopf. „Wir jagen ja auch, aber das beschränkt sich auf einen Elch pro Jahr und, wenn ich Glück habe, auf eine Schneeziege – und das ist nur zu unserer Fleischversorgung, nicht, damit wir uns ein Geweih an die Wand nageln können."

Die Jagd ... in zwei Wochen war es wieder soweit: Die Jagdsaison auf Elchbullen. Es hing schon eine Vorahnung von Herbst über dem Land, trotz der 27 Grad Hitze. Ich starrte aus dem Fenster. Das Gras war zu gelbem Stroh verblichen, an den Büffelbeerenbüschen leuchteten die kleinen roten Früchte, und entlang des Seeufers hatten vereinzelte Balsampappeln bereits tieforange Blätter.

Der Herbst steht vor der Tür

„Auf jeden Fall können wir die nächsten Tage mit dir schön über Wildnisthemen reden", sagte ich zu Ann und schob ihr noch mehr Kuchen hin. „Und dir die Gegend zeigen! Das Adlernest, die Biberburg, die Inseln, unseren Garten ..."

„Zu essen gibt's nur gartenfrische Erbsen, Bohnen und Kartoffeln mit fangfrischer Forelle", sagte Chris.

Ann strahlte uns an. „Das hört sich herrlich an. Ich will alles sehen!"

Jagdzeit

Herbst sprenkelt den Wald

Jagdzeit

Tagish Lake, 15. September: Nachtfrost.

„Sweetie, sechs Uhr!" Chris rüttelte mich leicht.
„Jaaa", seufzte ich schläfrig. Zeit zum Aufstehen, Zeit zur Jagd. Müde rollte ich mich aus dem so kuschelig warmen Bett, den Kopf noch voller Traumgespinste. Im Licht meiner Stirnlampe streifte ich mir die Fleecehose und Pulli über, fuhr in meine Birkenstocks und stieg die Leiter nach unten. Koyah erwartete mich schon mit sehnsüchtigen Nasenstübern, seine Blase drängte und die meine auch. Als wir wieder hereinkamen, war Chris auch auf, hatte schon die Öllampe und das Radio angemacht.
„Ganz schön frisch heute Morgen, was? Mensch, ich konnte gestern ewig nicht einschlafen", sagte er, während er seine Kaffeebohnen in die Handmühle abfüllte.
Ich gähnte. „Hoffentlich sehen wir heute zumindest mal einen Elch, selbst wenn es nur eine Kuh ist. Sonst ist es wieder sterbend langweilig. Ich glaube bald doch, dass ich bei der Jagd nur Pech bringe. Deshalb zeigt sich nichts."
„Ist echt still da draußen dieses Jahr. Vielleicht sind sie noch nicht richtig in der Brunft oder einfach alle woanders. Aber an mangelndem Einsatz liegt's

Spiegelglatter See

Jagdzeit

sicher nicht." Chris zog die kleine Schublade aus der Mühle, um die Menge gemahlenen Pulvers zu prüfen. Es reichte anscheinend noch nicht, denn er fing wieder an zu kurbeln.

Ich goss langsam meinen Kaffee auf und konnte draußen schemenhaft die Umrisse der Bäume erkennen. Jagdfieber verspürte ich wirklich nicht die Spur. Elchjagd ist hauptsächlich Warterei. Unmotiviert dachte ich an die bevorstehenden Stunden: Das Herumsitzen im kalten Wald, das Imitieren des Rufs einer brünftigen Elchkuh, das Harren der Dinge, die da kommen würden. Bis jetzt waren das nur der Reihe nach kalte Füße, kalte Hände und Gefühle der Langeweile und Sinnlosigkeit gewesen. Von Aufregung und Abenteuer keine Rede. Da wir mit dem offenen Motorboot zu unseren Jagdplätzen fuhren, wurden wir schon gleich im Boot tiefgekühlt, und das stundenlange Sitzen in der Morgendämmerung wärmte einen auch nicht wieder auf.

Ich spülte den Rest meines Brots mit Kaffee hinunter und begann, mich umzuziehen. „Ich mach uns noch eine Thermoskanne mit Tee fertig, ja?", fragte ich Chris, der schon seine 300 Winchester Magnum bereit legte.

„Ja, gut."

Während das Wasser zu kochen begann, stieg ich in lange Unterhosen, dicke Fleecehosen und Windhose, ein langes Unterhemd, Fleecepulli und Weste, Wintergummistiefel mit Filzeinsatz, Winterjacke, Schal und Fleecemütze. Über das Ganze zwängte ich irgendwie die Schwimmweste, während Chris kurz noch einmal die Hunde rausließ.

Behäbig watschelte ich hinter Chris den dunklen Pfad hinunter, beladen mit unseren beiden Campingstühlen, während er das Gewehr und seinen Rucksack mit der Thermosflasche Tee und dem Fernglas trug. Seile, Messer, Axt und Seilwinde waren um diese Jahreszeit permanent im Boot untergebracht.

Zarte Schimmer von Rot hingen im östlichen Himmel, die Berge noch dunkel wie Scherenschnitte. Das Dock schwankte leicht unter unseren Füßen, als wir ins Boot stiegen, der See darunter unergründlich schwarz in der Dämmerung. Chris ließ den Motor an, und während ich noch Handschuhe anzog und mir eine Decke über die Schultern legte, stieß er uns schon ab. Das Motorengeräusch hallte dröhnend vom stillen Ufer wider, das Dunkel des Sees nun durchfurcht von unserer silbernen Kielwelle.

Als wir in unserer auserkorenen Bucht ankamen, schmolzen die einzelnen Bäume bereits aus der dunklen, einheitlichen Masse Wald heraus und der Himmel war fast hell. Eine Gruppe Enten paddelte in Ufernähe umher und das Keckern der grau-schwarzen Meisenhäher hieß uns willkommen. Sie kannten uns vielleicht inzwischen und hegten anscheinend immer noch Hoffnung, dass wir etwas Essbares für sie produzieren würden. Frech flatterten sie um uns herum, kaum dass der Motor hochgezogen war und der Anker zu Wasser ging. Wie jedes Mal überlegte ich skeptisch, ob nicht der Motorenlärm sämtliches Wild verscheucht hatte (kam deshalb nichts?). Würden die Elche tatsächlich

257

Jagdzeit

Eine Elchkuh im Morgennebel

nicht wissen, dass wir hier jetzt vor Anker lagen, nachdem der Lärm plötzlich aufgehört hatte, anstatt sich in der Ferne zu verlieren?
Wir saßen eine Weile lang still da, konzentriert die Umgebung belauschend und betrachtend. Schließlich stand Chris auf, legte seine Hände wie einen Trichter vor den Mund und stöhnte die Klage einer lüsternen, einsamen Elchkuh in die Morgenluft. Er wartete eine Weile, rief noch einmal, dann setzte er sich wieder. Damit war der unterhaltsame Teil der Jagd auch bereits gelaufen und die endlose Warterei begann.
Ich beobachtete die Enten, hörte dem Schelten der Meisenhäher zu, sah das Sonnenlicht rosa auf dem Neuschnee der Bergspitzen glühen und wackelte mit den Zehen, vergeblich gegen die Kälte ankämpfend. Chris zwinkerte mir hin und wieder aufmunternd zu und ich lächelte zurück. Immer gute Miene machen! An den Morgen, wo wir Tiere beobachten konnten, war es wunderschön im dämmerigen Wald. Aber oft zeigte sich außer ein paar Vögeln nichts Lebendiges. Nach außen hin versuchte ich den Anschein zu geben, als hätte ich Gefallen an der langsam fortschreitenden Unterkühlung im Morgengrauen. Schließlich gehörte die Jagd zu unserem Leben.
Chris rief erneut und plätscherte mit dem Paddel im Wasser, um naturgetreue Elchgeräusche vorzutäuschen, doch nichts regte sich. Langsam arbeitete sich

Jagdzeit

die Sonne höher in den blassen Himmel und reflektierte an den leuchtend gelben Pappelblättern so hell, dass es fast in den Augen wehtat. Strahlend feierten die Bäume den Herbst. Ein Rabe flog über uns hinweg, schaute kurz nach unten und erkannte sofort, dass es sich hier um erfolglose Jäger handelte. Er flog weiter.
Wir harrten noch eine weitere Stunde aus, dann gaben wir auf. Chris zog den Anker hoch, und mit der Flut des Motordröhnens machten wir uns davon. Ich mummelte mich tiefer in meine Fleecedecke, die Augen zu Schlitzen gegen den eiskalten Fahrtwind verengt und auf das heimatliche Ufer gerichtet. Vereinzelte Zitterpappeln stachen noch mit optimistisch grünen Blättern aus dem Meer des leuchtendgelben Laubs heraus, während die kleinen Balsampappelschösslinge am Seeufer schon längst feuerfarben glänzten. Wieder war unsere Jagd umsonst gewesen. Einerseits war ich froh, dass wir keinem Elch das Leben genommen hatten, andererseits hieß es, dass wir weiterhin jeden Morgen der Unterkühlung entgegenbibbern würden.

Meist ließen uns unsere morgendlichen Elchexpeditionen für den Rest des Tages müde zurück – anscheinend war das konzentrierte stundenlange Dasitzen in Temperaturen um den Gefrierpunkt für den Körper ähnlich anstrengend, als hätten wir die ganze Zeit schwer gearbeitet. Oder es war das angestrengte Horchen und Beobachten, das so viel Energie kostete – der Versuch, das Land mit allen Sinnen zu spüren, bis man es auf seiner Haut fühlen kann.
Chris machte sich wacker jeden Nachmittag erneut auf zur Jagd, jeweils ohne mich; denn außer meinem Aberglauben, dass mein gespaltenes Verhältnis zur Jagd die Elche fernhielt, wusste ich, dass mir schnell jede Motivation vergehen würde, wenn ich zweimal am Tag erfolglos vor mich hin frieren würde. Mit jedem weiteren Tag, der verstrich, schien die Chance, noch einen Elch zu erlegen, kleiner zu werden. Ich begann zu überlegen, ob wir die verbleibenden Einmachgläser noch ein Jahr strecken konnten. Die Gartenernte war immerhin wesentlich einfacher zu erbeuten.
„Sweetie, du kannst Silas aber wirklich

Die Hunde wollen lieber spazieren gehen

Ein Teil unserer Gartenernte landet in Einmachgläsern

Jagdzeit

weniger zu fressen geben." Chris hatte drei weitere Kartoffeln ausgegraben und schaute den zotteligen Hund kritisch an.

„Wieso? Der bekommt doch nicht mehr als sonst auch?" Ich richtete mich ächzend auf und betrachtete Silas, der zwischen den Gemüsebeeten saß und ins Leere starrte. Er sah tatsächlich moppelig aus.

„Vielleicht liegt's am Alter? Er ist schon nicht mehr so aktiv wie früher. Sonst hat er auch viel öfter Wühlmäuse gejagt."

„Hm, er ist doch gerade in den besten Jahren! Silas!" Langsam drehte der Hund seinen Kopf und sah mich an. „Silas, komm mal her. Wirst du ein Fettkloß?" Er kam angetrottet und schmiegte seinen Kopf an mein Bein. Ich klopfte die Gartenerde von meinen Händen und fuhr ihm durchs Fell, von dem sich lange dünne Strähnen lösten und graziös zur Erde schwebten. Seltsam fettig und doch trocken fühlten sich seine Zotteln an, wurde mir plötzlich bewusst. An der Rute war eine kleine kahle Stelle. Unbehaglich fragte ich mich, ob er vielleicht krank war. Er blickte schon wieder mit leeren Augen in die Ferne, etwas, das er in letzter Zeit oft getan hatte, wurde mir klar.

Silas wird krank

„Meinst du, er ist krank? Guck mal, er hat da eine kahle Stelle."

Chris schlängelte sich zwischen den Beeten hindurch und begutachtete Silas' Rute. „Hm, sieht komisch aus. Vielleicht hat er sich das Fell am Ofen versengt?"

„Könnte auch sein. Aber irgendwie glänzen seine Augen nicht so wie sonst."

„Ach, es wird schon nichts weiter sein! Vielleicht fehlen ihm ja Vitamine oder so."

„Auf einmal und bei dem teuren Futter?" Obwohl mir die Erklärung gefiel. Multivitamintabletten hatte ich da.

„Lass uns doch einfach ein Auge drauf behalten. Wird schon nichts Schlimmes sein. Hm, Silas? Du willst uns doch keine Sorgen machen, was?"

Der Hund fixierte Chris mit ernstem Blick. Ich holte tief Luft und verdrängte meine Sorgen. Vitaminmangel, im Auge behalten. Mich jetzt im Herbst bloß nicht noch verrückt machen. Wegen eines dick gewordenen Hundes mit fet-

Jagdzeit

tigem Fell noch eine extra Fahrt nach Whitehorse zum Tierarzt zu machen, wäre kompletter Schwachsinn. Es ging Silas ja nicht schlecht – und überhaupt, immer machte ich mir Sorgen um nichts.

Ich widmete mich wieder dem Brokkoli, von dessen überreicher Ernte ich den letzten Rest für den Winter trocknen wollte. Die Erbsen und Tomaten waren längst gepflückt, doch die letzten Kartoffeln, Knoblauch und Karotten mussten ausgegraben und der restliche Mangold geerntet werden. Vom See hallten wehmütig die langgezogenen Rufe von einer Gruppe Eistauchern zu uns hinauf – sie sammelten sich seit Wochen für ihre Reise in südlichere Gegenden, wo das Wasser nicht gefrieren würde. Fliegt ihr alle nur! Ich freue mich schon auf die winterliche Einsamkeit.

Von einem Tag auf den andern änderte sich die missliche Situation auf unseren morgendlichen Jagdausflügen: Eines Morgens grunzte ein Bulle auf Chris' langgezogenes „Ä-öööööh-a" eine Antwort. Weit entfernt zuerst, sodass wir uns nicht sicher waren – es klang fast wie ein bellender Hund. Dann plötzlich so viel näher und ohne Zweifel: „Uh!" hallte es aus dem Wald, „uh!"
Mein Herz hämmerte gegen meine Rippen, als ich versuchte, den Elch zwischen den Bäumen auszumachen. Doch er hielt sich gut versteckt und gab nur kontinuierlich seine etwas verstopft klingende Werbung preis.
Chris plätscherte im Wasser, um eine Kuh zu imitieren, und rief erneut, aber der Bulle war vorsichtig und mochte sich nicht zeigen. Wir hörten ihn sich langsam im Wald hin und her bewegen, dank seines „Uh"s ortbar, bis er schließlich die fruchtlose Grunzerei aufgab und wieder lautlos mit den Bäumen verschmolz.
„So ein Mist! Warum ist der nicht rausgekommen?", flüsterte Chris verärgert. Enttäuschung stand auf sein Gesicht geschrieben.
„Ist halt ein vorsichtiger Freier." Ja, behalt nur dein Leben, dachte ich. „Warten wir jetzt weiter, oder was?"
„Noch eine Stunde, okay? Ich rufe nachher noch einmal. Der hier kommt bestimmt nicht wieder, aber vielleicht hat ein anderer Bulle das Grunzen gehört und kommt nachschauen, was los ist."
„Na gut." Ich lehnte mich auf dem Klappstuhl zurück. Die hüfthohen Weidenröschenblätter neben mir leuchteten wie Fackeln im Unterholz und *Bearberries* befleckten den Moosboden wie vergossenes Blut. Ich wackelte mit den Zehen. Nach zwanzig Minuten rief Chris erneut. Sofort knackten Äste und ein Jährlingsbulle schlenderte aus dem Wald heraus, gab jedoch keine Anzeichen, nach der brünftigen Kuh, die Chris imitiert hatte, zu suchen. Ich sah es Chris an, dass er innerlich fluchte, weil der kleine Elch sich nicht in eine schussgünstige Position stellte. Mein Blick wanderte zwischen Chris und den Jährling hin und her, während ich versuchte, meine reichlich gemischten Gefühle zu verdrängen. Wir waren ja hier, um ein Tier zu schießen.
Schließlich schien der Augenblick gekommen: Der kleine Bulle stand frei, seine

Jagdzeit

Seite uns zugewandt. Chris zielte, senkte dann wieder das Gewehr und wisperte mir zu: „Guck noch mal durchs Fernglas, ob das auch tatsächlich ein Bulle ist. Ich seh das verdammte Geweih nicht!"

Mit zitternden Händen hob ich das Glas an meine Augen. Der Elch wandte sich um, die langen Ohren bewegend. Da – er hatte ein winziges Geweih. Oder war es nur der Schatten des Ohrs? Mit dem Hinterteil zu uns gedreht fing er an, Blätter zu fressen.

Herbstlaub

„Kannst du am Hintern was sehen? Sind da helle Haare?", fragte ich Chris leise, der durch das Teleskop seines Gewehrs spähte. Nur Elchkühe haben eine feine Linie von cremefarbenen Haaren an ihren Genitalien, eine gute Handlänge unter dem Stummelschwanz.

„Nein ... warte ... er dreht wieder."

Deutlich sah ich nun das kleine Geweih des anderthalbjährigen Bullen, als er uns wieder seine Breitseite zudrehte.

„Ist ein Bulle", sagte ich und legte das Fernglas ins Gras.

Die laute Explosion von Chris' Gewehr zerriss die Morgenstille, hieb mir wie ein Faustschlag in den Magen. Meine Augen brannten. Ich biss hart auf meine Unterlippe. Fall um, bitte sei tot, seit sofort tot! Aber der Elch stand, scheinbar verwirrt, und gab kein Anzeichen, dass er getroffen war.

Jagdzeit

Chris schoss erneut, die Schall- und Druckwelle des Gewehrs traf mich wieder wie ein körperlicher Schlag, und diesmal zuckte der Elch. Nach einem Moment schoss Chris ein drittes Mal, dann noch einmal, und unendlich langsam, so schien es mir durch meine klingenden Ohren und die Tränen, brach der Elch endlich zusammen. Chris schob mir mit dem Fuß das Fernglas zu.
„Behalt ihn im Auge und guck, ob er sich noch bewegt!"
Der Haufen braunen Fells, der eben noch ein lebensfroher junger Elch gewesen war, lag still. Ich wischte mir mit dem Handrücken über die Augen, aber die Tränen liefen weiter. Plötzlich hob der Elch den Kopf.
„Er steht wieder auf", flüsterte ich heiser. Mein Magen krampfte sich zusammen.
„Nein!" Chris zielte erneut, doch es war nur das letzte Zucken gewesen. Den Kopf dem blauen, gleichgültigen Herbsthimmel zugedreht, versiegte der letzte Lebensfunke. Ich versuchte vergebens, meine Tränen zu stoppen. Chris sah mich mitleidig, aber ernst an.
„Weißt du, es ging wirklich recht schnell. Das macht es mir auch nicht leichter, wenn ich dich so weinen sehe."
„Ich weiß, tut mir leid." Ich wischte mir über die Augen. Wie ich das Töten hasste!
Regungslos warteten wir, dass der Elch auch wirklich tot war, um ihn nicht noch aufzuscheuchen. Krampfhaft hielt ich mir die Tatsache vor, dass der Elch schnell, ohne zu wissen, was ihm geschah, gestorben war. Dass ein Tod im verrottenden Frühlingseis, gehetzt und mehrfach gebissen von Wölfen, angefallen von einem Bären, so viel langsamer war. Aber mein Herz kämpfte mit meiner Mitschuld, dem Bullen sein Leben genommen zu haben, das er ohne Zweifel lieber weiter gelebt hätte.
Als wir das tote Tier erreichten – schon war es gar kein Elch mehr, so wie es dort lag, den Kopf unnatürlich zurückgebogen, das große sanfte Auge mit den langen Wimpern starr geöffnet, die Beine von sich gestreckt –, streichelte ich ihm hilflos die Ohren und bat um Verzeihung. Doch ich fand nicht die richtigen Worte und Gesten, kannte keine, mit denen ich meinem Empfinden und dem Wesen vor mir, dessen Leben wir gestohlen hatten, gerecht werden konnte. Kein Wunder, dass Jägervölker, die noch viel näher mit dem Land und seinen Tieren lebten, spezielle Riten für das Töten hatten.
Ich schob meine Gefühle weit weg in mich hinein. Aus Respekt vor dem Tier musste nun alles so reibungslos wie möglich ablaufen. Ich half Chris, die Beine des Elchs auseinanderzubinden, damit er den Körper aufschneiden konnte.
Ein, zwei Stunden arbeiteten wir daran, das Tier in Fleisch umzuwandeln. Ein Schlachthausgeruch von Blut und rohem Fleisch hing über uns, dazu kam das ständige Flattern kleiner Flügel. Die Meisenhäher, die ich schon durch das Fernglas beim Elch beobachtet hatte, kaum dass er niederfiel, machten sich gierig über das Gedärm her, das Chris aus der Bauchhöhle gezogen und ab-

Jagdzeit

Kartoffeln sind leichter zu erbeuten als ein Elch

Jagdzeit

seits aufgehäuft hatte. Keine zwei Meter neben uns rissen sie Fettstückchen und Fleischbrocken ab und flogen damit davon, um sie in der Umgebung zu verstecken.

Wir steckten die riesige Leber, das Herz und die Zunge in zwei Säcke, um sie so sauber wie möglich und vom restlichen Fleisch getrennt zu halten. Während Chris mühsam die Unterbeine absägte und die Keulen vom Körper trennte, schnitt ich das Fleisch entlang des Rückgrats und der Rippen los und legte die Fleischbrocken in weitere Baumwollsäcke. Immer wieder flogen die blutsaugenden *Blackflies* wie kleine Kamikazepiloten an meine Augen, die Ohren, den Haaransatz. Der moosige Boden hatte das Elchblut bereits hungrig aufgesaugt. „Ich glaube, das ist jetzt alles", sagte ich schließlich und ließ mich auf meine Fersen zurücksinken, streckte meine blutverklebten Hände von mir.

Chris warf einen prüfenden Blick auf die bloßgelegten Rippen. „Ja, sieht so aus. Gut, Sweetie! Ich räume hier noch etwas auf, dann können wir wieder los, hm?"

Während ich mir im See meine verschmierten Hände wusch, zerrte Chris das Fell und den Rest der Knochen in den Wald hinein, wo Bären und Wölfe es sich von Trophäenjägern unbemerkt holen konnten. Denn die waren jetzt auch unterwegs, um sich ein möglichst großes Fell oder Geweih ins Wohnzimmer hängen zu können. Keuchend trugen wir die schweren Keulen gemeinsam zum Boot und machten wir uns mit unserer blutigen Beute auf den Weg nach Hause. Hinter dem Boot spulte sich die silbrige Kielwelle ab, das Wasser, von dem vor Stunden noch der Elch getrunken hatte und mit dem sich nun sein Blut vermischt hatte. Vor mir lag das Fleisch; die zu Muskeln und Fett gewordenen Weidenblätter, Zweige, Wasser und Gräser. Bis zum nächsten Herbst würde es kein Frieren in der Morgendämmerung mehr für mich geben, am Rande des einsamen Sees und inmitten der Vegetation, die einen Elch ausmachte. Langsam löste sich die Traurigkeit von mir und wurde zu einer tiefen Dankbarkeit. Hinter uns krächzte es aufgeregt: Raben hatten sich bei den Überresten des Kadavers eingefunden. Ob mein Pflegling auch irgendwo nach Jägern Ausschau hielt, um sich leichte Beute zu verschaffen? Die schwarzen Vögel scharen sich schnell um totes Getier. Mit kräftigem Flügelschlag querte ein weiterer Rabe den Himmel und warf kurz seinen Schatten ins Boot, blendete die Sonne aus. Der Rabe, der das Licht brachte und der Menschheit auf die Erde verhalf ... Ich sah zurück ans ferne Ufer mit seinen Bäumen voller krächzender Vögel und ahnte, was es mit der Rabenmythologie auf sich hatte. Wo ein Schwarm Raben ist, befindet sich auch etwas Essbares – vielleicht ein Tier, das frisch von den Wölfen gerissen ist, vielleicht ein älteres Stück Aas mit Knochen voller Mark. In den harten Zeiten früher, wenn die Jagd schlecht war und der bevorstehende Hungertod den Menschen hohl aus den Augen schaute, konnte ein Rabe sicherlich Leben und Licht spenden. Kein Wunder, dass die Jägervölker in einem so rauen Land den Vogel liebten, der mit den Wölfen zieht.

Jagdzeit

Das Elchfleisch zu verarbeiten dauert mehrere Tage

Während die Elchkeulen unter unserem Vordach abhingen, beschäftigten wir uns die nächsten Tage damit, einen Teil des Fleisches im Dampfdruckkochtopf einzukochen. Spaghettisoße, Chili, Curry, Leberwurst, in Mehl gewälzte Fleischstückchen – wir hatten im Sommer nicht daran gedacht, Rotwein zu kaufen, so würde es dieses Jahr kein in Wein mariniertes Fleisch geben.

Die bereits verschneiten Berge und halbkahlen Pappeln waren durch die beschlagenen Fenster nur verschwommen zu erkennen. Penetranter Fleischgeruch wie in einem Schlachterladen durchtränkte die Cabin, gemischt mit dem Aroma von gebratenen Zwiebeln.

Chris kämpfte mit dem stumpfen Fleischwolf, während ich in zwei großen Pfannen die nächste Ladung Fleisch anbriet.

„Was ich so schwierig an der ganzen Jagdgeschichte finde, ist die Willkürlichkeit, weißt du?", schnitt ich das leidige Thema wieder an. „Wir leben im Zeitalter der Qual der Wahl."

„Es hindert dich ja keiner dran, dir mehr Nudeln und Dosengemüse zu kaufen. Du musst das Fleisch ja nicht essen", sagte Chris und warf zwei knorpelige Fleischstückchen, an denen noch Elchhaare hingen, in den Hundetopf mit Fleischabfällen, der auf dem Holzofen vor sich hin köchelte.

„Nein, das meine ich nicht. Oder doch, gerade das: Wir können uns genauso gut von was anderem ernähren, statt einen Elch zu schießen. Was hier oben nicht viel Sinn macht, das finde ich ja auch – wenn die Wachstumssaison für Gemüse gerade mal vier Monate lang ist und die Lebensmittel im Geschäft aus tausenden von Kilometern Entfernung kommen. Aber die Wahl haben wir trotzdem: den Elch am Leben zu lassen und halt was anderes zu essen. Das finde ich so schwer! Es ist ja nicht wie früher, wo man sonst verhungern würde. Ich hasse es, die Viecher umzubringen, aber genauso blöd fände ich es, mich von schlappem kalifornischen Gemüse zu ernähren."

Einen Teil des Fleisches trocknen wir

„Ja, das Töten ist der Teil der Jagd, der mir keine Freude macht, aber für mich

266

gehört das einfach dazu. Wenn man wie wir hier draußen lebt, dann sollte man auch das essen, was da ist. Der Elch hat ja ein völlig naturgerechtes Leben gehabt bis zu dem Moment, wo ich ihn schieße. Vergleich das mal mit Schlachtvieh!" Chris kurbelte schwitzend am Fleischwolf.
„Ist doch gar keine Frage, ich geh ja auch nicht hin und decke mich mit Rindfleisch und Hühnerkeulen ein! Natürlich kann ein Schwein oder Huhn nur davon träumen, nicht nur frei herumlaufen zu können, sondern auch die Chance des Entkommens zu haben. Das ist ja das, was mich bei der Viehhaltung stört, egal wie ökologisch das Ganze betrieben wird. Da bist du wie Gott." Ich kratzte mit dem Löffel in der Pfanne. „Allein du entscheidest, wer heute stirbt, und das Vieh hat rein gar keine Chance, davonzukommen. Das fand ich furchtbar, damals in Atlin, als ich die Hühner hatte – ich will nicht so viel Macht über Leben und Tod haben. Ich finde es ganz klar moralisch vertretbarer, sich sein Fleisch zu erjagen. Um geschossen zu werden, gehört für das Tier immer eine Portion Pech oder Unaufmerksamkeit dazu. Es ist keine abgekartete Sache wie bei Schlachtvieh."
„Und ob der Elch dann zwei Jahre später durchs Eis geht oder von den Wölfen gerissen wird, oder ob wir ihn stattdessen schießen – was macht da den großen Unterschied?"

Elchfleisch im Einmachtopf

Ich schwenkte die großen Einmachgläser im warmen Wasser umher und begann, sie mit angebratenem und gewürztem Fleisch zu füllen. „Ach, ich weiß auch nicht. Für den Elch macht es den Unterschied, dann eben noch zwei Jahre länger gelebt zu haben. Mir liegen die Tiere immer zu sehr am Herzen. Ich hab sie lieber lebendig als tot. Wenn ich den Elch anschaue, sehe ich einfach nur, wie unendlich schön er ist."
„Geht mir nicht so. In dem Moment sehe ich da unsere Jahresversorgung an Fleisch."
„Ich nicht. Ich sehe da das winzige Kalb mit Streichholzbeinen, das er im letzten Jahr war, und wie er im Sommer wie ein Wildpferd durchs Wasser gesprengt ist, bloß aus Spaß. Wie er sich ängstlich hinter seiner Mama hielt, und dann verwirrt und verloren dastand, als sie ihn nach einem Jahr fortgejagt hat. Wie er im Winter genüsslich im Schnee in der Sonne lag. Das sehe ich, wenn der Elch da steht."
„Ach Sweetie ..." Chris ließ den Fleischwolf liegen und nahm mich in den Arm. „Wenn ich mir da so viel Gedanken drüber machen würde, könnte ich auch nicht schießen."

Eine Sorge kommt selten allein

Koyah am spätherbstlichen Seeufer

Eine Sorge kommt selten allein

Tagish Lake, 15. Oktober: 6 Grad und Wind.

Chris plant seine Reise

„Mensch, der Wind hört diesen Herbst überhaupt nicht mehr auf!" Missmutig schaute Chris aus dem Fenster auf die Wellen, die schäumend an den Ufersteinen brachen. Er hatte den Flug für seinen diesjährigen Winterurlaub längst gebucht und verbrachte nun viel Zeit am Internet, um nach den besten Wanderwegen, Jugendherbergen und Campingplätzen in Neuseeland zu suchen.
Gedanklich war er oft weit weg, am andern Ende der Welt, unter Menschen, aber ich dachte bereits ebenso sehnsüchtig an meine Monate allein: an das Wegtauchen, die traumhafte, verwunschene Qualität der immer kürzer werdenden Tage mit ihren Nebelschwaden und dem fast soliden Sonnenlicht. Daran, wie sich mein Leben hauptsächlich aus Schnee, Eis, Büchern, den Hunden und Spuren im Wald zusammensetzen würde und mir auf meine Worte bloß der Eisgesang und Wind antworten würden.
Die große Isolierfolie für die Fenster, so dünn wie Cellophan, klebte statisch an meinem Pulli. Vorsichtig befreite ich mich aus ihren durchsichtigen Fängen und drückte einen Rand davon gegen das Klebeband am Fensterrahmen.
„Na, lass es doch jetzt noch ordentlich stürmen, dann hast du Mitte November sicher ruhiges Wetter. Bis dahin musst du doch nicht mehr in den Ort." Ich presste die Plastikfolie weiter am Rahmen fest.
„Aber es beruhigt sich doch nicht mal mehr über Nacht."
„Wieso paddelst du nicht nach Tagish hoch anstatt nach Atlin? Selbst wenn du auf dem letzten Stück bei Windy Arm Wellen hast, ist das immer noch nicht so gefährlich, als wenn du die fünf Kilometer offenes Wasser vom Atlin Lake überquerst! Es dauert zwar doppelt so lange nach Tagish hoch, aber ich finde, man hat eine größere Gewähr, in etwa planmäßig anzukommen." Ich trat von dem nun winterfesten Fenster zurück. Chris' Plan, im November mit dem Kajak nach Atlin zu paddeln, um dann seine Neuseelandreise anzutreten, sah angesichts der Wetterverhältnisse nicht so vielversprechend aus. Atlin Lake konnte zwei Meter hohe Wellen entwickeln.

„Ja, aber dann sitze ich mit dem Kajak in Tagish! Das heißt, ich müsste erst wieder wen in Atlin organisieren, der mich dort abholt. Du weißt ja, wie das ist ..."

Oh ja, ich wusste es. Eines Tages würde vermutlich der Moment kommen, in dem die Leute schreiend vor uns davonliefen.

„Ist das nicht das Gleiche, wenn du dich mit Stephen arrangierst?", fragte ich.

Plan B war, dass Chris am Atlin River warten würde, falls Atlin Lake zu windig für eine Überquerung mit dem Kajak war. Sein Freund würde ihn dort mit der flauen *Rubber Ducky* abholen.

„Finde ich nicht, das Zodiac liegt doch in Atlin abfahrbereit am See. Das könnte er sogar in seiner Mittagspause erledigen."

„Mit dem Kajak und zwei Leuten in der scheintoten *Rubber Ducky* über den sturmgebeutelten See, um die Jahreszeit!" Ich presste die Lippen zusammen.

„Das Zodiac ist total sicher, das ist gar kein Problem. Das kann ja gar nicht sinken."

„Von Tagish könntest du schlimmstenfalls nach Atlin trampen. Hier oben hält doch garantiert jemanden an, wenn man mit einem Kajak an der Straße steht!"

Chris schüttelte den Kopf. „Denkst du. Nee, das ist mir zu stressig. Nachher sitze ich da tagelang mit dem Kajak ... Atlin Lake ist besser. Solange ich auf Stephen zählen kann."

Ich seufzte und wandte mich dem nächsten Fenster zu. Um die Sicherheit von

Der erste Herbststurm

Die Berge sind bereits weiß

Chris wollte ich mir nicht auch noch Sorgen machen müssen. Silas, der trotz der Vitamintabletten immer mehr von seinem Deckhaar verlor, bereitete mir schon genug Kopfzerbrechen. Als Pudel-Schäferhund-Mischling verlor er normalerweise so gut wie kein Fell, außer etwas von der Unterwolle. Das Deckhaar dagegen wuchs immer länger und gab ihm seinen Zottel-Look. Inzwischen war das Fell an seiner Rute und den Rippen ganz schütter geworden und er schlich auf unseren Spaziergängen lustlos hinter uns her, anstatt wie üblich

mit Moldy vorne weg zu laufen. Vielleicht sollte ich doch noch einmal mit ihm nach Whitehorse. Aber die Kosten und Mühe, bei dem stürmischen Wetter ... und nur, weil er so haarte?
Chris kam, um mir zu helfen, die Folie glatt über das große Fenster zu spannen. „Wenn wir mal einen ruhigen Morgen haben, können wir eigentlich das

Wir schwelgen noch in Essen komplett aus eigener Ernte

Jetboot an Land ziehen, dann haben wir das auch schon erledigt. Den letzten Trip hab ich jetzt ja gemacht." Chris war mit unseren abgepackten Elchsteaks und Braten nach Atlin gefahren und hatte sie dort in der Gefriertruhe untergebracht, sodass wir im nächsten Jahr auch immer mal wieder „frisches" Fleisch aus dem Ort mitbringen konnten und nicht nur das faserig zerkochte Einmachfleisch zu essen hatten.

Ich nickte. Das Boot an Land zu ziehen war immer eine etwas nervenaufreibende Sache, aber ich freute mich auf das symbolische Kappen unserer Verbindung mit der Außenwelt.
„Wenn das Boot draußen ist, fühlt es sich wenigstens wie Winter an!"
„Du und dein Winter ..."
„Wieso? Ich finde das toll im Spätherbst, wie das Land sich leert – erst sind die Mücken weg, und während das Laub fällt, verschwinden die Vögel ... und zuletzt die Bären. Und dann der Großteil des Lichts und der See – das Wasser, meine ich. Eins nach dem andern fällt weg."
„Du hast echt 'ne Meise! Was ist daran schön? Und dazu noch der ganze Nebel. Das Ende vom Winter, so ab Februar, März, das ist herrlich! Ordentlich Sonne, alles verschneit und der See zugefroren und vor allem kein Nebel."
„Das gefällt mir ja auch! Aber der Anfang, in dem ganzen Dunkel, wenn nur noch so wenige Tiere da und aktiv sind – das gibt so ein Gefühl von Geborgenheit. Als ob sich alles zusammenkauert, zusammenzieht, aber auf eine gute Art. Im Frühling und Sommer fühlt sich das Land viel weiter an, irgendwie. Größer und lauter. Es ist mehr los, ist nicht mehr so heimlich."
Nach dem gelb-roten Farbexzess des Septembers sah die Landschaft jetzt öde aus, ein Einerlei aus braun und dunkelgrün, der See bleigrau unter dem oft bewölkten Himmel. Ich hatte in der Badewanne noch meine letzten Sachen für den Winter gewaschen, solange ich die Wäsche draußen über Nacht einweichen konnte, ohne dass sich eine Eisschicht auf dem Wasser bildete.
Beständig arbeitete sich der Schnee von den Berggipfeln in die Baumgrenze

Eine Sorge kommt selten allein

Der Winter kündigt sich an

hinunter. Chris, getrieben von seinen Reiseplänen, beschäftigte sich damit, alles winterfest zu machen. Wir trugen das Kanu und mein Kajak zum Schuppen hoch, er fegte die Ofenröhren, wechselte das Öl im Generator, suchte allerlei quer über das Grundstück verstreute Bretter und Werkzeuge zusammen, sortierte seine Sommersachen zum Mitnehmen aus und verbreitete generell eine Atmosphäre der Vorbereitung und Abreise.

Als der Wind eines Morgens endlich eine Verschnaufpause einlegte, machten Chris, unser Hundetrupp und ich uns mit der Seilwinde auf in die Bootsbucht. Es roch würzig nach Herbst – der gelbe Teppich von gefallenen Pappelblättern war längst braun geworden und verrottete auf der feuchten Erde. Das silbern glitzernde Wasser gab sich freundlich und zahm, spiegelte die dickbäuchigen grauen Wolken wider.

„Pass auf, es ist total glatt hier!", rief Chris mir zu und zog ein drei Meter langes Baumstammsegment aus den Büschen. „Alles noch gefroren."

Ich glitschte über eine eisige Wurzel zum Stapel der Stämme, die wir benutzten, um das Boot aus dem Wasser zu ziehen und zerrte einen dürren Pappelstamm hervor. Vorsichtig, um nicht auszurutschen, schleppte ich ihn hinter Chris zum Ufer hinunter. Blizzard und Koyah kratzten in der frostigen Erde nach Graswurzeln – nur ein paar Wochen lang war das noch möglich, dann würde wieder alles mit Schnee bedeckt sein. Eine kleine Schar Haubentaucher bog um die Ecke der Bucht und schwamm neugierig näher, die langen Hälse mit den rostrot bekappten Köpfen hoch gereckt. Chris rückte die beiden Stämme zurecht, sodass sie wie Leitersprossen vom Wasser das Ufer hoch anstiegen.

„Noch drei, dann sollte es reichen." Er wuchtete sich einen weiteren dicken Stamm auf die Schulter. „Silas, pass auf!" Aber Silas blickte ihn nur regungslos an. Fluchend wich Chris aus.

Nachdem wir die Seilwinde sicher an einer Erle befestigt und das Jetboot vom Dock losgebunden hatten, bugsierten wir das Boot näher ans Ufer heran, auf die bereitliegenden Stämme zu. Von weiter draußen in der Bucht näherten sich die Haubentaucher.

„Ich hebe den Bug an. Kannst du den ersten Stamm darunter rollen?", fragte Chris.

„Jupp." Ich trat einen Pappelstamm unter das Boot, allerdings lief er Gefahr, vom Wasser gleich wieder hochgetrieben zu werden. „Setz ab!"

Wir hievten und schoben das Boot vorwärts, auf den nächsten Stamm zu. Als es auf zwei der Stämme lag und der Bug schon ein Stück an Land ragte, gab das Wasser nicht mehr genügend Auftrieb, um das Boot von Hand weiter nach vorn bewegen zu können. Zeit, die Seilwinde einzuhaken.

Während ich das Boot stabilisierte, damit es nicht zur Seite kippte, bewegte Chris den Hebel der Seilwinde. Klickernd hakte das Zahnrad ein und zog das lange Stahlseil, das vorne ans Boot eingehakt war, langsam auf die Winde. Das

Seil straffte sich, spannte, und während Chris schwitzend weiterhebelte, ruckte das Boot einige Zentimeter vor.

„Bewegt sich was?"

„Ja, es kommt, mach weiter!" Ich ließ meine Hände am Boot und schielte auf die Stämme unter dem Kiel. „Wir müssen gleich einen Stamm nachlegen!"

„Okay."

Hinten, unter der Jetdüse, würde bald der hinterste Stamm ausgespuckt werden, wenn wir das Boot weiter das Ufer hochzurrten. Unser Haubentaucherpublikum hatte uns inzwischen als langweilig abgestempelt und glitt langhalsig aus der Bucht hinaus. Endlich hatten wir das Jetboot außer Wellenreichweite an Land gezogen.

„Bringst du noch ein paar von den Brettern her?", fragte Chris, der unter dem Boot herumfuhrwerkte.

Vor mich hin summend suchte ich aus dem Reststapel Baumstämme, mit dem wir in den nächsten Tagen auch noch das kleine Aluminiumboot an Land ziehen wollten, die verblichenen Bretter zum Verkeilen heraus. Schön: Unsere Nabelschnur nach Atlin war nun durchtrennt. Es war einfach ein anderes Gefühl ohne ein einsatzbereites Motorboot. Das Land war nicht mehr so leicht beherrschbar.

Unser Jetboot ist sicher an Land verstaut

Ich begann, das verschossene, ausgeblichene Verdeck mit den Plastikfenstern abzuknöpfen, während Chris das Gestänge darunter abbaute. Mit den diversen Teilen des Bootverdecks beladen, machten wir uns schließlich zum Schuppen auf, um alles zu verstauen. Silas schlich trübselig hinter uns her.

„Ich schau gleich mal im Internet nach, ob ich nicht irgendwie rausfinden kann, was der Hund hat. Es wird und wird ja nicht besser mit ihm", sagte ich zu Chris.

Eine Sorge kommt selten allein

„Hm, und dann? Jetzt haben wir doch gerade das Boot rausgezogen."
„Ich habe gedacht, dass ich vielleicht irgendwas bestellen und an die Touristenlodge am Nordende vom See schicken lassen kann. Vielleicht holen die ja noch mal in den nächsten Tagen ihre Post ab. Dann könnte ich kurz hinpaddeln und das bei ihnen abholen." Bis zur Lodge, die auch keinen Straßenanschluss hatte, waren es etwa zwei Tage per Kajak von uns – bei gutem Wetter.

Mein Hundebuch, das ich in den letzten Wochen immer wieder gewälzt hatte, war nicht sonderlich aufschlussreich, was die Symptomatik von Silas anging. Von Google erhoffte ich mir mehr.
Mit Haarausfall, Lethargie und Gewichtszunahme als Stichwörtern wurde ich schnell fündig: Unterfunktion der Schilddrüse. Besonders die inzwischen fast kahle Rute von Silas war angeblich typisch dafür. Wenn ich es unbehandelt ließe, war mit noch mehr Haarverlust zu rechnen, ebenso vermehrter Kälteempfindlichkeit und potenziell einem ganzen Rattenschwanz an anderen Gesundheitsproblemen wie Ohrenentzündungen, Augenproblemen und Taubheit. Mein Herz pochte heftig als ich mich verfluchte, dass ich mich nicht schon eher darum gekümmert hatte – im Sommer, wo es vergleichsweise einfach gewesen wäre, ihn zum Tierarzt zu bringen. Selbst mit Chris hätte ich noch rausfahren können, als er das Elchfleisch nach Atlin brachte. Und nun?

Silas geht es nicht gut

Ab Mitte Oktober wurde der Motorboot- und Wasserflugzeugverkehr zusehends eingestellt. Das Wetter war zu unbeständig, die Seen zu wild, die Temperaturen teils schon zu niedrig. Vielleicht könnte ich es jetzt mit Silas noch per Boot oder Wasserflugzeug nach Atlin, aber laut Internet mussten zur Diagnose Bluttests gemacht werden. In Whitehorse würde das vermutlich nicht möglich sein, sodass das Blut nach Vancouver geschickt werden müsste. Bis ich die Ergebnisse und Medikamente bekäme, würde es sicher um die zehn Tage dauern. Für die Heimkehr bliebe dann nur noch der Hubschrauber – für 650 Dollar.
Nervös kaute ich an meinen Fingernägeln. Was für astronomische Kosten – für einen Hund! Ich war letzten Winter nicht wegen meiner losen Plombe rausgeflogen, sondern hatte gewartet. Und es handelte sich bei Silas anscheinend nicht um eine lebensgefährliche Krankheit. Das Beste wäre, wenn ich die nötigen Medikamente bekommen könnte, ohne den Hund extra zum Tierarzt

Eine Sorge kommt selten allein

bringen zu müssen. Dann wäre nur ein Flug nötig. Oder, noch besser, vielleicht würden die Leute von der Lodge noch einmal zur Post fahren.

Ich loggte mich bei Skype ein.

„Tierklinik, was können wir für Sie tun?"

„Hallo, ich hätte gerne mit einem der Tierärzte gesprochen. Ich habe einen kranken Hund, lebe aber im Busch und kann ihn um diese Jahreszeit eigentlich nicht mehr nach Whitehorse bringen."

„Kleinen Moment, ich sehe mal, ob jemand Zeit hat, ja?"

Hoffentlich würden sie für meine Situation Verständnis haben. Die Tierarzt- und Medikamentenkosten wären mir ja egal, aber nur für einen Bluttest durch die Gegend helikoptern?

„Ja, hallo?"

„Hi, ich rufe vom Südende des Tagish Lake an. Ich habe ein Problem mit meinem Hund Silas ..." Nachdem ich die Symptome von Silas geschildert, mein Transportproblem erklärt und schließlich auch noch meine Googlediagnose erläutert hatte, lauschte ich hoffnungsvoll auf Antwort.

„Hm, ja, es deutet schon einiges auf eine Unterfunktion der Schilddrüse hin, aber andererseits kann es auch gut was anderes sein. Das sind alles sehr generelle Symptome, die nicht mal alle zusammenhängen müssen. Ich müsste den Hund untersuchen und ein paar Bluttests machen, um wirklich sagen zu können, was es ist."

„Das verstehe ich schon, aber ich kann mir nicht mal eben so einen Hubschrauber leisten. Könnten Sie mir nicht die Medikamente für Schilddrüsenunterfunktion schicken, für drei Monate, und ich komme dann im Winter, wenn die Seen zu sind, mit Silas raus? Es ist ja nicht, dass ich ihn nicht untersuchen lassen will, sondern es um diese Jahreszeit schlecht kann. Es würde allein für die Fliegerei hin und zurück über 1300 Dollar kosten und ich bin nicht steinreich."

„Das tut mir leid, aber wenn er erst mal die Tabletten nimmt, lässt sich eine Unterfunktion nicht mehr eindeutig feststellen. Und ich kann Ihnen doch nicht einfach irgendwelche Medikamente geben, wenn der Hund womöglich eine ganz andere Krankheit hat!"

„Das ist doch mein Risiko."

„Nein, tut mir leid, das kann ich wirklich nicht machen. Das kann auch schädlich sein, wenn es gar nicht die Schilddrüse ist."

„Aber ich kenne doch meinen Hund und würde ja beobachten, ob's ihm besser geht oder nicht. Wenn Sie mir sagen, auf was ich achten muss, würde ich die Tabletten natürlich sofort wieder absetzen, wenn sie nicht helfen."

„Nein, das geht so nicht. Wenn Sie irgendwen haben, der dem Hund Blut abnehmen kann und Sie das Blut vielleicht noch mit dem Boot rausschicken können, dann lasse ich das gerne untersuchen und kann Ihnen je nachdem die Tabletten schicken. Allerdings müssten Sie das Blut zentrifugieren, damit es nicht gerinnt, und kühl halten."

Eine Sorge kommt selten allein

„Äh – zentrifugieren? Wie würde ich das hier zu Hause machen?"

„Das ginge zum Beispiel am Lüfterrad vom Auto. Wenn Sie da das Reagenzglas anbinden ..."

Ich schüttelte ungläubig den Kopf. Hörte der Mann mir eigentlich zu? „Äh, wir haben hier kein Auto. Wenn ich Straßenanschluss hätte, säße ich schon längst mit Silas bei Ihnen in der Praxis."

„Ach ja. Hm ... Haben Sie vielleicht ein luftgekühltes Schneemobil? Da kann man es auch am Lüfter befestigen."

„Hm ... das könnte gehen. Allerdings hab ich noch nie Blut abgenommen. Wir haben zwar Spritzen hier, aber ich weiß nicht ..."

„Vielleicht können Sie ja wen finden, der sich da besser auskennt?"

Ja sicher, es wimmelt hier nur so Menschen, dachte ich säuerlich. „Ich wüsste nicht, wo ich jemanden finden soll. Könnten Sie mir nicht bitte die Tabletten schicken? Das wäre doch auch für Silas besser, als wenn ich anfange, mit der Spritze an ihm herumzustochern!"

„Nein, tut mir leid. Kann ich wirklich nicht."

„Das finde ich äußerst schade. Ich hatte auf mehr Verständnis von Ihnen gehofft. Schließlich geht es ja um den Hund!"

„Tut mir leid, dass ich nicht weiter helfen kann. Das Beste ist wirklich, Sie bringen ihn in die Praxis. Auf Wiederhören."

„Na toll. Tschüss." Wütend beendete ich das Gespräch. Ohne ein richtiges Telefon konnte ich nicht mal den Hörer in die Gabel schmettern.

„Dass ich nicht weiter helfen kann"! Nicht helfen will, wohl eher. Da konnten Menschen zum Tierarzt gehen und auf die bloße Aussage hin, ihr Hund sei gefährlich aggressiv, das Tier einschläfern lassen. Hunde einfach auf Hörsagen zu töten war für Tierärzte kein Problem, aber ein Medikament zu schicken, das Silas höchstwahrscheinlich helfen würde, schon?

Aufgebracht hämmerte ich mit den Fingern auf die Laptoptastatur ein, um nach Naturheilmitteln zu fahnden, die ich mir ohne ein Rezept über das Internet bestellen konnte. Es sah nicht vielversprechend aus; der Hund brauchte Hormontabletten. Trotzdem schrieb ich mir ein paar Mittelchen auf, die eventuell helfen könnten, und mailte der Lodge, ob sie vorhatten, noch mal zur Post zu fahren und ob ich ein Päckchen an sie schicken lassen könnte.

Chris kam mit Moldy herein. „Na, bist du am Internet?" Er zog sich die Stiefel aus.

„Ja. Ich hab grade mit dem Tierarzt gesprochen."

„Und?" Chris sah interessiert auf.

„Und er schickt mir keine Tabletten. Ich bin mir 99-prozentig sicher, dass die Schilddrüse von Silas nicht richtig funktioniert, was eigentlich nichts Dramatisches ist. Das lässt sich ganz leicht behandeln. Er bräuchte bloß Hormontabletten, dann wäre er wieder okay."

„Und wieso stellt sich der Tierarzt so an?"

Eine Sorge kommt selten allein

„Ach, weiß der Geier. Dabei war ich doch schon oft bei ihm! Hat vielleicht Angst, dass ich ihn verklage, wenn die Tabletten falsch sind oder was weiß ich. Ich soll Silas Blut abnehmen und es zentrifugieren und einschicken, hat er gesagt."

„Zentrifugieren?" Chris sank neben mir aufs Sofa.

„Die spinnen doch alle. Wozu ist der Heini denn Tierarzt geworden, wenn er nicht hilft?"

„Na, typisch Stadtmensch! Die haben selbst in Whitehorse keine Ahnung, was es heißt, hier monatelang festzusitzen! Aber wenn sie mal eine Stunde lang im Stau feststecken, kriegen sie gleich einen Herzklabaster", regte Chris sich auf.

„Ja, echt. Wobei der in Whitehorse wohl noch nie im Stau gestanden haben wird, bei den paar Autos. Aber ich hätte echt gedacht, dass die im Yukon mehr Verständnis für meine Lage hätten!"

„Tja ..." Chris strich sich über das Gesicht. „Sonst kann ich dich und Silas ja noch mit dem kleinen Boot nach Tagish hochfahren. Aber wenn es mit ihm dann länger als ein paar Tage dauert, weiß ich nicht, ob ich dich noch wieder abholen kann."

„Bei dem Wetter! Dann sitzt du womöglich irgendwo unterwegs fest und die andern Hunde sind alle in der Cabin eingeschlossen – nee, lass mal. Vielleicht holen die von der Lodge ja noch ihre Post ab, dann paddel ich zu ihnen hin und gut ist es." Ich warf einen Blick auf Silas, der zusammengerollt auf seinem Kissen lag. Die Rute und der Bauch waren inzwischen fast kahl. Begeistertes Schwanzwedeln und glänzende Augen hatte ich bei ihm schon wochenlang nicht mehr gesehen. Sollte ich besser doch noch mit ihm hinausfliegen?

Ungeplantes Wiedersehen

Tagish Lake, 5. November: Schneesturm.

Dramatisch zerfetzte Wolken, die den Himmel auffraßen, kamen als Vorreiter des ersten Wintersturms über den See gejagt. Nachdem sie die Bergzacken am Südende des Sees verschlungen hatten, hetzten sie auf uns zu. Die Baumkronen fingen an, sich tänzeln zu wiegen. Wir waren vom Wetterbericht vorgewarnt und holten ein extra Fass Wasser vom See herauf, spalteten und stapelten Holz unter dem Verandadach auf, um nicht mitten in einem Schneesturm Nachschub holen zu müssen.

Wie Flaschengeister kreiselten Schneefahnen über den grün aufgepeitschten See, der Gischt ans Ufer spie. Die Bäume wiegten sich immer stärker, rauschten und knarrten in den Böen. Aber der Sturm wartete mit seiner vollen Wucht, bis es dunkel war und wir nichts mehr bezeugen konnten. Wild prügelte der Wind gegen das Haus, fand winzige Spalten, durch die er seine eisigen Finger stecken konnte. Ich gab es auf, so zu tun, als würde ich lesen und kuschelte mich instinktiv eng an Chris, horchte angespannt auf das Wüten in der Dunkelheit. Blizzard lag dicht vor dem Sofa, als wollte er mich beschützen.

Unbewusst passte sich mein Atemrhythmus den Windböen an, die nun immer schneller auf die Cabin einschlugen. Schneekristalle hagelten gegen die Fenster, die Ofenröhre fauchte wie eine Katze. Draußen rauschten die großen Tannen wie Meeresbrandung. Es war eine Nacht der Leidenschaft, der entfesselten Natur, die sich nicht beruhigen mochte. Jede Pause war nur ein weiteres Luftholen des Sturmes, der vom Pazifik über das Küstengebirge hergejagt kam. Immer wieder warf sich der Wind mit voller Wucht gegen die Fensterscheiben, presste sie tiefer in ihre Rahmen hinein.

Vor dem Schlafengehen gingen wir noch einmal kurz hinaus. Sternenklar war der Himmel, übersät mit unendlich vielen Nadelspitzen fahlen, kalten Lichtes. Vor der Sternenkulisse jagten sich zerrissene Wolkenfetzen und peitschten die Tannen wild hin und her. Die jüngeren und biegsameren beschrieben wahre Bögen vor den Böen. Ich schauderte und flüchtete zurück ins Haus. Nein, dem Wetter mochte ich keine Stirn bieten. Schlaflos wälzte ich mich im Bett, unruhig nicht nur wegen des Sturms, sondern auch vor Sorgen um Silas. Es wurde immer fraglicher, ob ich die bestellten Naturpräparate noch bekommen konnte. Falls das Wetter stimmte, wollten die Lodgebesitzer zwar noch zur Post, wo mein Päckchen hoffentlich schon wartete. Aber dieser Sturm war nur ein Vorgeschmack auf die Dinge, die da kommen würden. Konnte ich es noch schaffen, die Mittel bei der Lodge abzuholen? Es würde alles knapp werden, denn in zwei Wochen wollte sich Chris wegen des Wetters bereits auf den Weg nach Atlin machen, um seinen Neuseelandflug nicht zu verpassen. Dann säße ich fest.

Ungeplantes Wiedersehen

Am Morgen nach dem Sturm

Am nächsten Morgen war alles still, erschlafft, als hätte die Natur ihre Energie verpulvert. Wie benommen taumelten aus dem verhangenen Himmel große Schneeflocken herunter. Ich starrte auf die frisch verschneite Landschaft, den friedlich rieselnden Schnee. Der Winter war da.

Es würde mich verrückt machen, ständig den kränkelnden Hund vor Augen zu haben und hilflos zuzusehen, wie er immer mehr Fell verlor und jeden Tag weniger Spaß am Leben hatte. Wenn Chris erst fort war, würde ich kein Entkommen mehr vor meinen Sorgen haben. Handeln musste ich. Und zwar schnell.

„Sag mal, wie wäre es, wenn wir uns einen Hubschrauberflug teilen? Dann könnte ich mit Silas raus und du nach Atlin fliegen, wenn ich wieder rein komme", schlug ich Chris vor. „Du bräuchtest dir dann keine Sorgen mehr über das Rauspaddeln zu machen, und ob dich eventuell wer beim Atlin River abholen kann, falls der See rau ist."

„Hm! Willst du nun doch mit ihm raus? Einen Flug teilen ... Das wäre natürlich auch eine Möglichkeit. Aber ist doch auch blöd, dann haben wir jetzt kaum noch Zeit miteinander. Oder wann dachtest du?"

„Bald. Wer weiß, wie lange das mit den Bluttests dauert, und falls es doch nicht die Schilddrüse ist ... Damit du deinen Neuseelandflug schaffst, musst du allerspätestens am siebten Dezember in Atlin sein, oder?"

Wir diskutierten das Für und Wider und einigten uns schnell, dass es die Lösung war, die den meisten Sinn machte. Ich versuchte, nicht an den exorbitanten Preis dieses Tierarztbesuchs zu denken. Geld war schließlich nur Geld und dazu da, für irgendetwas ausgegeben zu werden, das einem wichtig war, auch

Ungeplantes Wiedersehen

wenn mich dies nun weit über ein Fünftel meines Jahresbudgets kosten würde. Aber Geld ließ sich neu verdienen und ersetzen, während graue Haare und Kummerfalten bleiben würden.

So machte ich einen Termin beim Tierarzt, bestellte den Helikopter und kündigte mich bei meinen Freunden im Ort an, von denen ich mich vor drei Monaten in dem Glauben verabschiedet hatte, sie bis zum nächsten Sommer nicht mehr zu sehen. Ich suchte mir genügend Winterkleidung für eine Woche im Ort zusammen und machte Chris Konkurrenz im Rucksackpacken, erleichtert, nun endlich etwas tun zu können, und missmutig, meinen gewohnten Winterrhythmus mit noch einem Stadtbesuch zu unterbrechen.

Das tiefe Motorbrummen in der Ferne zerfiel in das rhythmische Schlagen eines Hubschrauberpropellers, wurde immer lauter, bis wir den dunklen Fleck am wolkenverhangenen Himmel orten konnten. Nervös zog ich mir die Stiefel und Jacke an, setzte meinen Rucksack auf und nahm Silas an die Leine. Wenigstens kein riesiger Einkauf dieses Mal! Chris streichelte mir über den Arm.

Ich bin froh, endlich eine Entscheidung getroffen zu haben

Mit ohrenbetäubendem Lärm dröhnte der Hubschrauber direkt über unsere Cabin weg und drehte zwei Runden über unserem Grundstück auf der Suche nach dem besten Landeplatz. Unsere Wiese schien umso mehr zu schrumpfen, je tiefer sich die große Maschine über sie senkte. Schnee stob in einem Wirbelwind auf, als der Hubschrauber schließlich sanft aufsetzte.

Als das Wupp-Wupp des Rotors immer langsamer wurde und der Pilot seinen Helm abnahm, sah ich erfreut, dass es mein alter Chef war. Früher in Atlin hatte ich ein paar Jahre lang in seinem Büro gearbeitet.

„Hey Norm, das ist aber klasse, dass du den Flug machst! Willst du gerade noch eine kurze Tour von unserer Blockhütte haben? Hast du Zeit für einen Kaffee?" Silas zerrte an der Leine, um den Hubschrauber zu beschnüffeln, als ich meinen Rucksack daneben in den Schnee setzte.

Der spindeldürre Norm umarmte mich und grinste. „Hi Nicole! Kaffee ist von der Zeit her nicht drin, aber zeig mir mal, wie ihr wohnt. Hi Chris, wie geht's?"

„Gut; schön, dich zu sehen, Norm!" Chris ging voraus und öffnete die Cabintür, aus der sofort der vielfarbige Strom von Fell und aufgeregt wedelnden Schwänzen hervorquoll. Koyah und Moldy überschlugen sich fast vor Begeisterung: Ein Mensch zu Besuch!

Ungeplantes Wiedersehen

„Ach Herrje, hast du immer noch die ganzen Hunde?" Norm tätschelte die Meute, die Sekunden später sofort zum Hubschrauber weiterpreschte.

„Ja! Und noch einen Neuzuwachs von Chris, Moldy." Grinsend erinnerte ich mich an meine Arbeitszeit bei ihm, wo Blizzard, Koyah und Silas täglich mit den drei Hunden, die Norm, seiner Mechanikerin und dem andern Piloten gehörten, über das Gelände getollt waren.

Norm sah sich interessiert unserer Blockhütte an. „Na, die sieht aber gut aus – und viel größer als dein rundes Häuschen bei Atlin, Nicole. Muss hier aus der Cabin noch was mit?"

„Ja, die beiden Mülltüten ..."

Norm nahm sie kurzerhand mit hinaus, während Chris den Hunden pfiff und noch eine leere Propangasflasche hinter dem Haus hervorholte.

„Rein, ihr Jungs, rein. So – brav." Chris scheuchte die drei Hunde in die Cabin, während Silas mit erhobener Rute neben mir her tänzelte – stolz, als einziger nicht mit im Haus bleiben zu müssen. So lebhaft hatte er schon lange nicht mehr ausgesehen.

Norm beschäftigte sich dezent auf der anderen Seite des Hubschraubers damit, das Gepäck und den Müll einzuladen, während Chris und ich uns noch einmal in den Armen hielten. Meine Gedanken waren schon im Ort, beim Tierarzt.

„Wir sehen uns ja noch mal kurz, wenn ich wieder reinkomme! Mach dir eine schöne Woche!" Ich küsste ihn, zwängte mich auf die Rückbank des *Jet-Rangers* und schnallte mich an.

„Hoffentlich geht alles glatt beim Tierarzt. Ich drücke dir die Daumen. Ich lieb dich!" Chris reichte mir die Hundeleine. Silas kletterte sofort zu mir in den Hubschrauber. Nur wohin mit dem großen Hund? Viel Platz war nicht. Ratlos versuchte ich, ihn neben mich auf die Bank zu lotsen, aber er kauerte sich zwischen meinen Beinen zusammen, mit dem Kopf und den Vorderpfoten auf meinem Schoß. Chris schloss die Tür hinter uns und winkte mir aufmunternd zu, bevor er auf Sicherheitsabstand fortlief.

Norm ließ die Maschine bereits an. Sie begann leicht zu zittern, und Silas ebenso: Er bebte am ganzen Körper und vergrub seinen Kopf verzweifelt in meinem Schoß. Armer Hund, er hatte auch keinen lärmschützenden Kopfhörer auf wie ich. Ich redete ihm ruhig und aufmunternd zu, während sich die Maschine langsam senkrecht in die Luft hob und dann Richtung Atlin abdrehte. Unter uns zogen die hügelige Schneelandschaft und das grau-türkis des winterlichen Sees dahin. In einigen kleinen Buchten hatte sich schon Eis gebildet. Nach den drei Monaten nur mit Chris, ohne anderen Menschenkontakt, kam ich mir linkisch vor.

Soll ich nun Small Talk machen? Aber worüber? Hm. Wie dämlich, schließlich kenne ich Norm ja von früher. Ist doch egal, als Pilot hat er ja öfter mit verschrobenen Waldmenschen zu tun.

Fünf Minuten später traute sich Silas dann doch, seinen Kopf zu heben und aus

Ungeplantes Wiedersehen

dem Fenster zu blicken. Seine Augen quollen für einen kurzen Moment riesengroß hervor, als er seine schlimmsten Befürchtungen, dass wir auf unerklärliche Weise wie ein Vogel hoch über der Erde schwebten, bestätigt sah. Schaudernd drehte er sich ab und vergrub erneut seine Nase in meiner Winterjacke, die Augen fest zugedrückt. Das Zittern, das etwas abgeebbt war, lebte nun in spastischen Stößen wieder auf.

Als lebten wir gleich nebenan, überflogen wir bald schon die große Wassermasse von Atlin Lake und näherten uns kurz darauf der kleinen Ansammlung von Häusern. Aufgeregt biss ich mir auf die Lippen – um diese Jahreszeit war ich lang nicht mehr im Ort gewesen. Wie auch bei uns in der Wildnis war der Rhythmus im Dorf stark von den Jahreszeiten geprägt: Die meisten Saisonarbeiten und der Tourismus spielten sich in den Sommermonaten ab. Im Winter wirkte Atlin wie ausgestorben. Das war mir nur recht.

Ankunft in Atlin

Norm drehte auf die Einflugschneise ab und lenkte auf meine alte Arbeitsstätte zu. Sanft setzte er die Maschine am kleinen Landeplatz vor dem Hangar auf und bedeutete mir, mit dem Aussteigen noch etwas zu warten. Das Wupp-Wupp des Rotors wurde immer langsamer. Als ich mich schließlich losgegurtet und die Tür aufgemacht hatte, sprang der Hund erleichtert hinaus.

„Kann ich den Flug schon mal bezahlen?", fragte ich, nachdem Norm den Hubschrauber auf kleine Reifen geklinkt und wir ihn in den Hangar geschoben hatten. Mein Gepäck lag in einem verlorenen Haufen auf dem Landeplatz. Ähnlich fühlte ich mich auch.

„Ach, das können wir auch in einem erledigen, wenn ich dich wieder heimfliege und Chris rausbringe", winkte Norm ab. „Brauchst du ein Auto? Wo in Atlin bleibst du denn?"

Winterliches Atlin

„Heidi kommt mich abholen, sie fährt mich nach Whitehorse und ich bin dann für ein paar Tage bei ihr. Kann ich sie kurz von hier aus anrufen, dass ich da bin?"

„Ja, sicher. Du weißt doch noch, wo das Telefon ist, oder?"

„Hm ... also, von der Untersuchung her bin ich mir nicht sicher, ob es die Schilddrüse ist." Der Tierarzt lehnte sich gegen

286

die weißgetünchte Wand zurück und sah Silas stirnrunzelnd an. „Möchten Sie, dass wir nur einen Bluttest auf die Schilddrüsenhormone hin machen? Ich könnte ihm auch noch mehr Blut abnehmen, für zusätzliche Tests. Falls es nicht die Schilddrüse ist, bräuchten Sie nicht extra wiederzukommen zum Blutabnahmen."

„Ja, das macht Sinn. Ich kann nicht andauern mit dem Hund Hubschrauber fliegen. Ich muss auf jeden Fall erst abwarten, was er nun hat, bevor ich wieder heimfliege." Silas vergrub seinen Kopf in meiner Achselhöhle, so gut wie er konnte.

„Es wird dadurch allerdings etwas teurer – das Beste ist dann wohl, wenn wir das Blutbild sofort auch auf ein paar andere Sachen hin prüfen lassen."

„Darauf kommt's jetzt auch nicht mehr an", sagte ich resigniert und streichelte Silas durch sein fettiges Fell.

„Gut, dann kommen Sie doch mit ihm gleich nach hinten zum Blutabnehmen durch."

Wir folgten dem Tierarzt in den Operationsraum, wo eine Assistentin mit der Spritze herbeieilte. Während der Arzt Silas das Maul zuhielt und ich ruhig auf meinen Hund einredete, suchte die Assistentin an seinem wuscheligen Hals nach einer Vene und stach zu. Silas' Augen weiteten sich kurz – und nichts passierte. Sie versuchte eine andere Stelle, mit dem gleichen Resultat.

Peinlich berührt stach sie ein drittes Mal zu – wieder nichts. Silas saß während der vergeblichen Suche nach seinem Blut stocksteif da und ließ seinen Blick durch den Operationsraum wandern. Jedes Mal, wenn er erneut gestochen wurde, heftete er seine Augen für ein paar Sekunden auf mich, woraufhin ich ihm aufmunternd zulächelte, dann glitt sein Blick wieder über die Regale, den Operationstisch und die Schränke. Schließlich wechselten Arzt und Assistentin Position an meinem anscheinend blutleeren Hund, dem alles egal war. Nach einer Ewigkeit, so schien es, fand der Tierarzt endlich eine anzapfbare Vene und füllte diverse Kanülen mit dickem, dunklem Blut.

Ich folgte dem Tierarzt nach vorne zur Rezeption.

„So, tut mir leid, dass das so lange dauerte. Das Blut geht nun nach Vancouver und ich denke, in einer Woche bis zehn Tagen haben wir die Resultate wohl vorliegen. Wo können wir Sie denn telefonisch erreichen?"

Ich schob meine Kreditkarte über den Tresen und diktierte ihm Heidis Telefonnummer. Erleichtert ließ ich mich von Silas

Fahrt nach Whitehorse

Ungeplantes Wiedersehen

zum Ausgang der Praxis ziehen. Armer Hund! Erst der Flug und dann die endlose Stecherei von fremden Leuten an seinem Hals.

„Und, was nun?", fragte Heidi erwartungsvoll, als ich zu ihr ins Auto stieg. Da die Flug- und Tierarztkosten nicht genügend Geld für einen Großeinkauf übrigließen, war dieser Whitehorse-Exkursion der übliche Schrecken genommen. Ein ganz neues Gefühl!

Wir reihten uns in den Verkehr ein, während ich überlegte. Ein paar frische Sachen und leckeren Käse einkaufen, noch mal in der Buchhandlung stöbern, stressfrei richtig gut essen gehen – so machte es fast Spaß in der Stadt.

„Erst in den Buchladen?", schlug ich vor.

„Okay. Oder lass mich erst noch bei der Bank halten und wir gehen von da aus zur Buchhandlung?"

„Das ist auch gut, dann gehe ich mit Silas kurz Gassi." Ich wandte mich nach meinem Hund um, der sich philosophisch auf der Rückbank zusammengerollt hatte. Die Stadt behagte ihm überhaupt nicht – aus leidiger Erfahrung wusste ich, dass er den ganzen Tag über nicht nur unter Verstopfung leiden, sondern auch nicht pinkeln gehen würde. Aber vielleicht ging es ja diesmal.

Ich führte Silas auf den verschneiten Bürgersteigen an verlockenden Laternenpfählen, Wasserhydranten und Bäumchen entlang. Doch außer hier und da interessiert an Hundepipi zu schnüffeln, zeigte er keinerlei Ambitionen, seine Marke auch irgendwo abzusetzen. Seufzend führte ich ihn schließlich wieder in Richtung Auto zurück. Vor dem Tim Hortons Coffeeshop stand ein kleiner Junge, vielleicht acht oder neun Jahre alt, die Augen strahlend auf Silas fixiert und den Mund sehnsüchtig verzogen. Offenbar ein Hundeliebhaber ersten Ranges. In der Tat; kaum, dass wir in Hörweite waren, sagte er, mich keines Blickes würdigend: „Oh, ist der aber schön! Darf ich bitte Ihren Hund streicheln?"

Winterliches Whitehorse

Ich musste lachen. So viel Passion hatte ich als Kind auch für Hunde gehabt – an sämtliche Namen und Eigenheiten der Vierbeiner, die ich in jungen Jahren spazieren geführt habe, kann ich mich heute noch erinnern. Wer die Besitzer waren – keine Ahnung.

„Aber klar, der ist ganz freundlich." Silas beschnupperte seinen jugendlichen Fan höflich, während die Hand des Jungen bereits durch sein zotteliges Fell wuschelte.

„Ist das ein Junge oder ein Mädchen? Und wie heißt der?"

„Silas heißt er, und er ist ein Junge."

Ungeplantes Wiedersehen

„Oooh ..." Träumerisch kraulte das Kind Silas den malträtierten Hals.
„Hast du wohl auch einen Hund?", wollte ich wissen.
„Nein, ich darf keinen haben, weil ich eine ganz schlimme Allergie dagegen habe", sagte das Kind treuherzig.
Entsetzt sah ich den Jungen an, der vor meinem geistigen Auge schon mit einem Asthmaanfall auf dem Gehweg zusammenklappte.
„Oh – dann ist es vielleicht nicht so gut, wenn du ihn so viel streichelst! Am besten gehst du kurz ins Café und wäscht dir da ganz gründlich mit Seife die Hände, ja?" Ich zog den Hund schnell außer Reichweite des armen Allergikers, der mich nun in seiner Enttäuschung das erste Mal überhaupt ansah. Resigniert nickte er, tat aber keinen Schritt auf die Tür des Cafés zu. Die Eltern würden wohl gleich kommen, sagte ich mir, sie konnten ja nicht mitten im Winter ihr Kind auf der Straße stehen lassen. Schnell machte ich mich mit meiner Allergiebombe von Hund davon.

Wie herrlich, ohne den Zeitdruck, noch weitere zehn Geschäfte vor Ladenschluss besuchen zu müssen, in der Stadt zu sein! Ausgiebig stöberten Heidi und ich im Buchladen, gingen gemütlich essen und fuhren auf dem Heimweg durch die versteckt gelegenen Wohngebiete der Stadt. Schon lange hatten wir uns gefragt, wo die 26.000 Menschen eigentlich alle wohnen sollten. Die restlichen achttausend Seelen, die es sonst noch im Yukon Territory gab, waren klümpchenweise in einer Handvoll Dörfer verteilt. Ohne die üblichen Nebenwirkungen von schlechter Laune und totaler Erschöpfung traten wir den Heimweg an, und ohne die übliche Hektik verbrachte ich noch ein paar Tage mit Heidi und Frank sowie Ann, Wayne und Cindy, bis endlich der Tag der Wahrheit kam: Die Nachricht vom Tierarzt.
Die Resultate der Blutuntersuchung besagten, dass es sich um einen klaren Fall von Schilddrüsenunterfunktion handelte. Zähneknirschend

Silas

hörte ich mir die Bestätigung meiner Googlediagnose an. So viel Aufwand und Kosten! Das hätte doch wirklich einfacher gehen können. Aber egal – sobald ich die Tabletten erhielt, konnten wir endlich heim!

Dachte ich zumindest. Inzwischen war es ernsthaft Winter geworden, mit nächtlichen Temperaturen zwischen minus 17 und minus 25 Grad und dem dazugehörigen Eisnebel. Ich versuchte, einen Termin für den Rückflug auszumachen, doch das stellte sich als nicht so einfach heraus. Ein Hubschrauber war

Ungeplantes Wiedersehen

außerhalb von Atlin bei einem Bergwerk stationiert, der andere wurde gerade überholt, und der dritte wurde erst in einer Woche zurückerwartet. Hinzu kam der Eisnebel, der sich zum Fliegen zumindest etwas lichten musste. Da Norm außerhalb arbeitete, verhandelte ich mit einer alarmierend jungen Pilotin, die mit der Hubschrauberwartung beschäftigt war.

„Wo kann ich dich denn erreichen?", wollte sie wissen.

„Tja, das ist schwierig ..." Ich überlegte. Inzwischen war ich in Chris' Cabin in Atlin, die kein Telefon hatte. Zur nächsten Telefonzelle waren es von dort zwei Kilometer. Ich würde wohl die Nachbarn nerven müssen. Handys funktionieren in Atlin nicht. „Vielleicht melde ich mich am besten bei dir. Bist du den ganzen Tag da?"

Der Eisnebel verzögert unseren Heimflug

„Ja, ich muss den Hubschrauber hier noch fertigmachen. Ruf doch ein paar Mal pro Tag an. Der Pilot, der unten bei der Mine ist, müsste eigentlich in zwei Tagen wiederkommen, um neue Arbeiter abzuholen. Vielleicht kommt er aber auch schon eher raus. Er könnte dich kurz nach Hause bringen, bevor er zurück zur Mine fliegt. Der kennt sich aus und ist sehr erfahren."

„Okay, das hört sich gut an." Hauptsache, ich war rechtzeitig wieder daheim, dass Chris seinen Flug nach Neuseeland nicht verpasste.

„Vielleicht hab ich ja diesen Hubschrauber auch schon vorher startklar, aber der Eisnebel – darin zu fliegen habe ich eigentlich nicht viel Erfahrung."

Ungeplantes Wiedersehen

„Oh, gar kein Problem", versicherte ich eiligst. „Auf einen Tag mehr oder weniger kommt es mir auch nicht an, wirklich nicht. Ich warte gerne, bis der andere Pilot da ist." Die Flugerfahrung im Nebel konnte sie ja mit wem anders sammeln. Überhaupt – im gerade gewarteten Hubschrauber? Zwar würde sie für den äußerst sicherheitsbewussten Norm nicht arbeiten, wenn sie ihr Handwerk nicht sehr gut verstünde, aber nein – ich wartete lieber.

Zwei Tage später gegen Mittag hieß es, ich solle gleich kommen, denn der Hubschrauber vom Bergwerk sei bald da. Wayne war so lieb, mich, den Hund, das Gepäck, sowie die paar Einkäufe und einige Kisten mit Büchern, die schon seit Jahren in Atlin auf Platz in irgendeiner Ladung warteten, zur Hubschrauberbasis zu fahren.

„So, dann sehen wir dich nun aber wirklich bis Juni nicht mehr, oder?" Verschmitzt blinzelte Wayne mir zu und hob den letzten Karton aus seinem Auto in den Schnee.

„Ja, ich hoffe nicht – ich meine, hoffentlich ist nicht noch ein Anlass, wieder rauszukommen! Obwohl, es war jetzt echt schön, ganz entspannt im Ort zu sein, ohne die übliche Hektik", gestand ich. Silas zog schnüffelnd an der Leine.

„Vielleicht solltest du öfter in den Ort kommen? Nur zwei Mal im Jahr, kein Wunder, dass das für dich stressig ist."

„Ja ... da ist schon was dran. Aber ich hab immer das Gefühl, mir fehlt was, ich verpasse was, wenn ich von daheim weg bin, weißt du? Es ist so schwer, mich loszureißen und rauszukom-

Wayne liefert mich wieder am Hubschrauberlandeplatz ab

men. Jetzt die letzten paar Tage sitze ich auch wie auf heißen Kohlen, weil ich heim will. Irgendwie habe ich nun völlig das Ruhigerwerden, den Rhythmus vom Spätherbst in den Winter durch den Trip in den Ort verpasst. Hört sich dämlich an, aber ..."

Ein Auto mit drei Männern knirschte über den festgefahrenen Schnee auf den Parkplatz. Die Bergwerksarbeiter, wie es aussah, eine gute Stunde zu früh.

„Na gut, pass auf dich auf, Mädchen, und melde dich per E-Mail! War schön, dich so unverhofft noch mal zu sehen." Wayne drückte mir einen Kuss auf die Wange.

„Dich auch. Danke für alles, Wayne! Macht euch einen schönen Winter, ja? Und grüß Cindy noch mal ganz lieb von mir!" Ich schaute seinem Auto nach, als Wayne winkend davonfuhr. In dem Alter möchte ich auch noch so gut drauf sein!

Ungeplantes Wiedersehen

Als wenig später der Hubschrauber landete, änderten sich plötzlich die Pläne: Der Pilot würde direkt mit den Arbeitern zur Mine zurückfliegen und ich würde mich in mein Schicksal fügen müssen, mit der blutjungen Pilotin im frisch gewarteten Helikopter durch die Nebelschwaden nach Hause zu fliegen. Nervös lauschte ich den Gesprächsfetzen von ihr und dem älteren, dick vermummten Piloten, der ihr erklärte, welche Route sie am besten fliegen sollte, um den Nebel so weit wie möglich zu umgehen. Na, das konnte ja heiter werden!

Vom Hangar aus rief ich kurz bei Chris an, um den aktuellen Wetterstand von Tagish Lake zu erfahren.

„Hier sind nur ein paar Wolken, ist gar nicht weiter wild. Der Nebel muss bloß über dem Atlin Lake festhängen! Hier zu landen ist momentan kein Problem. Wann seid ihr denn da, fliegst du jetzt gleich los?", wollte Chris wissen.

„Ja. Oh Mann, und nun doch nicht mit dem erfahrenen Piloten, sondern mit der ganz jungen! Im von ihr überholten Hubschrauber!", flüsterte ich aufgeregt in den Telefonhörer.

„Ach, mach dir keine Sorgen, Norm hat doch immer super Leute für sich arbeiten, oder?"

„Ja, aber der Eisnebel scheint ihr neu zu sein. Du, ich muss Schluss machen, wir können jetzt laden! Bis gleich, ich lieb dich."

„Ich dich auch! Einen schönen Flug – ich drück die Daumen!"

Mein Gepäck war schnell im Hubschrauber verstaut. Während ich noch überlegte, wie ich den Hund wohl in die Maschine lotsen könnte, nachdem er bei seinem ersten Flug so verängstigt gewesen war, sprang er schon an mir vorbei auf die Sitzbank. Offenbar hatte auch Silas keine Lust, im Ort zu bleiben.

Ein paar Minuten später hoben wir ab. Der Flugschneise nach ging es aus dem Ort hinaus auf die graue Nebelwand zu, die über dem See hing. Doch irgendwie schien mir, als kämen wir nicht von der Stelle.

Oh Gott, jetzt schon ein Problem? Wieso kommen wir kaum vorwärts? Nervös stierte ich in den Nebel. Silas zitterte wieder zwischen meinen Beinen, aber nicht so schlimm wie auf dem ersten Flug. Dafür hatte ich nun Angst.

Weiter und weiter schraubte sich der Helikopter hinauf, immer höher. Darum ging es nicht richtig voran, wurde mir klar – sie fliegt fast senkrecht in die Höhe. Auch gut, dann kann es nicht mehr lange dauern, bis wir über den Nebel hinweg sind.

Bald hatten wir allerdings nicht nur den Nebel wie eine lange nicht gewaschene Decke unter uns liegen gelassen, sondern selbst die zweitausend Meter hohen Berge. Die tief verschneiten Gipfel stachen blendend weiß aus der grauen Nebelmasse und fielen unter uns zurück. Immer noch stieg die Maschine.

Ist das denn nötig? Wie hoch kann man mit einem *Jet-Ranger* überhaupt sicher fliegen? Mit klopfendem Herz beherrschte ich mich nur mühsam, die Pilotin mit meinen unqualifizierten Fragen zu nerven. So schmal war die Metallschicht, das Plexiglas, das mich von der dünnen, eiskalten Luft trennte. Ich krallte mei-

Ungeplantes Wiedersehen

ne Fingernägel in die Handflächen und versuchte der Pilotin telepathisch zu vermitteln, dass wir unsere optimale Flughöhe bestimmt längst erreicht hatten. Verzweifelt sah ich aus dem Fenster.

Wie zu Eis erstarrte Wellenbrecher reihte sich Bergkette an Bergkette bis in den fernen Horizont, verlief sich zum Pazifik. Tiefgelb strahlten die spitzen Gipfel in der Spätnachmittagssonne, an den Hängen schon orange von der Vorahnung des Sonnenuntergangs getönt. In erhabener, atemberaubender Schönheit breiteten sich die Berge aus. Plötzlich war es mir egal, ob die Flughöhe nun angebracht war oder nicht, ich war wie berauscht von dem unnahbaren Anblick. Gebannt starrte ich hinaus auf dieses Felsenmeer, das mit allen Stimmungen von Schnee, Sonne und Abend schattiert war und nirgendwo von einer Straße oder einer Siedlung unterbrochen war.

Der Tagish Lake aus der Luft gesehen

Silas, der nur noch ein wenig zitterte, spürte meine Entspannung vielleicht und wagte ebenfalls einen Blick aus dem gerundeten Plexiglasfenster. Diesmal erschütterte es ihn nicht. Sekundenlang schweifte auch sein Blick über die strahlend gelbweiße Bergwelt, dann legte er seinen Kopf wieder nieder. Ein paar Mal noch schaute er aus dem Fenster, als hätte die Aussicht auch ihn gefesselt.

Der in Richtung Atlin gestreckte Seitenarm des Tagish Lake war schon halb zugefroren. Langsam senkte die Pilotin den Hubschrauber in eine normalere Höhe ab, und die endlosen Bergketten verschwanden aus meinem Blickfeld. Unter uns lag die Strecke, die ich im Sommer zwei Mal mit dem Kajak zurückgelegt hatte. Eis reichte von Ufer zu Ufer, leicht mit Schnee bedeckt, mit offenem Wasser an den Stellen, wo sich Bäche in den See ergossen. Dann waren wir wieder über Land, mein Zuhause nur mehr zehn Kilometer entfernt. Wuppernd schlang der Helikopter die Distanz in sich hinein. Noch einmal ging es über den See: Bei uns war er noch offen. Minuten später flog die Pilotin eine Schleife über der Landewiese und setzte die Maschine sanft auf. Chris stand bereits in sicherer Entfernung mit seinem Rucksack, abflugbereit.

„Prima gemacht, danke!", konnte ich mir nicht verkneifen zu sagen.

Die Pilotin nickte nur knapp mit dem Kopf. „Ich lasse die Maschine an. Beeilt euch am besten, es ist schon recht spät. Bei der Kälte will ich nicht trödeln."

Mit Silas sicher an der Leine stieg ich aus und lief geduckt unter dem wirbelnden Rotor zu Chris hinüber.

„Hey Sweetie, der Flug war wahnsinnig schön!", brüllte ich ihm über den Lärm

Ungeplantes Wiedersehen

ins Ohr. „Die ist so hoch geflogen, dass ich das ganze Küstengebirge sehen konnte. Mann, war das schön!"
Hinter mir warf die Pilotin bereits mein Gepäck aus dem Hubschrauber in den Schnee.
„Sie lässt die Maschine laufen, ich bring nur schnell Silas in Haus, ja?"
„Okay. Hey ..." Chris zog mich an sich und gab mir einen Kuss.
Atemlos joggte ich mit Silas zur Cabin, ignorierte die Aufregung der anderen Hunde und rannte zurück, um beim Entladen zu helfen. Viel gab es nicht mehr zu tun, denn die Ladung war nicht groß gewesen. Chris schob seinen Rucksack bereits in den hinteren Stauraum.
Viel zu schnell ging es! Nur noch eine kurze Minute war übrig für den Abschied, der mir seltsam unwirklich vorkam. War das nun wirklich mein letzter Menschenkontakt für die nächsten Monate? Es war alles viel zu laut, zu hektisch. Fest hielten wir uns in dem Armen, ein paar letzte Küsse noch, dann kletterte Chris nach vorne in den Kopilotensitz und ich lief auf sicheren Abstand

Winterlich verträumte Landschaft

zurück. Das Wupp-Wupp verschnellerte sich, bis ich die starke Vibration in der Magengrube spürte und der Hubschrauber leicht zu wackeln begann. Chris und ich winkten einander ein letztes Mal zu, dann schwebte der Helikopter empor, drehte in Richtung Ort ab und stieg schon bald wieder in die luftigsten Höhen. Ich grinste. Vielleicht gefiel der Pilotin einfach die grandiose Aussicht von so hoch oben? Wenigstens würde auch Chris in den Genuss des Bergpanoramas kommen.

Immer weiter entfernte sich der rhythmische Lärm, zog sich zusammen, wurde leiser, bis er schließlich von der Einsamkeit verschluckt wurde, als hätte es ihn nie gegeben. Stille senkte sich auf mich herab, in der kein einziges Geräusch mehr zu existieren schien, die sich wie Watte gegen meine Ohren presste. Eine Minute lang stand ich in der Eiskälte, seltsam betäubt. Da war ich nun wieder und sah dem Winter mit einem kränklichen Hund und zwei Dosen Pillen entgegen. Mit meinem Rucksack und zwei Kartons bepackt ging ich zur Cabin zurück.

Ich bin wieder allein mit den Hunden

Wieder allein

Tagish Lake, 22. Dezember: Wintersonnenwende.

In der servilen Bittstellung des Nordens, die mit dem Heizen einhergeht, kniete ich im Anbau vor dem Holzkochofen. Wählerisch war es, das gute alte Stück, und wollte nur mit exquisit gespaltenen, ganz trockenen Scheiten gefüttert werden – und das immerzu, da die Feuerbox so klein war. Ich hielt mein Feuerzeug an die zerrissenen Fetzen Pappkarton, faserigen Rindenstückchen und kleinen Holzschnipsel und sah schon anhand des Luftzugs, der mir meine kleine Flamme wieder entgegen blies, dass es ein Tag für die offene Haustürmethode war. Da wir mit der Ofenröhre gespart hatten, zog sie nur widerwillig – als Einziges half in dem Fall, für einige Minuten die Haustür sperrangelweit offen zu lassen. Immerhin waren es heute nur minus 16 Grad und keine minus 30. Mit einem Gummistiefel als Türsperre entlockte ich meinem Häufchen Zunder bald eine schüchterne Flamme.

Die Sonnenwende steht bevor

Nach und nach legte ich mehr Pappe, Holzschnipsel und schließlich ein paar dürre Scheite nach, bis es vielversprechend zu prasseln begann. Dann schloss ich testweise die Haustür – kein Qualm mehr, wunderbar. Während sich der Holzkochofen langsam erwärmte, begann ich, Brotteig zuzubereiten. Wellen der Wärme breiteten sich im Anbau aus.

Wieder allein

Draußen senkten sich die Schneewolken tiefer über die Berge hinab; ein Licht, als sei es schon fast Abend. Das beständige Rieseln der kleinen Schneeflocken verwischte die Details des Fichtenwaldes am anderen Ufer stetig, bis die gegenüberliegende Seeseite ganz ausgelöscht war. Das Weiß des zugefrorenen Sees glimmte verwaschen durch das Schneegestöber.

Ich stellte die Schüssel mit dem Brotteig in die warme Sofaecke und machte es mir im Ohrensessel bequem, um zu lesen. Ein seltsamer Winter diesmal. Durch den ungeplanten Trip mit Silas in den Ort fehlte mir der immer ruhiger werdende Rhythmus des Jahres zum Winter hin; das Ausklingen vom Sommer in den Herbst, in den Winter. Obwohl ich nur zwei Wochen fort gewesen war, fühlte ich mich unbalanciert, aus dem Lot. Gesprächsfetzen und Eindrücke aus Atlin schwirrten immer wieder durch meinen Kopf, und ich sah mich in dem noch nie dagewesenen Luxus, Mitte Dezember mit frischem Obst und Gemüse sowie neuen Büchern versorgt zu sein. Schwer war es, zur Ruhe zu kommen, mich dem Tempo und der Stimmung der Wildnis wieder anzugleichen. Die längste Nacht des Jahres war da, Weihnachten stand vor der Tür, aber ich fühlte mich so unruhig, als sei es noch Sommer.

Mein einsames Reich für die nächsten Monate

Aus den Augenwinkeln nahm ich einen großen Schatten wahr. Ich schaute auf und sah sechs Meter vor mir, auf der anderen Seite der Fensterscheibe, ein Elchkuh, die die kahlen Zweigspitzen eines Weidenbusches in sich hineinschlang. Regungslos blieb ich sitzen, nicht sicher, wie gut sie in die schummerige Cabin hineinsehen konnte. Aus der Sesselperspektive, in nächster Nähe sitzend, waren der eiszeitlich anmutenden Körper und lange Kopf noch imposanter als sonst. Eine kleine Narbe befand sich über dem rechten Auge der Kuh. Immer wieder kam ihre rosa Zunge aus dem Maul, umschlang die dünnen Triebe der Weide, zog sie zwischen ihre Zähne. Dann biss sie zu, mahlte kurz mit dem massiven Unterkiefer und schnupperte schon am nächsten Zweig. Methodisch arbeitete sie sich um den Weidenbusch herum.

Ich lächelte, kuschelte mich tiefer in den Sessel. Die Zwillingsmutter vom letzten Winter war es anscheinend nicht, denn diese Elchkuh hatte eine auffällig lange,

Eine Elchkuh vor dem Fenster

Wieder allein

Silas geht es wieder richtig gut

dünne Glocke mit einer schwarzen Spitze, die wie ein Zopf unter ihrem Kinn baumelte. Die weißlichen Beine und Unterbauch gingen an ihren Rippen in ein tiefes Schokoladenbraun über, mit zarten Schattierungen in schwarz um ihren Widerrist und Rücken herum. Schnee lag wie eine kleine Decke auf ihrem Rückgrat.

Ich kroch aus dem Sessel und schlich mich an die Feuerbox des Ofens, aus der kein Knistern mehr kam. Leise öffnete ich die Ofenklappe, wo mir nur noch weiße Asche und ein paar orange Bröckchen Glut entgegensahen. Ich legte Holz nach, schloss die Klappe wieder und ging, jedes Knarzen des Fußbodens vermeidend, zurück zum Sessel. Hoffentlich hatte ich meinen Wildbesuch nicht verscheucht!

Die Elchkuh stand still da, ohne zu fressen. Ihre Augen blickten ins Leere, aber wie Radarschüsseln suchten ihre langen Ohren die Gegend ab, drehten sich unabhängig voneinander. Ich kauerte mich neben den Sessel. Die Kuh verharrte regungslos im Schneegestöber der Wintersonnenwende, entschied, dass keine Gefahr drohte, und widmete sich wieder der Weide. Langsam bewegte sie sich während des Fressens von der Cabin weg, bis sie ein paar Minuten später in Richtung Wald verschwand.

„Viel Glück", wünschte ich ihr leise und wandte mich Silas zu, der zu mir herübergekommen war. Koyah und Blizzard schlummerten auf ihren Kissen, und sogar Moldy hatte den Elch nicht gehört. Silas ließ sich zu meinen Füßen niederplumpsen.

„Männlein, du hast ja einen richtigen Bartschatten am Bauch!" Silas wedelte zustimmend und langte mit einer Vorderpfote nach mir, um sich kraulen zu lassen. So wie er auf dem Rücken lag, konnte ich die neuen Haare gebührend bewundern, die blauschwarz aus seiner noch immer schlaffen Bauchhaut hervorsprossen. Auch an der zum Rattenschwanz mutierten Rute wuchs das Fell so schnell nach, dass ich fast zusehen konnte. Sanft strich ich mit der Hand durch den neuen Flaum.

„Bist ein ganz schön teurer Hund, hm? Aber fast wieder fit. So gute Tabletten hat der Silas ..." In seinen dunklen Augen funkelte endlich wieder Lebenslust. Auf unseren Spaziergängen in den letzten zwei Wochen war er nicht mehr langsam mit den beiden alten Hunden hinterhergeschlichen, sondern verschwand wie früher mit Moldy immer wieder außer Sichtweite, um alle Hasen- und Marderspuren genauestens zu erforschen.

Ich griff nach dem Feuerzeug, um die Öllampe anzuzünden, und starrte durchs Schneegestöber auf den schemenhaften Wald, den See, die Berge. Vor dreihundert, vor dreitausend Jahren hätte ein Mensch an eben dieser Stelle sitzen können und nichts anderes gesehen als ich.

Wir hatten die falsche Diskussion geführt, damals, als Chris mir vorschlug, mit ihm in die Wildnis zu ziehen. Die Argumente, die ich dagegen vorgebracht hatte, und auch seine Antworten darauf, waren nicht die wichtigen gewesen. Wir hätten uns sorgen sollen, dass jahrelanges Leben in der Einsamkeit uns verwildern würde, dass wir Gefahr laufen würden, den Bezug zum Rest der Welt zu verlieren, wenn wir mit Tieren und Natur mehr zu tun hätten als mit Menschen.

Doch das war es wert. Denn wir hatten auch nicht gewusst, dass sich dafür – und vielleicht nur so – unsere Umwelt in einem Maß beleben würde, wie wir es sonst nicht hätten wahrnehmen können.

Die atemberaubend schöne Landschaft, die Tiere und Abenteuer waren nur der Vordergrund, das Offensichtliche. Die anderen Dimensionen des Landes beginnt man erst später zu entdecken, sie lassen sich nur über die Jahre erahnen, durch die eigene Verletzlichkeit und Abhängigkeit. Es ist dann, dass man zu verstehen beginnt, warum ein Rabe nicht nur ein Vogel, sondern auch Licht und Leben ist.

An der Landschaft hat sich in Jahrtausenden nichts verändert

Danksagung

Ich möchte hier nicht mehr weg

Inzwischen sind wir schon das elfte Jahr am Tagish Lake und es hat sich nicht viel verändert. Das Haus ist um noch einen Anbau größer geworden, wir haben von Öllampen auf 3W-LED Lämpchen umgestellt, und für den Garten gibt es nun eine Wasserpumpe (eine Motorpumpe ...). Im Winter geht weiterhin mit bewährter Regelmäßigkeit etwas schief, und jedes Jahr gewährt die Wildnis uns neue Tiererlebnisse, Abenteuer und stellt Anforderungen an uns.

Länger an einem Ort als hier in der Einsamkeit habe ich nur in meiner Kindheit gelebt, und mein Dank für die Hilfe und Unterstützung an diesem Buch richtet sich in erster Linie an das, was es nicht lesen kann: an Wald und Berge, den See und die Wildtiere für die Inspiration und Schönheit. An Blizzard für seine Weisheit und eine so tiefe Verbindung, die ich in dieser Intensität wohl mit keinem andern Hund wieder haben werde. An Koyah für die übersprudelnde Liebe und Passion; du hast dein Leben bis zuletzt mit 150 Prozent gelebt. An Silas und Moldy für die moralische Unterstützung, wenn niemand anders für mich da ist, und dafür, dass sie mich immer wieder darauf aufmerksam machen, was die wichtigsten Dinge des Lebens sind: miteinander Spaß zu haben, zusammenzuhalten und für einander da zu sein.

Danksagung

Chris danke ich für die Idee und den Antrieb, in die Wildnis zu ziehen. Aber besonders auch für deinen langen Atem, deine Energie und deine nie schwankende Unterstützung von allem, das ich mache – auf die nächsten dreizehn Jahre! Heidi müsste eigentlich eine ganze Seite gewidmet werden für jahrelange Hilfe in allen Lebenslagen, aber mir ist deine Freundschaft viel wichtiger, die jeden Besuch im Ort zu einem Highlight macht. Wayne and Cindy – thanks for your friendship, the good times and help all these years, you guys mean a lot to me. Nan, thanks for always being there, for all the good talks, hugs, and your friendship.

Ein besonders herzlicher Dank an meine Eltern: Ihr habt mir sowohl die Stärke als auch Freiheit gegeben, meinen seltsamen Lebensweg ohne jeglichen elterlichen „Erfolgszwang" gehen zu können. Danke, dass ihr immer für mich da seid und hinter mir steht.

Ein großes Dankeschön auch an meine gequälten Testleser: Katja, begeisterte Unterstützerin der allerersten Stunde; Ilona, Buchhebamme ohnegleichen; Christine fürs Lesen und Anfeuern; Marcel, den Quotenmann. Ebenso dankbar bin ich Ute, den Heerscharen von Kommentatoren und speziell auch meinem Agenten Dirk Meynecke für die so sympathische und hilfreiche Unterstützung. Mein besonders herzlicher Dank gilt Andreas und Christine Walter für die Verwirklichung dieses Buchs.

Nicole Lischewski
Januar 2015